U0596425

世界货币史丛书（第一辑） 石俊志◎主编

货币法制的建立

石俊志

著

经济管理出版社
ECONOMY & MANAGEMENT PUBLISHING HOUSE

图书在版编目（CIP）数据

货币法制的建立 / 石俊志著 . —北京：经济管理出版社，2023.9
ISBN 978-7-5096-9319-3

Ⅰ . ①货… Ⅱ . ①石… Ⅲ . ①货币法—法制史—世界 Ⅳ . ① D912.285

中国国家版本馆 CIP 数据核字（2023）第 189441 号

组稿编辑：李红贤
责任编辑：李红贤
特约编辑：黄希韦
责任印制：黄章平

出版发行：经济管理出版社
　　　　　（北京市海淀区北蜂窝 8 号中雅大厦 A 座 11 层　100038）
网　　址：www.E-mp.com.cn
电　　话：（010）51915602
印　　刷：北京市海淀区唐家岭福利印刷厂
经　　销：新华书店
开　　本：880mm×1230mm / 32
印　　张：10.125
字　　数：239 千字
版　　次：2024 年 1 月第 1 版　2024 年 1 月第 1 次印刷
书　　号：ISBN 978-7-5096-9319-3
定　　价：68.00 元

总　序

理论来源于实践。

货币学理论来源于已经发生的千千万万的货币活动实践，而这些货币活动实践被记载在历史文献中，又被出土的相关文物所证实。

人们从浩瀚的历史信息中寻找货币的起源、发展、演变的普遍性规律，从而产生了货币理论。

货币理论不能依赖一个国家、一个时期的货币实践，而是应该从更为广阔的视角来寻找、分析和总结。只有采用全时空的视角，横向全世界，纵向几千年，对货币的发展过程进行全方位的观察和研究，才能发现其中的普遍性规律，得出科学、准确的结论。

关于货币的这种广视角、全方位的研究学科，便是世界货币史。

为了推动世界货币史学科的发展，获得世界各国货币起源、发展、演变的相关知识，我们邀请了一批国内金融学、法学、历史学和外国语的专家学者，经过认真广泛的调查收集，筛选了一批外国货币史著作，并将其翻译成中文，汇编成"外国货币史译丛"出版，介绍给国内读者。

基于"外国货币史译丛"中的史料知识，通过对世界各国货币史的研究，结合世界各国出土的古代货币实物，以及世界各国货币发展、演变的历史背景，我们针对一些古代国家的货币史以及世界货币史的一些专题，开始撰写一批专著，以"世界货币史丛书"的名目陆续出版。

我们相信，"世界货币史丛书"的出版，对于我国货币理论研究，以及我国关于世界各国历史、政治、经济和文化的研究，具有一定的参考价值。

石俊志

2022 年 10 月 28 日

前　言

2020—2022 年，我在清华大学五道口金融学院给博士生讲述"世界货币史"课程。此前，对于世界货币史的研究在我国学界尚属空白。为了弥补这一空白，我撰写了有关教材——《世界货币史·上古卷》。

本书是《世界货币史·上古卷》的组成部分，专题讲述金属货币信用化之后，为了保障货币的有效和稳定运行，古代国家建立了专门的货币法制。

从世界货币史的角度来看，货币与法律有着共同产生、相辅相成的关系。

货币是价值尺度，法律是行为尺度。法律赋予货币价值尺度的功能，货币又是法律执行过程中的量化尺度。

最早的货币是称量货币。当称量标准在一定国度内被国家法律统一时，一般等价物就转化为称量货币。因此，最早的货币产生于法律对称量标准的统一。从另一个角度来看，国家法律对于国民行为进行规范，需要奖罚量化尺度。所以，国家法律一经建立，就引用了货币量化尺度。因此，最早的货币和最早的法律几乎同时产生，二位一体、相辅相成、共同发展。

从历史的角度来看，货币法制的建立可以分为以下三个阶段。

萌芽阶段。称量货币一经出现，便在人类最早的普通法中充当法庭判定奖罚轻重的量化尺度。此时的法律是针对国民行为的普通法，而不是专门的货币法。货币在此时的普通法中，只作为执法量化尺度，区分奖罚轻重。

准备阶段。在称量货币时代，称量货币与普通商品或劳务的交换，采用市场价格，遵循等价交换原则。称量货币作为商品交换媒介，发展到一定程度时，除了作为法庭判定奖罚轻重的量化尺度，在普通法中还被用作制定商品价格、劳务工资和租赁、借贷收益等的价值量化尺度。

建立阶段。称量货币的发展产生出数量货币，数量货币的制造被国家垄断，国家为了在金属资源有限的条件下制造出更多的数量货币，就大幅度地减少金属货币的含金量或者降低金属货币的金属成色，从而创造出信用化的金属货币——虚币。虚币的产生，转变了实币时代货币与商品之间的等价交换原则，产生出货币与商品之间的"非等价交换"。为了使这种"非等价交换"方式得以持续、稳定地进行，国家建立了专门的货币法制，从而使货币相关法律从普通法中分离出来。

若干萝卜交换若干白菜，遵循市场的等价交换原则，不需要专门的立法；虚币与各类商品的交换，不再遵循等价交换原则，因而不得不依赖专门的货币立法。于是，随着货币的发展演化，出现了专门的货币立法。此后，货币的发展和相关法律的发展又在一个新的平衡状态下继续前行。

从货币法制循序渐进的成长过程来看，货币法制的建立，要从普通法中的量化尺度开始讲起。

石俊志

目 录

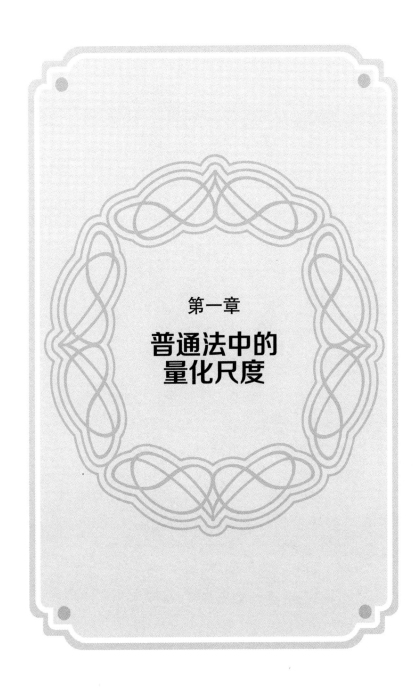

第一章

普通法中的
量化尺度

货币最初的形态是称量货币，称量货币一经出现，便作为价值尺度被规定在人类最早的普通法中，用来充当法庭判定奖罚轻重的量化尺度。

<h1 style="text-align:center">第一节</h1>

<h1 style="text-align:center">奖罚轻重的量化尺度</h1>

国家法定统一称量单位和称量单位标准，是称量货币诞生的必要条件。有文字记载的、世界上最早的称量货币，诞生在公元前22世纪末期西亚地区两河流域的乌尔第三王朝。

一、人类最早成文法典中的条文

迄今为止，我们发现的人类最早的成文法典，是公元前22世纪末期至公元前21世纪初期两河流域乌尔第三王朝国王乌尔纳姆（公元前2113—前2096年在位）颁布的《乌尔纳姆法典》。

《乌尔纳姆法典》不是专门的货币法，而是普通法。在《乌尔纳姆法典》中，法庭判定奖罚轻重的量化尺度采用白银称量货币和大麦称量货币。白银称量货币单位是"弥那"^①和"舍客勒"^②，大麦称量货币单位是"古尔"^③。

出土的《乌尔纳姆法典》残留文字共计 27 条，其中使用弥那白银称量货币单位的地方有 6 处，使用舍客勒白银称量货币单位的地方有 8 处，使用古尔大麦称量货币单位的地方有 2 处，主要用于赔偿、奖赏、犯罪处罚等^④。

判处赔偿的条文：

离婚或者轻重的人身伤害赔偿白银，以弥那单位计算。

第 9 条　如果与发妻离婚，应付发妻 1 弥那白银。

第 10 条　如果与原为寡妇的妻子离婚，应付她半弥那白银。

第 16 条　如果打坏他人眼睛，应付半弥那白银。

第 18 条　如果在斗殴中用棒打断他人手臂或腿，应付 1 弥那白银。

第 19 条　如果用铜刀割断他人鼻子，应付 2/3 弥那白银。

较轻的人身伤害赔偿白银，以舍客勒单位计算。

第 17 条　如果斩断他人的脚，应付 10 舍客勒白银。

---

① 弥那（MINA）：重量单位，折合现代 500 克。

② 舍客勒（SHEKEL）：重量单位，折合现代 8.33 克。1 弥那等于 60 舍客勒。

③ 古尔（GUR）：容量单位，折合现代 121 升，可以盛大麦 168 公斤。

④ 石俊志译注：《乌尔纳姆法典》，《当代金融家》，2019 年第 9 期，第 155—156 页。

第 20 条　如果打落他人牙齿，应付 2 舍客勒白银。

应该赔付奴隶的，如果没有奴隶，可以赔付白银；如果也没有白银，可以用其他物品赔付。

第 21 条　……如果没有奴隶，应付 10 舍客勒白银。如果没有白银，应付其所拥有的其它物品。

判处奖赏的条文：

第 15 条　如果奴隶逃出城市界限，有人将其捕获送还，奴隶主人应付送还者 2 舍客勒白银。

判处犯罪处罚的条文，包括绑架罪、强奸罪、诬告罪等。

第 3 条　如果犯绑架罪，应处以监禁，并罚 15 舍客勒白银。

第 8 条　如果以暴力强奸他人处女女奴，应罚其 5 舍客勒白银。

第 12 条　如果有人被告发实施巫术，他必须经受河水的验证；如果他被证明无辜，告发者应付 3 舍客勒白银。

第 13 条　如果有人告发人妻通奸，而河水验证后证明她无辜，那么告发者应付 1/3 弥那白银。

第 23 条　如果出庭作证出具伪证，应付 15 舍客勒白银。

损坏或者荒芜他人土地，应采用大麦称量货币进行赔偿，而不是采用白银称量货币赔偿。

第 26 条　如果用水淹他人的土地，那么每伊库^①土地付 3 古尔大麦。

第 27 条　如果出租耕地给他人耕作，但其未能耕作而使耕地荒芜，那么每伊库耕地付 3 古尔大麦。

二、商业中心城邦法典中的条文

公元前 21 世纪，埃什嫩那王国作为两河流域的商业中心城邦，出现了繁盛的货币经济。

两河流域中部，巴比伦城东北方的迪亚拉河谷地区是四通八达的商业要道，经济比较发达。这里是埃什嫩那王国统治的地区。公元前 2025 年，埃什嫩那王国脱离乌尔第三王朝宣告独立。埃什嫩那王国的第四任国王俾拉拉马颁布了一部法典——《埃什嫩那国王俾拉拉马的法典》，其中记载着称量货币的使用情况。

《埃什嫩那国王俾拉拉马的法典》中的大部分条文，都是使用称量货币作为商品价格、劳务工资、租赁和借贷收益等量化尺度的规定，但是其中也有使用称量货币作为法庭判定奖罚轻重量化尺度的条文^②：

第 42 条　倘自由民咬破自由民之鼻，应赔银一弥那，伤其一眼，应赔银一弥那，一齿，二分之一弥那，一耳，二分之一弥那，掴人之颊，银十舍客勒。

---

①　伊库（IKU）：度量单位。1 伊库折合现代 3600 平方米，折合中国市制土地面积单位约 5.4 亩。

②　林志纯：《埃什嫩那国王俾拉拉马的法典》，《世界通史资料选辑》，商务印书馆 1962 年版，第 50—51 页。

第 43 条　倘自由民砍断自由民之一指，则彼应赔银三分之二弥那。

第 44 条　倘自由民推倒自由民于……而挫伤其手，则彼应赔银二分之一弥那。

第 45 条　倘彼挫伤其足，则应赔银二分之一弥那。

第 46 条　倘自由民殴打自由民而挫伤其……则应赔银三分之二弥那。

第 47 条　倘自由民推撞自由民之……则彼应赔银十舍客勒。

这些条文都是用来保护自由民人身权利的。自由民人身受到来自其他自由民的伤害，法律规定要用白银称量货币进行赔偿，赔偿数量一般采用弥那作为量化尺度。

奴隶是自由民的财产，如果因为他人的缘故受到伤害，也要使用白银称量货币进行赔偿，赔偿的数量远远少于自由民得到的赔偿，所以一般采用只有 1/60 弥那价值的舍客勒白银货币单位作为价值量化尺度。

第 55 条　倘牛触奴而致之于死，则牛之主人应赔银十五舍客勒。

第 57 条　倘狗咬奴而致之于死，则狗之主人应赔银十五舍客勒。

奴隶生命的价值是 15 舍客勒白银，即 1/4 弥那白银。这些白银赔偿给奴隶的主人。

三、军事强盛国家法典中的条文

公元前 21 世纪末期，两河流域军事强盛的国家是伊新王国。

公元前 2020 年，伊什比·埃拉脱离乌尔第三王朝，建立了伊新王国。伊新王国的第五任国王李必特·伊丝达（公元前 1935—前 1924 年在位）颁布了《李必特·伊丝达法典》。

伊新王国和埃什嫩那王国是同时代的王国，但两者在货币经济发展上有着明显的差距。虽然伊新王国军事比较强盛，一度称霸两河流域南部，但其商品经济比较落后，法律上采用称量货币作为补赎量化尺度的方式明显少于埃什嫩那王国。

《李必特·伊丝达法典》现存的 38 个条文中，没有涉及大麦称量货币；涉及白银称量货币的地方有 5 处，货币单位采用弥那和舍客勒两种[1]。

第 9 条　倘自由民入人之园而以盗窃行为被捕，则彼应偿银十舍客勒。

第 10 条　倘自由民砍伐他人园中之树木，则彼应偿银二分之一弥那。

第 12 条　倘自由民之婢或奴逃往一个地方，在另一自由民之家住居一月，而被揭发，则此自由民应以一头还一头[2]。

第 13 条　倘自由民并无一头，则应偿银十五舍客勒。

---

[1]　林志纯：《伊新国王李必特·伊丝达的法典》，《世界通史资料选辑》，商务印书馆 1962 年版，第 53 页。

[2]　奴隶以"头"计算。

盗窃自由民的果木，要使用白银称量货币进行赔偿；隐匿自由民的奴隶，可以使用奴隶进行赔偿，也可以使用白银称量货币进行赔偿，一个奴隶的价格是 15 舍客勒白银。

四、发展成熟国家法典中的条文

公元前 18 世纪初期，正值中国夏朝时期，两河流域的古巴比伦王国已经成为相当成熟的国家，有着比较完善的法律。

公元前 1894 年，两河流域阿摩利人的一个名叫苏姆·阿布姆的首领在两河之间距离较近地方的一个古老城市建立了王国。这个城市名叫巴比伦，苏姆·阿布姆建立的王国史称"古巴比伦王国"。

公元前 1792 年，汉穆拉比即位为古巴比伦王国的第六任国王。他颁布了一部法典——《汉穆拉比法典》，其成文时间在公元前 18 世纪初期。

古巴比伦王国实行大麦称量货币和白银称量货币两币并行的货币制度。大麦称量货币的单位有两个：古尔和卡；白银称量货币的单位有三个：弥那、舍客勒和乌得图。

《汉穆拉比法典》共有 282 个条文，其中使用大麦称量货币的地方有 38 处：以古尔计量的地方有 10 处，以卡计量的地方有 14 处，只说大麦而不说计量单位的地方有 14 处；使用白银称量货币的地方有 109 处：以弥那计量的地方有 16 处，以舍客勒计量的地方有 17 处，以乌得图计量的地方有 17 处，只说白银而不说计量单位的地方有 59 处 ①。

古巴比伦王国的法律规定，自由民伤害自由民是要受到同等伤害的，并不能使用补赎的办法来解决。

第 196 条　如果一个人弄瞎了一个人之子的眼睛，那么也应弄瞎他的眼睛。

第 197 条　如果他折断一个人的骨头，那么也应折断他的骨头。

第 200 条　如果一个人打掉了与他地位相同的人的牙齿，那么也应打掉他的牙齿。

如果自由民伤害的人不是自由民，而是穆什钦努，即社会地位处于自由民与奴隶之间的一种人，便可以使用补赎的办法来解决。补赎的轻重，采用白银称量货币来量化。

第 198 条　如果他弄瞎了穆什钦努的眼睛或是折断了穆什钦努的骨头，那么他应付出一弥那银子。

如果自由民伤害的人是奴隶，补赎的金额就只是补赎穆什钦努金额的一半，也是采用白银称量货币来量化。

第 199 条　如果他弄瞎了一个人的奴隶的眼睛，或是折断了一个人的奴隶的骨头，那么他应交出其价格的一半。

如果伤害他人的人不是自由民，而是穆什钦努，被伤害人也

---

① 杨炽译：《汉穆拉比法典》，高等教育出版社 1992 年版，第 112—114 页。

是穆什钦努，也可以使用补赎的办法来解决，并采用白银称量货币来量化。

第 204 条 如果一个穆什钦努打了另一个穆什钦努嘴巴，他应付出十舍客勒银子。

第二节

商品价格的量化尺度

称量货币的发展和繁盛，使成文法中出现了市场普通商品的法定价格，这些法定价格是以称量货币量化的。不同于特殊商品，普通商品具有很大程度的同质性，一定重量、容量或者度量的普通商品，在价值上大体相似，因此可以在一国之内制定统一的价格。

一、埃什嫩那王国的法律规定

《埃什嫩那国王俾拉拉马的法典》中，有以称量货币计量商品价格的规定，其中，使用舍客勒白银称量货币单位的条文有：

第 1 条

（1）大麦一古尔　　　　　　合银一舍客勒

（2）上等植物油三卡 ①　　　合银一舍客勒

---

① 卡（QU）：容量单位。1古尔等于300卡。1卡为0.4升，可以盛大麦560克。

（3）胡麻油一苏图[①]二卡　　　　合银一舍客勒

（4）猪油一苏图五卡　　　　　　　合银一舍客勒

（5）"河油"[②]四苏图　　　　　　合银一舍客勒

（6）羊毛六弥那　　　　　　　　　合银一舍客勒

（7）盐二古尔　　　　　　　　　　合银一舍客勒

（8）……一古尔　　　　　　　　　合银一舍客勒

（9）蜜三弥那　　　　　　　　　　合银一舍客勒

（10）净蜜二弥那　　　　　　　　合银一舍客勒[③]

使用大麦称量货币单位卡和苏图的有：

第2条　精选胡麻油一卡，其价为大麦三苏图，

　　　　精选猪油一卡，其价为大麦二苏图五卡，

　　　　精选河油一卡，其价为大麦七卡。[④]

当时市场上的主要普通商品是各种油产品、盐、羊毛、蜜等，它们有着同质性，所以出现了统一的法定价格。

二、赫梯王国的法律规定

公元前19世纪，赫梯王国在小亚细亚半岛（今土耳其地区）

----

① 苏图（SUTU）：容量单位。1苏图等于10卡，为4升，可以盛大麦5.6公斤。

② "河油"之义不详。

③④ 林志纯：《埃什嫩那国王俾拉拉马的法典》，《世界通史资料选辑》，商务印书馆1962年版，第45页。

形成。公元前 16 世纪后半叶，赫梯王国的国王铁列平进行改革，对内整顿纲纪，对外发动战争，国力日渐强盛。公元前 15 世纪末期至公元前 13 世纪中期是赫梯王国最强盛的时期。《赫梯法典》是赫梯王国的基本法，编撰于公元前 15 世纪。

赫梯王国使用白银货币，基本单位是"舍客勒"，俄文译本译为"玻鲁舍客勒"，意思是"半舍客勒"；德文译本及英文译本都译为"舍客勒"。

在《赫梯法典》第 1 表和第 2 表共计 200 个条文中，使用大麦称量货币的地方有 14 处；使用白银称量货币的地方有 167 处，其中白银称量货币单位为"弥那"的地方有 14 处，白银称量货币单位为"舍客勒"的地方有 153 处。"弥那"和"舍客勒"都是重量单位，也都是货币单位。"弥那"和"舍客勒"重量制度源于两河流域，后逐步传入位于小亚细亚半岛的赫梯王国，并与赫梯王国的重量制度相结合，1"弥那"等于 40"舍客勒"。

在《赫梯法典》中，商品的法定价格一般以白银称量货币进行量化。具有法定价格的商品主要是牲畜、牲畜皮、油、水果、服装、田地等①。

第 178 条 一头耕牛的价格是十二舍客勒银，一头公牛的价格是十舍客勒银，一头奶牛的价格是七舍客勒银，一头一岁的耕牛或奶牛的价格是五舍客勒银，一头小牛的价格是四舍客勒银。一头怀孕的母牛的价格是八舍客勒银。一头小牛的价格是三舍客

---

① 李政译注：《赫梯法典》，《古代文明》，2009 年第 3 卷第 4 期，第 16—34 页。

勒银。一匹种马、一匹母马、一头公驴和一头母驴的价格相同。①

　　第 179 条　若它是一头羊，它的价格是一舍客勒银，三头雏山羊的价格是二舍客勒银，小羊的价格是一舍客勒银，二头小山羊的价格是二分之一舍客勒银。②

　　第 180 条　若它是一匹挽马，它的价格是二十舍客勒银；一头驴的价格是四十舍客勒银，一匹马的价格是十四舍客勒银，一匹一岁马驹的价格是十舍客勒银，一匹一岁小牝马的价格是十五舍客勒银。③

　　第 181 条　一匹断了奶的小马或者雌马是四舍客勒银，四弥那铜的价格是一舍客勒银，一瓶上等油的价格是二舍客勒银，一瓶猪油的价格是一舍客勒银，一瓶酥油的价格是一舍客勒银，一瓶蜂蜜的价格是一舍客勒银，二块奶酪的价格是一舍客勒银，三个苹果的价格是一舍客勒银。④

　　第 182 条　一件哈普商达服装的价格是十二舍客勒银，一件上等服装的价格是三十舍客勒银，一件蓝色羊毛服装的价格是二十舍客勒银，一件阿都颇里服装的价格是十舍客勒银，一件塔特服装的价格是三舍客勒银，一件（……）服装的价格是四舍客勒银，一件丧服的价格是一舍客勒银，一件薄长短袖束腰外衣的价格是三舍客勒银，一件普通的束腰外衣的价格是（……）舍客勒银，一件重达七弥那的服装的价格是（……）舍客勒银，一大块亚麻布的价格是五舍客勒银。⑤

---

①~⑤　李政译注：《赫梯法典》，《古代文明》，2009 年第 3 卷第 4 期，第 32 页。

第183条 一百五十升小麦的价格是一舍客勒银，二百升（大麦）的价格（是二分之一舍客勒银），五十升酒的价格是二分之一舍客勒银，五十升的（……）是（……）舍客勒银，一个伊库的灌溉田地的（价格）是三（舍客勒银），一个伊库田地的（价格）是二舍客勒银。毗邻田地的（价格）是一舍客勒银。①

第185条 一个伊库葡萄园的价格是四十舍客勒银，一个成年牛皮的价格是一舍客勒银，五张断奶了的牛的皮的价格是一舍客勒银，十张小牛皮的价格是一弥那银，有粗毛的羊皮是一舍客勒银。十张小羊皮的价格是一舍客勒银，四张山羊皮是一舍客勒银，十五张断裂的山羊皮是一舍客勒银，二十张羔羊皮的价格是一舍客勒银，二十张小山羊皮是一舍客勒银。无论谁购买了二头成年羊的肉将交出一头羊。②

三、中国古代秦国的法律规定

自公元前336年秦惠文王始铸半两钱，至公元前221年秦始皇统一六国，总计115年属于战国后期，其间秦国的商品价格是市场浮动价格。法律规定的商品固定价格，多是与执法相关的商品价格。

《秦律·司空律》规定了犯人伙食用粮的价格：

---

① ② 李政译注：《赫梯法典》，《古代文明》，2009年第3卷第4期，第33页。

系城旦舂，公食当责者，石卅钱。①

【拘系服城旦舂劳役者，官府给予饭食应收代价的，每石收30枚半两铜钱。】

市场上粮食商品的价格是随时波动的。法律规定的粮食价格只针对犯人伙食用粮，是参照市场上的粮食价格定出的固定价格。这种法定的固定价格与市场浮动价格相比较，经常会出现差异。

《秦律·金布律》第14条规定了衣服、衣料的价格：

大褐一，用枲十八斤，直（值）六十钱；中褐一，用枲十四斤，直（值）（廿廿）六钱，小褐一，用枲十一斤，直（值）卅六钱。②

【一件大褐衣用粗麻18斤，价值60枚半两铜钱；一件中褐衣用粗麻14斤，价值46枚半两铜钱；一件小褐衣用粗麻11斤，价值36枚半两铜钱。】

由于当时的劳动生产率低下，在衣服的整体价值中，主要是衣料的价值，因此用料多的衣服的价格高于用料少的衣服。在衣服的整体价值中，织造衣服所用的劳动成本占比较小。

《秦律·金布律》第5条规定：

有买及买（卖）殹（也），各婴其贾（价）；小物不能各一钱

---

① 睡虎地秦墓竹简整理小组：《睡虎地秦墓竹简·司空律》，文物出版社1978年版，第88页。

② 睡虎地秦墓竹简整理小组：《睡虎地秦墓竹简·金布律》，文物出版社1978年版，第66页。

者，勿嬰。[1]

【有所买卖，应分别系签标明价格，价值不到 1 枚半两铜钱的小件商品不必系签标明价格。】

价值不到 1 枚半两铜钱的商品不用标价，就意味着价值超过 1 枚半两铜钱的商品都要明码标价。标价采用半两铜钱的数量，也就是用半两铜钱来充当价值尺度的功能。

四、中国古代汉朝的法律规定

中国古代汉朝已经形成了成熟的市场浮动价格，商品价格随行就市，随时波动。由于战国晚期及秦汉之际战争的影响，铜钱大幅度减重，难以承担价值尺度的功能，执法计量便采用价值更为稳定的货币——黄金称量货币。譬如《孝文本纪》中讲道："汉律三人已上无故群饮，罚金四两。"[2] 然而，尽管使用黄金称量货币计量，但在实际支付时，多是按照市场浮动比价折算成铜钱，以减少由于铜钱贬值给政府带来的损失。

关于商品的市场价格，文献中多有记载。譬如，用于耕田或运输的牛，是可以作为商品买卖的。《居延汉简》中载，东汉后期牛的价格为 2500 钱。[3] 这只是当时存在过的一个市场价格，并

[1]　睡虎地秦墓竹简整理小组：《睡虎地秦墓竹简·金布律》，文物出版社 1978 年版，第 57 页。

[2]　《史记》卷一〇《孝文本纪》，中华书局 1959 年版，第 417 页。

[3]　中国社会科学院考古研究所：《居延汉简》（甲乙编），中华书局 1980 年版，第 14 页。

非法定的固定价格。《居延汉简》中载，东汉时期猪肉的价格为
4 钱至 7 钱。[①] 这也是偶尔发生的市场价格。穿衣使用的布料是
以匹为单位的，价格也是随行就市、随时波动的。《汉书·食货
志》云：

布帛广二尺二寸为幅，长四丈为匹。[②]

【1 匹布帛的宽度是 2 尺 2 寸，长度是 4 丈。】

汉朝 1 尺为现代 23.1 厘米，2 尺 2 寸为 50.82 厘米，4 丈为
924 厘米。因此，布帛 1 匹的面积为现代 46957.68 平方厘米，折
合现代 4.6958 平方米。《居延汉简》（甲乙编）所载东汉后期布
帛的价格如表 1-1 所示。

表 1-1 《居延汉简》（甲乙编）所载东汉后期布帛的价格

简文	价格（钱）	页数（页）
帛二匹值九百	450	65
帛七百九十匹二尺五寸大半寸值钱卅五万四千二百	448	262
帛卅六匹二丈二尺二寸少半寸值万三千五十八	357	262
帛一匹值四□钱四百一十	410	27
帛十八匹二尺少半寸，值万四千四百四十三	800	138
平均	493	

资料来源：中国社会科学院考古研究所：《居延汉简》（甲乙编）下册，中华书
局 1980 年版。

---

① 《中国古代社会经济史资料》第一辑，福建人民出版社，1985 年版，第 41
页："凡肉五百四十一斤，值二千一百六十四。""肉百斤，值七百。"

② 《汉书·食货志》，中华书局 1962 年版，第 1149 页。

第三节

劳务工资的量化尺度

称量货币被用作劳务工资的量化尺度，有关一般劳务工资的法定标准，被规定在普通法中。

一、《埃什嫩那国王俾拉拉马的法典》中的相关信息

公元前 20 世纪上半叶，两河流域的埃什嫩那王国实行大麦称量货币和白银称量货币两币并行的货币制度。《埃什嫩那国王俾拉拉马的法典》中关于劳务工资的规定，一般采用大麦称量货币计量，但也可以采用白银称量货币计量，1 古尔大麦称量货币的价值等于 1 舍客勒白银称量货币。

第 7 条　刈麦者雇用之费为大麦二苏图；倘以银计，则其雇用之费为十二色[①]。

【雇佣工人刈麦，一天的法定工资是 2 苏图大麦称量货币；如果不使用大麦称量货币而使用白银称量货币，那么，一天的法定工资就是 12 色。】

---

① 林志纯：《埃什嫩那国王俾拉拉马的法典》，《世界通史资料选辑》，商务印书馆 1962 年版，第 46 页。"色"（SE）：重量单位，1 舍客勒等于 180 色。1 舍客勒为 8.33 克，1 色为 0.0463 克。

1 古尔等于 30 苏图，2 苏图就是 1/15 古尔。1 舍客勒等于 180 色，12 色就是 1/15 舍客勒。1/15 舍客勒与 1/15 古尔的价值是相等的。

第 8 条　簸谷者雇用之费为大麦一苏图。①

【刘麦的劳动强度显然高于簸谷。刘麦者的工资是一天 2 苏图，而簸谷者的工资是一天 1 苏图。】

第 10 条　……，而赶驴者之雇用费亦为大麦一苏图，他可以用驴子终日。②

【赶驴运输，雇工一天的工资也是 1 苏图，与簸谷的工资一样。他的驴子的费用也是一天 1 苏图。】

第 11 条　一个雇工之用费为银一舍客勒，其吃饭费用为银一色，雇工应服务一个月。③

【雇工的月工资是 1 舍客勒白银，即 180 色，除去 30 色饭费（每天饭费 1 色），实际月工资 150 色，折合每天 5 色。这个工资水平低于短工每天 1 苏图，即 6 色的工资。原因是短工不一定每天都能够找到工作，而月工的工作稳定，所以月工的工资比日工的工资要少一些。】

二、《汉穆拉比法典》中的相关信息

公元前 18 世纪初期，古巴比伦王国的法律和货币制度已经十分成熟，条文中关于雇佣长工支付工资的规定多采用大麦称量

---

①～③　林志纯：《埃什嫩那国王俾拉拉马的法典》，《世界通史资料选辑》，商务印书馆 1962 年版，第 46 页。

货币计量，但也有使用白银称量货币计量的情况。

第 257 条　如果一个人雇了个雇农，一年他应给他八古尔大麦。[①]

8 古尔等于 240 苏图。雇农一年的工资是 240 苏图，一天的工资便是 2/3 苏图，这个工资水平略低于埃什嫩那王国的工资水平。但这个工资是雇农的年工资，长工平均每天的工资低于短工每天的工资是正常的。

第 258 条　如果一个人雇了个牛倌，他应一年给他六古尔大麦。[②]

放牛者的劳动强度低于一般雇工的劳动强度，所以，放牛者的工资低于一般雇工的工资。

第 261 条　如果一个人雇佣了一个牧人放牧牛群或羊群，他一年应给他八古尔大麦。[③]

如果放牛的人要照顾一群牛或者一群羊，他的工资就与一般雇工的工资一样，也是一年 8 古尔。

第 273 条　如果一个人雇佣一个雇工，从年初到第五个月，他应每天给六乌得图[④]银币。从第六个月到年终他应每天给五乌

---

①~③　杨炽译：《汉穆拉比法典》，高等教育出版社 1992 年版，第 134 页。

④　乌得图（UTTETU）：重量单位。1 舍客勒等于 60 乌得图，1 乌得图等于 0.14 克，1 乌得图等于 3 色。

得图银币。[①]

这里讲的工资不是雇农的工资，而是雇工的工资。如此看来，雇工似乎比雇农具有更多的技术含量。雇工前 5 个月的工资为每天 6 乌得图，即 18 色，后 7 个月的工资为每天 5 乌得图，即每天 15 色，皆高于雇农每天 12 色的工资水平。

第 274 条　如果一个人要雇一个工匠，他应每天给（……）佣金五乌得图银子；给织匠佣金五乌得图银子；给麻（……）匠佣金（……）乌得图银子；给雕刻匠佣金（……）乌得图银子；给弓箭匠佣金（……）乌得图银子；给铜匠佣金（……）乌得图银子；给木匠佣金四（？）乌得图银子；给皮匠佣金（……）乌得图银子；给芦苇匠佣金（……）；给建筑工佣金（……）乌得图银子。[②]

不同工匠的技术含量不同，工资水平也有所不同，法律对不同技术种类工匠的工资水平进行了明确的规定。

三、《赫梯法典》中的相关信息

公元前 15 世纪赫梯王国编撰的《赫梯法典》中，对于商品买卖的规定多采用白银称量货币计量，对于劳动工资的规定多采用大麦称量货币计量。

---

①②　杨炽译：《汉穆拉比法典》，高等教育出版社 1992 年版，第 140 页。

第 158 条　若一个男子在收获的季节受雇捆稻、装车,把(谷子)存放到谷仓并清扫打谷场,他的薪水三个月为三十个帕^① 大麦。若一位妇女在收获的季节受雇,她的薪水三个月是十二个帕大麦。^②

农工三个月的工资是 30 帕,即 6 古尔,一年便是 24 古尔,比古巴比伦王国农工的工资高 3 倍。这说明,相比古巴比伦时代,赫梯时代的劳动生产率已经大幅度提高。赫梯时代,很多妇女不再专职家务,而是加入农工行列,但其工资水平低于男性农工。

第 160 条　若一位铁匠制造了一个重约一百米那的铜盒,他的薪水是一个麦帕^③ 大麦。如果他造了一把重约二米那的青铜斧,他的薪水是一个帕大麦。^④

铁匠的工资是计件工资,而不是计时工资。赫梯王国对铁匠计件工资标准的法律规定也是以大麦称量货币计量的。铁匠 1 件制造品的工作量则是以制造品的重量来衡量的,计量单位采用弥那。

第 161 条　如果他造了一把重约一米那的铜斧,他的薪水是一个帕大麦。^⑤

---

①　帕(PARSIKTU):容量单位,又称帕尔希克图,1 古尔等于 5 帕,1 帕等于 6 苏图。1 帕等于 24.2 升,可以盛大麦 33.6 公斤。

②④　李政译注:《赫梯法典》,《古代文明》,2009 年第 3 卷第 4 期,第 30 页。

③　1 麦帕等于 100 帕。

⑤　李政译注:《赫梯法典》,《古代文明》,2009 年第 3 卷第 4 期,第 30 页。

四、《秦律》中的相关信息

《睡虎地秦墓竹简·司空律》载：

有罪以赀赎及有责（债）于公，以其令日问之，其弗能入及赏（偿），以令日居之，日居八钱；公食者，日居六钱。居官府公食者，男子叁，女子驷（四）。[1]

【有罪应赀罚以及欠官府债务的，应在判决规定的日期加以询问，若无力缴纳赔债，则自规定日期起以劳役抵偿债务，每劳作一天抵偿 8 钱；由官府给予饭食的，每天抵偿 6 钱。居住在官府并由官府给予饭食的，男子劳作一天抵 3 钱，女子劳作一天抵 4 钱】。

这里的钱，指的是秦国的半两铜钱。一个人一天劳动的价格为 8 枚半两铜钱。此外，一个人一天的饭食费用为 2 枚半两铜钱。如果需要官府提供饭食，一个人一天劳动的价格就要减去 2 枚半两铜钱，剩下 6 枚半两铜钱。

秦汉时期，劳动人民的饮食是一日两餐。《睡虎地秦墓竹简·仓律》载：

免隶臣妾、隶臣妾垣及为它事与垣等者，食男子旦半夕叁，女子叁。[2]

---

[1] 睡虎地秦墓竹简整理小组：《睡虎地秦墓竹简·司空律》，文物出版社 1978 年版，第 84 页。

[2] 睡虎地秦墓竹简整理小组：《睡虎地秦墓竹简·仓律》，文物出版社 1978 年版，第 53 页。

【免除肉刑髡剃，徒为隶臣妾，从事筑墙和做其他与筑墙相当的劳作的，给予男子早饭半斗，晚饭 1/3 斗，女子早饭和晚饭都是 1/3 斗。】

筑墙工作消耗量大，所以伙食量也大些，但仍然是一日两餐。旦半夕叁，即早上半斗，晚上 1/3 斗，每天吃 5/6 斗，1 月便是 25 斗，即 2.5 斛，大约相当于现代 67.5 市斤。旦半夕叁的饭食水平，可能包含了柴菜油盐的消费价值。

第四节
租借收益的量化尺度

实物出租或者货币借贷所产生的租金、利息，皆以货币计量支付，其标准被制定在普通法中。

一、《埃什嫩那国王俾拉拉马的法典》中的租金

车船是当时主要的出租实物，租金采用货币支付，《埃什嫩那国王俾拉拉马的法典》中有关租金具体数额的规定如下：

第 3 条　有牛及御者之车，其租用之费为大麦一帕尔希克图四苏图；如以银计，则其租用之费为三分之一舍客勒，他可以用

车终日。[①]

在这条规定中，出租的不仅有牛、有车，还有赶车的人。租金采用大麦称量货币，一天的租金是 1 帕尔希克图 4 苏图大麦。当时埃什嫩那王国采用大麦称量货币与白银称量货币并行的货币制度。1 古尔大麦价值 1 舍客勒白银。1 古尔等于 5 帕尔希克图，或等于 30 苏图。1 帕尔希克图 4 苏图便是 1/3 古尔。如果不使用大麦称量货币，使用白银称量货币也是可以的，租金的数额是相同的，即 1/3 舍客勒白银，价值等同于 1/3 古尔大麦。

第 4 条　船之租用之费，以每一古尔容积计，为二卡，而船夫雇用之费为……帕尔希克图四苏图，他可以用船终日。[②]

牛车大小相近，而船只大小差距较大。所以，租用船只可以根据载货量来支付租金。每 1 古尔容量的货物，租金是大麦称量货币 2 卡。1 古尔等于 300 卡，2 卡便是 1/150 古尔。也就是说，租用船只的租金是运载货物价值的 1/150。

除了车船，牲畜也是可以出租使用的：

第 10 条　驴子之雇用费为大麦一苏图，……他可以用驴子终日。[③]

---

①②　林志纯：《埃什嫩那国王俾拉拉马的法典》，《世界通史资料选辑》，商务印书馆 1962 年版，第 45 页。

③　林志纯：《埃什嫩那国王俾拉拉马的法典》，《世界通史资料选辑》，商务印书馆 1962 年版，第 46 页。

使用驴子驮运货物，若货物搭在驴子的背上，便可以不用车，租金相对便宜。1头驴子的租金是每天大麦称量货币1苏图，即1/30古尔。同时要支付赶驴的人工钱，每天大麦称量货币1苏图。

二、《埃什嫩那国王俾拉拉马的法典》中的借贷利息

实物可以出租，货币则是借贷。当时两河流域大麦和白银两种称量货币的借贷利息是不同的。

第20条 倘自由民……以供……，而借者与之，并对之将大麦以银结价，则在收成时借者应取大麦并按每一古尔计一帕尔希克图四苏图取息。[①]

1古尔大麦的利息是1帕尔希克图4苏图。1帕尔希克图等于6苏图，1帕尔希克图4苏图就是10苏图，即1/3古尔，也就是说，大麦称量货币借贷的法定利率是33.3%。

第21条 倘自由民与以现银，则彼可取回银并按每一舍客勒计六分之一（舍客勒）又六色取息。[②]

1舍客勒等于180色，1/6舍客勒又6色就是36色。借贷180色本金，利息36色，利率是20%。

---

①② 林志纯：《埃什嫩那国王俾拉拉马的法典》，《世界通史资料选辑》，商务印书馆1962年版，第47页。

俾拉拉马时代，大麦货币借贷的法定利率是33%，白银货币借贷的法定利率是20%。为什么会存在13%的差距？分析其原因，贷款人收取大麦利息之后，需要将其兑换成白银，而兑换成本是13%。去掉这13%的兑换成本，贷款人收取大麦利息所得的实际收益与收取白银利息是一样的，都是20%。所以，收取大麦货币利息或收取白银货币利息两种方式的实际收益是相同的，否则，借贷双方就会在两种付息货币之间有所选择，而使其中一种货币的付息方式不被采用。

三、《汉穆拉比法典》中的租金

汉穆拉比时代，车船仍是主要的出租实物，租金采用货币支付，在《汉穆拉比法典》中有关牛车租金的具体数额规定如下：

第271条　如果一个人租用牛、大车及车夫，一天他应给一百八十卡大麦。[①]

在早于汉穆拉比时代200年的俾拉拉马时代，租用牛、大车和车夫的租金是一百卡，即1/3古尔，汉穆拉比时代涨到一百八十卡，租金上涨了80%。

第272条　如果一个人租大车，自己用，他一天应给四十卡大麦。[②]

---

①　杨炽译：《汉穆拉比法典》，高等教育出版社1992年版，第138页。

②　杨炽译：《汉穆拉比法典》，高等教育出版社1992年版，第138—139页。

第 268 条　如果一个人租牛打场，它的租金应是二十卡大麦。①

大车的租金是一天 40 卡大麦，牛的租金则是一天 20 卡大麦，那么，车夫一天的工资就是 120 卡大麦。

除了车辆，船只的租金也要以货币支付。

第 275 条　如果一个人租（顺流而上的船），他每天的租金是三乌得图银子。②

第 276 条　如果他租逆流的船，他应每天给其租金二又二分之一乌得图银子。③

第 277 条　如果一个人租六十古尔的船，他应每天给其租金十乌得图银子。④

四、《汉穆拉比法典》中的借贷利息

在公元前 18 世纪初期的《汉穆拉比法典》中，大麦称量货币仍然是主要的借贷货币，但其利率出现了大幅度的下降：

第 70 条　如果一个塔木卡为【收】利息而贷出大麦或银子，每古尔大麦他应收六十四卡利息……⑤

1 古尔等于 300 卡。借贷 300 卡大麦，收取 64 卡利息，利率就是 21.3%，大幅低于公元前 20 世纪上半叶的《埃什嫩那国王俾拉拉马的法典》中关于大麦称量货币借贷利率为 33% 的规定。

---

① 杨炽译：《汉穆拉比法典》，高等教育出版社 1992 年版，第 138 页。

②③④ 杨炽译：《汉穆拉比法典》，高等教育出版社 1992 年版，第 142 页。

⑤ 杨炽译：《汉穆拉比法典》，高等教育出版社 1992 年版，第 50 页。

相比大麦称量货币的借贷活动，古巴比伦王国的白银货币借贷活动更为活跃。与 200 多年前的埃什嫩那王国相比，古巴比伦王国白银称量货币借贷利率出现了大幅度的上升。

第 70 条　……如果他贷出银子，每一舍客勒银子他应收十六乌得图利息。[1]

1 舍客勒等于 60 乌得图，1 舍客勒本金付 16 乌得图利息，利率就是 26.7%，大幅高于公元前 20 世纪上半叶的《埃什嫩那国王俾拉拉马的法典》中关于白银称量货币借贷利率为 20% 的规定。

古巴比伦王国的白银借贷利率比埃什嫩那王国的白银借贷利率上升了 6.7%，说明古巴比伦王国经济的发展或商业的发展，使市场对白银货币的需求有了明显的上升。与此同时，古巴比伦王国的大麦借贷利率比埃什嫩那王国的大麦借贷利率下降了 12%，说明大麦的货币功能已经下降，大麦货币的借贷需求减少，大麦货币的借贷利率也就随之大幅度地下降了。

古巴比伦王国时期，人们已经认识到高利贷对社会的危害，所以法律禁止高利贷活动。《汉穆拉比法典》规定，如果贷款收息超过法定利率标准，贷款人将丧失本息。

第 71 条　如果塔木卡［把利息］提高到每古尔［六十四卡大麦，或每舍客勒］十六乌得图［以上而收了利息］，那么他将白白丧失他贷出的一切。[2]

---

①　杨炽译:《汉穆拉比法典》，高等教育出版社 1992 年版，第 50 页。
②　杨炽译:《汉穆拉比法典》，高等教育出版社 1992 年版，第 50—52 页。

第二章

国家垄断铸币权

货币最初的形态是称量货币，称量货币作为价值尺度被规定在人类最早的法律中，用来充当奖罚轻重的量化尺度。

称量货币时代，称量货币与普通商品或劳务的交换采用市场价格，遵循等价交换原则。称量货币作为商品交换媒介，发展到一定程度时，除了作为法庭判定奖罚轻重的量化尺度，在普通法中还被用作制定商品价格、劳务工资、租金收益和利息收益等的价值尺度。

称量货币的长期发展，产生出数量货币。数量货币时代，最初的金属数量货币——钱币是由百姓制造的。制造钱币可以从中获取利益，于是国家将铸币权收归国有。国家使用较少的金属制造较多的钱币，从中获取巨额利益。为了有效实现制造钱币的利益，国家垄断制造钱币，颁布法令禁止百姓制造钱币。

第一节
雅典城邦垄断铸币的《钱币法令》

西方世界最早出现的钱币是地中海东岸小亚细亚半岛上吕底亚王国的琥珀合金币，以及沿海古希腊诸城邦的琥珀合金币。很快，钱币制造和钱币流通便传播到地中海沿岸古希腊各城邦。

古希腊各城邦相互独立，并非现代国家形式，钱币由百姓自由制造。当波斯帝国攻打古希腊诸城邦时，这些城邦便联合为同盟，共同抵御波斯帝国的军队。雅典城邦作为同盟领袖，曾力图将同盟各城邦自由制造的钱币转变为由雅典城邦垄断制造。

公元前5世纪，面对波斯帝国的军事入侵，古希腊诸城邦联合起来，建立了提洛同盟。在雅典城邦的领导下，提洛同盟成功地打败了波斯帝国，取得了希波战争的胜利。雅典城邦乘机颁布《钱币法令》，试图垄断古希腊诸城邦的铸币权。雅典城邦的努力遭到以斯巴达城邦为首的许多古希腊城邦的反对。于是，形成了以斯巴达城邦为首的伯罗奔尼撒同盟。此后，提洛同盟与伯罗奔尼撒同盟之间爆发了伯罗奔尼撒战争。战争的结果是雅典城邦战败，提洛同盟被迫解散，雅典城邦垄断古希腊诸城邦铸币权的努力也就随之化为乌有。

一、提洛同盟的建立

古代中国进入战国时期的前夕，远在西方的波斯帝国与古希腊诸城邦之间发生了大规模的战争。

公元前492年，波斯帝国的国王大流士向古希腊正式宣战，派遣大军，分海陆两路远征古希腊，拉开了希波战争的大幕。

然而，波斯帝国远征古希腊的过程并不顺利，战争打打停停，胜负难分，持续不断。公元前486年，大流士国王去世，他的儿子薛西斯继位。公元前480年，薛西斯率领大军远征古希腊，陆军约50万人，海军有千余艘战舰，船员近15万人。为了应对波斯大军的进攻，雅典城邦联合斯巴达城邦，组建了古希腊多个城邦的军事联盟。

公元前 478 年，以雅典城邦为首的一些古希腊城邦组建了更为紧密的同盟，因为盟址及金库设在提洛岛（DELOS），故称"提洛同盟"，也称"第一次雅典海上同盟"。提洛岛位于爱琴海的中南部，向西遥望雅典，向南遥望克里特岛，向东遥望小亚细亚半岛的米利都，具有重要的军事地位。建立提洛同盟的初衷是以集体力量解放遭受波斯帝国奴役的古希腊各城邦和防御波斯帝国的再次入侵。早期加入提洛同盟的是位于小亚细亚半岛和爱琴海诸岛的古希腊城邦，后来逐步扩大，增至约 200 个城邦。入盟的各城邦可以保持原有的政体，同盟事务由在提洛岛召开的同盟会议决定，按照入盟城邦实力的大小，各出一定数量的舰船、兵员和盟捐。

公元前 449 年，雅典海军在塞浦路斯北部的萨拉米城附近大败波斯帝国的军队，取得了希波战争的最后胜利。但是，提洛同盟并没有因此而宣告解散。

早在公元前 5 世纪 60 年代，雅典便开始逐渐将提洛同盟变为它控制和剥削同盟各城邦的工具，并将自己变为事实上的盟主。因此，史书中常将提洛同盟称为"雅典霸国"或"雅典帝国"。公元前 454 年，提洛同盟的金库从提洛岛迁至雅典城，进一步加强了雅典对盟捐的控制权和支配权。公元前 449 年希波战争结束后，盟捐成为雅典强令缴纳并随意用于本国需要的贡款。雅典向各城邦派出大批军事殖民者，严厉镇压宣布退盟的城邦，强令各城邦的重要案件交由雅典审理，规定各城邦采用雅典的钱币，并支持各城邦建立亲雅典的民主政体。

二、《钱币法令》对同盟各城邦的管辖

为了使雅典钱币成为提洛同盟各城邦的统一钱币，以实施对各城邦的经济统治，公元前5世纪50年代，雅典颁布了《钱币法令》。由于这个法令是由克雷阿尔克斯提议的，所以也被称为"克雷阿尔克斯法令"。

《钱币法令》规定，雅典打造的钱币是提洛同盟各城邦唯一合法的钱币。各城邦的钱币应交付雅典造币厂重新打造成雅典钱币。对此，《钱币法令》规定了8个方面的事情。[①] 其中，前两条分别是对提洛同盟各城邦的公民和官员的管辖及违法处置方式。

1. 对于提洛同盟各城邦公民的规定

□□□□□□□□□□□各邦无论何人——公民抑或外来人，官员［除外］——若违反本法令行事，将被剥夺公民权，其财产将被充公，其中十分之一归女神所有。

提洛同盟各城邦的公民，若有人不执行雅典颁布的《钱币法令》，将被剥夺公民权，没收财产。雅典的法令要管辖到其他城邦的公民，肯定需要其他城邦政府官员的合作。所以，《钱币法令》的第二条就是对其他城邦官员的规定。

2. 对于提洛同盟各城邦官员的规定

倘若没有雅典官员负责监督实施业已通过的决定，则由诸邦

---

① 曾晨宇：《"钱币法令"与雅典的经济霸权》，《古代文明》，2017年7月第3期，第38—45页。

的官员负责实施；倘若未按业已通过的决定行事，这些官员将在雅典被起诉而失去公民权。

提洛同盟各城邦的官员，若负责实施雅典颁布的《钱币法令》而没有遵照执行，应被送到雅典受审，并失去公民权。从这里看，雅典有权将其他城邦的官员抓到雅典去审问，并且可以剥夺其他城邦官员的公民权。换句话说，对于执行这项法令，其他城邦的官员要向雅典负责，而不是向各自城邦政府或公民负责。

三、《钱币法令》的内容和执行方法

《钱币法令》的后6条是法令的内容和执行方法。

1. 对于雅典造币坊坊主的规定

造币坊主至少要把所收外币之半数打造成雅典币，□□□□□□□□□□□□□，另外半数□□□□□□□□□□。

外币被送到雅典造币坊，造币坊的坊主应将其至少半数打造成雅典钱币。其余部分钱币如何处理，出土铭文字迹模糊，不能辨认。

2. 对提议使用外币的人处以死刑

倘若有人提议或赞同使用外币或以外币借贷，即将招致十一人委员会的指控，并会被处死；如有异议，可在法庭上申辩。

提议使用雅典钱币以外的钱币进行交易或借贷的人，应被处死。显然，这条规定不是指提议改变法令，而是指在具体的经济活动中，提议使用其他城邦的钱币，而不使用雅典的钱币，提议者应予以处死。

3. 关于《钱币法令》的颁布方式

民众将选出传令官，遣其到各邦宣布本法令；伊奥尼亚、诸岛、赫勒斯滂以及色雷斯各一名。诸将军应速派其出发，□□□□□□□□□□，否则将受到一万德拉克马的罚金。

派出传令官4名，分别到伊奥尼亚、诸岛、赫勒斯滂和色雷斯传达《钱币法令》，延误者罚款1万德拉克马。

4. 关于《钱币法令》的公布方式

各邦官员应把本法令勒石刊布，立于［各］邦的广场，造币坊主则要立于作坊前。即使不愿，雅典人亦要强迫如此行事。被派出的传令官将令其按照雅典人的命令行事。

《钱币法令》应勒石刊布于各城邦的广场。造币坊的坊主应将《钱币法令》公布在造币坊前。

5. 提洛同盟各城邦议事会应发誓对违反《钱币法令》者予以处罚

议事会司书将把下文列入各邦议事会的誓言中：

"倘若有人在邦内造银币，不使用雅典币、雅典的币制，而是外币、外币的币制，我们将按照克雷阿尔克斯所提议的上述法令处罚。"

提洛同盟各城邦议事会应发誓，对于不使用雅典钱币而使用外币者，将根据《钱币法令》予以处罚；对于不使用雅典钱币的各城邦公民，没收财产，剥夺公民权，其中提议使用非雅典钱币的一方，予以处死；对于不尽职执行《钱币法令》的各城邦官员，要送到雅典受审，剥夺其公民权。

6. 持外币者应将外币送交造币坊兑换雅典钱币

个人所持有之外币均应交出并以同样方式兑换，城邦将付给兑换过的雅典币□□□□□□□□。每人均可把□□□□□交造币坊。坊主□□□□□□，记录□□□□，□□□□在造币坊前，以便他人查验，外币□□□□□□□□□□□。

四、提洛同盟的瓦解

希波战争期间，雅典政坛上出现了一位新星——伟大的政治家伯里克利。伯里克利代表大多数雅典人的观点，对内坚持民主政体，对外强化世界霸权。

在对外政策方面，伯里克利奉行雅典利益至上的原则，剥削掠夺其他城邦甚至盟邦。在希波战争后期，提洛同盟实际上已经依附雅典，其金库也受到雅典的控制。伯里克利不遗余力地维护同盟的存在和雅典的霸主地位。当时，萨摩斯城邦想脱离同盟，便遭到雅典人的残酷镇压。公元前454年，雅典在埃及惨败于波斯，一些盟邦在波斯的支持下脱离提洛同盟，伯里克利一方面召回骁勇善战的老将客蒙对抗波斯，另一方面严惩这些城邦，强迫他们再次加盟。他还派出军队和监察官，建立宣誓效忠雅典的民主政体和傀儡政府。同盟会议此后不再召开，由雅典单独发号施令处理有关事务。伯里克利还将提洛同盟的金库从提洛岛直接迁到雅典，使同盟的金库成为雅典的国库，并使用金库里的盟金给雅典人发放福利。

当盟邦对雅典离心离德的时候,斯巴达乘机而动,带领伯罗奔尼撒同盟诸城邦,企图从雅典手中夺取古希腊世界的霸主地位。公元前431年,以斯巴达为首的伯罗奔尼撒同盟与以雅典为首的提洛同盟之间爆发了战争。

这场战争进行了27年。公元前404年春,雅典处于被封锁的困境之中,往昔的盟国没有一个前来援助,因为雅典的冷酷残暴早已让那些城邦心灰意冷。雅典粮草断绝,只好投降,被迫接受屈辱的合约,取消提洛同盟。

伯罗奔尼撒战争是古希腊历史上的一个转折点,古希腊的黄金时代结束了。雅典的战败,有着复杂的政治、经济、文化原因。雅典对盟邦的经济掠夺,则是雅典战败的重要原因之一。

第二节
中国古代秦国垄断铸币的《金布律》

公元前336年,中国处于战国时期,秦始皇的高祖父秦惠文王将铜钱铸造集中为国家垄断,确立了半两钱流通制度。战国时期秦国的国家垄断铸造半两钱的制度,在秦始皇统一中国后被推广到全国使用。

一、秦惠文王始铸半两钱

秦惠文王是秦孝公的儿子。秦孝公任用商鞅,支持商鞅变法,秦国逐步富强。秦惠文王继位后，杀了商鞅，放弃周天子册封的诸侯爵位，自立为王，自称"秦王"，并且采用国家垄断的方式开始铸造半两钱。

秦惠文王的儿子是个大力士，做过三年秦王，史称秦武王，后来因试举龙文赤鼎而意外身亡。秦武王的弟弟继位秦王，是为秦昭襄王。秦昭襄王把自己的一个孙子送到赵国作人质，这个孙子便是秦始皇的父亲异人。

异人在赵国结识了吕不韦。吕不韦决心投资异人做秦王，并把赵国的美女送给异人，嬴政即为异人与赵女所生。秦昭襄王去世后，异人的父亲做了三天秦王就去世了。异人做了三年秦王，也去世了。于是，异人的儿子嬴政继位秦王，史称秦始皇。

战国中期和战国晚期的秦国铸造和使用半两钱。公元前221年，秦始皇消灭了各诸侯国，统一中国，废除了各诸侯国的各种铜钱，将秦国的半两钱推广到全国使用。这个时候，距离秦惠文王始铸半两钱已经过去115年。

半两钱为圆形方孔，青铜铸造，正面币文为"半两"二字，背面是光面。

半两原本是重量单位，即12铢。战国时期秦国1斤折合现代253克，等于16两；1两重量15.8125克，等于24铢；1铢重量0.6589克。因此，半两钱的理论重量是7.9063克。

🐉 二、禁止百姓铸造半两钱

在秦朝统一全国货币之前，战国时期的秦国就已经实施了禁止百姓铸造铜钱的法令。《睡虎地秦墓竹简·封诊式》载：

某里士五（伍）甲、乙缚诣男子丙、丁及新钱百一十钱，容（融）二合，告曰：丙盗铸此钱，丁佐铸。甲、乙捕索其室而得此钱、容，来诣之。[1]

某里士伍甲、乙捆绑男子丙、丁以及新钱一百一十个、钱范两套，告发说："丙私铸这些钱，丁帮助他铸造。甲、乙将他们捕获并搜查其家，得到这些钱和钱范，一并送官。"

从这件案例中可以看出，《秦律》中有禁止百姓铸造铜钱的法令。出现违法行为，邻居有告发、捕拿并送官的责任和义务。

秦朝统一全国货币之后，继续实行禁止百姓铸造铜钱的法令。汉兴，刘邦以秦钱重、不方便使用为借口，命令开放百姓铸钱。《史记·平准书》言：

汉兴……于是为秦钱重难用，更令民铸钱。[2]

刘邦命令开放百姓铸钱，说明在此之前，秦朝有禁止百姓铸造铜钱的法令，朝廷垄断铜钱的铸造权，百姓是不可以铸钱的。

三、法律统一铸造半两钱的形重

秦朝规定了铸造铜钱的法定形重：铜钱表面铸铭文字"半两"，其实际重量要与文字标明的重量相符合。

---

① 睡虎地秦墓竹简整理小组：《睡虎地秦墓竹简·封诊式》，文物出版社 1978 年版，第 252—253 页。

② 《史记》卷三〇《平准书》，中华书局 1959 年版，第 1417 页。

《史记·平准书》对秦朝铜钱制度的描述如下：

铜钱识曰半两，重如其文。[①]

【铜钱铭文"半两"，重量与币文相符合。】

《汉书·食货志下》对秦朝铜钱的记载如下：

质如周钱，文曰半两，重如其文。[②]

【形状如同周朝的钱币，币文"半两"，重量与币文相符合。】

　　秦始皇统一中国后，要把秦国的半两钱制度推广到全国使用。如何使半两钱在全国都能达到法律规定的重量要求？要做到这一点，首先要将重量标准推广到全国。于是，秦朝采取了以下措施来推行重量标准：第一，厘清权衡重量。秦始皇统一中国之后，便下达了统一度量衡的命令。第二，对度量衡实行严格的定期检验制度。第三，朝廷制造和颁发了大量的权衡器，将秦始皇的命令铸铭在权衡器上并发至各地，以利于地方贯彻执行。秦权和秦量的出土地点分布范围极广，由此证明秦始皇在统一度量衡之后的十几年中，已经将统一的法令推广到全国各地。

　　秦朝不仅规定了铸造铜钱的法定形重，而且实现了中央政府集中垄断铸造铜钱。

　　战国时期，列国官民均可铸币，铸造权不统于天子，也不统于诸侯。秦朝统一了货币制度，也统一了铜钱的铸造权。但是，

---

① 《史记》卷三〇《平准书》，中华书局 1959 年版，第 1442 页。
② 《汉书》卷二四下《食货志下》，中华书局 1962 年版，第 1152 页。

有学者认为，秦朝流通中的铜钱不只是由朝廷统一铸造的，还存在由朝廷制定统一的形重标准，由各地官府分散铸造的方式。理由是各地出土的钱范证明钱币的铸造不仅发生在都城。

从理论上分析，国家垄断铸币权，并不等于由朝廷自行制造。即便在现代社会，各国中央银行统一发行国家的纸币，而纸币的印制、库存及发行，也分散在若干城市或中心实施。在现代这种情况下，我们仍然可以判断纸币的制造和发行是国家垄断的，而非地方自治的。秦朝规定铸造铜钱的形重标准，禁止百姓铸造铜钱，设置管理铸造铜钱的专门官署，然后授权或指定朝廷部门或地方官府专门机构对铜钱实施制造、发行及管理，即可认定其已经实现了国家垄断铸币权。

四、设置管理半两钱的专门官署

秦朝设置了专门管理货币的官署，主管这个官署的官员是治粟内史。《汉书·百官公卿表》曰：

治粟内史，秦官，掌谷、货，有两丞。[1]

【治粟内史，是秦朝的官职，有两丞，一个管粮食，一个管货币。】

有专门的官署管理半两钱，并代表朝廷执行货币政策。朝廷垄断了半两钱的铸造，为了节约铸造成本，在铸造半两钱时经常减少用铜量，使半两钱达不到法定的重量。因此，自秦始

---

[1] 《汉书》卷一九《百官公卿表》，中华书局 1962 年版，第 731 页。

皇统一货币初始，铜钱就已经不是足值的金属货币，而是具有一定信用货币性质的金属货币。当时的铜钱文曰"半两"，即12铢，但其平均重量已经降低至8铢左右，只有法定重量的2/3。

人们对于货币的认识可以分为两种不同的观点，即金属主义和名目主义。金属主义注重货币的金属价值，认为货币是一种商品，其价值由金属的价值决定，所以强调货币金属的足值。金属主义认为，商品交换是等价交换，货币作为一般等价物来充当商品交换的媒介，应具有价值尺度、流通手段、支付手段、储藏手段和世界货币五种职能，不足值的货币难以承担货币职能。名目主义则认为，货币不过是一种符号，在某种信用的支持下，不足值货币为人们所广泛接受，即可充当流通手段、支付手段等货币职能。

从世界货币史来看，古代金属货币的发展，是从依靠金属价值向依靠信用价值转变的演化过程。

秦、汉初期的铜钱表面铭文"半两"，属于纪重钱币，理应保证其重量与币文相符，切实做到法律规定的"重如其文"，以保障其货币职能的充分发挥。但是，自我国统一的纪重铜钱流通体系肇建初始，铜钱就出现了不足值或磨损、残坏等问题，需要依靠法律的强制力进入流通。《秦律·金布律》第1条规定：

官府受钱者，千钱一畚，以丞、令印印。不盈千者，亦封印之。钱善不善，杂实之。出钱，献封丞、令，乃发用之。百姓市用钱，美恶杂之，勿敢异。①

【官府收入钱币，以 1000 枚钱装为一畚，用丞、令官员的印封缄。钱数不满 1000 枚的，也应封缄。钱币质量好的和不好的都装在一起。出钱时，要把印封呈献丞、令验视，然后启封使用。百姓在使用钱币交易商品时，钱币质量好坏，要一起通用，不准对好坏钱币进行选择。】

这就是朝廷通过法令赋予铜钱特别是不足值或磨损、残坏的劣质铜钱法定流通的职能。官府收取时，不得拒绝劣质铜钱。百姓交易时，也不得拒绝劣质铜钱。

从这条规定中还可以看出，官府收支铜钱时是封印的。朝廷垄断铜钱的铸造权，并统一铸行铜钱和回收铜钱，在货币市场流通的循环中充当了中央银行的功能。由此可以推论，朝廷铸造和发行铜钱，一定也有严格的程序。铸造出来的铜钱，由朝廷统一管理和使用，也可能会基于某种用途调配给地方官府使用。地方官府收缴的铜钱，可能会代朝廷窖藏或送交朝廷。于是，朝廷收支铜钱便产生了铜钱发行和铜钱回笼的循环流动。秦、汉初期，朝廷收支使用铜钱的数额，占全国铜钱收支总和的比例是相当大的，所以，朝廷收支是铜钱流通的重要组成部分。

为了杜绝收取铜钱时经手人员贪污或者偷换好钱的行为，《秦律·关市律》规定，从事手工业和为官府出售产品，收钱时必须立即把钱投进钱觥里，使买者看见，违反法令的罚一甲。

---

① 睡虎地秦墓竹简整理小组：《睡虎地秦墓竹简·金布律》，文物出版社 1978 年版，第 55 页。

也就是说，官府工作人员在收取铜钱时，必须当着支付人的面将铜钱投入不能取出的罐子里，以避免工作人员作弊。货币收支流程有法律规定，各项规定以及制度的调整，都由专门的官署管理执行。

第三节

中国古代汉朝垄断铸币的《二年律令》

西汉国家垄断铸造半两钱，体现在朝廷禁止百姓铸造钱币以及针对百姓盗铸钱币的防范措施上。

一、汉律禁止百姓铸造半两钱

公元前 187 年，刘邦的妻子吕雉临朝称制，掌握了西汉王朝的大权。第二年，吕雉颁布《二年律令》。近代有《二年律令》竹简出土。《二年律令》为铜钱的流通设立了专门的法律——《钱律》。《二年律令·钱律》第 4 条规定：

盗铸钱及佐者，弃市。同居不告，赎耐。正典、田典、伍人不告，罚金四两。或颇告，皆相除。尉、尉史、乡部、官、啬夫、士吏、部主者弗得，罚金四两。[①]

【盗铸铜钱者及协助盗铸铜钱者，处以死刑。同居者不向官府告发的，罚款并剃去鬓须。主管官员正典和田典，或伍人连坐

―――――――――

① 张家山二四七号汉墓竹简整理小组：《张家山汉墓竹简·二年律令·钱律》，文物出版社 2006 年版，第 35 页。

者不向官府告发，罚金4两。上述人员若向官府告发，便免除对他们的处罚。上级相关官员，尉、尉史、乡部、官、啬夫、士吏、部主等未能及时察觉的，罚金四两。】

国家垄断钱币的铸造权，严令禁止百姓铸造钱币。百姓铸造钱币的行为被称为"盗铸"。在汉朝，"盗"是很重的罪，汉律规定对盗铸铜钱及协助盗铸铜钱的人要处以死刑。反秦战争期间，刘邦率军攻入秦都咸阳，废除秦朝全部法律，仅留"杀""伤""盗"三项，与关中父老约法三章："杀人者死，伤人及盗抵罪。"说明天下百姓对社会上发生的这三种罪行具有共识，认为的确需要对这三种罪行实行严厉打击。

二、针对百姓盗铸半两钱的处罚办法

从《二年律令·钱律》第4条规定可以看出，汉律对百姓盗铸半两钱的打击十分严厉。同居，泛指同一户籍的成员。汉律所说同居，系指包括同居一户的父母妻子儿女之外的亲属。这些亲属是与户主一起生活的。

《二年律令·钱律》第5条规定：

智（知）人盗铸钱，为买铜、炭，及为行其新钱，若为通之，与同罪。[1]

【知道某人盗铸铜钱，却帮助他买铜材料、炭，或将盗铸的铜钱投入市场流通者，与盗铸的人同罪，也是判处死刑。】

---

① 张家山二四七号汉墓竹简整理小组：《张家山汉墓竹简·二年律令·钱律》，文物出版社2006年版，第35页。

为了有效打击百姓盗铸半两钱，汉律还规定对协助官府打击犯法行为的人给予奖励。《二年律令·钱律》第6条规定：

> 捕盗铸钱及佐者死罪一人，予爵一级。其欲以免除罪人者，许之。捕一人，免除死罪一人，若城旦舂、鬼薪白粲二人，隶臣妾、收入、司空三人以为庶人。①

【捕获盗铸铜钱者1人或捕获协助盗铸铜钱者1人，爵位提高1级。如果他要求免除罪人，也可以。捕获盗铸铜钱者1人或捕获协助盗铸铜钱者1人，可免除1人死罪；或免除城旦舂、鬼薪白粲2人；或免除隶臣妾、收人、司空3人。】

这里所讲到的城旦舂，指的是男女犯人。男犯为城旦，从事筑城的劳役；女犯为舂，从事舂米的劳役。比城旦舂轻一些的处罚是鬼薪白粲：鬼薪是男犯，砍柴以供宗庙祭祀；白粲是女犯，择米以供宗庙祭祀。更轻一级的处罚是隶臣妾、收人、司空，司空是指在司空服役的刑徒。奴的意思是罪犯，隶的意思是逮住。男人被判定拘押称为隶臣；女人被判定拘押称为隶妾。

汉律继承了秦律自首从轻的刑法原则，《二年律令·钱律》第7条规定：

> 盗铸钱及佐者，智（知）人盗铸钱，为买铜、炭、及为行其新钱，若为通之，而颇能行捕，若先自告，告其与，吏捕颇得之，

---

① 张家山二四七号汉墓竹简整理小组：《张家山汉墓竹简·二年律令·钱律》，文物出版社2006年版，第36页。

除捕者罪。①

【盗铸铜钱者及协助盗铸铜钱者，知道有人盗铸铜钱而为其购买铜材、炭并将盗铸的铜钱拿去使用者，若能协助官府去捕捉其他盗铸者或协助盗铸者，或自首并告发同伙使得官府捉到同伙犯法者，即能除罪。】

汉律还规定了对犯罪未遂者的处罚，《二年律令·钱律》第8条规定：

诸谋盗铸钱，颇有其器具未铸者，皆黥以为城旦舂，智（知）为买铸钱具者，与同罪。②

【计划盗铸铜钱，已经准备了器具，但并没有铸造者，处罚为脸上刺字并罚做城旦舂的劳役。知道某人准备盗铸铜钱，帮助该人购买铸钱器具者，同罪处罚。】

这一法条，体现了商鞅"刑用于将过"③思想的延续。但是，汉律对预备犯或未遂犯的处罚较秦律还是减轻了一些。《睡虎地秦墓竹简·法律问答》载：

甲谋遣乙盗，一日，乙且往盗，未到，得，皆赎黥。③

【甲主谋派遣乙去盗窃，一天，乙去行盗，还没有走到就被

---

① ② 张家山二四七号汉墓竹简整理小组：《张家山汉墓竹简·二年律令·钱律》，文物出版社2006年版，第36页。

③ 严万里校：《商君书·开塞》，商务印书馆1937年版，第17页。

③ 睡虎地秦墓竹简整理小组：《睡虎地秦墓竹简·法律问答》，文物出版社1978年版，第152页。

拿获，甲乙都应判处赎黥。】

"赎黥"是秦律对一般盗窃的常刑。对犯罪未遂者与实施犯罪者给予同等处罚充分体现了"刑用于将过"的立法思想。汉律对预备犯罪的处罚轻于实施犯罪：对盗铸处以死刑，而对谋划盗铸者处以"黥以为城旦舂"。

三、国家垄断铸币制度首次被打破

自公元前 336 年秦惠文王始铸半两钱，至秦始皇统一天下建立秦朝，一直实行国家垄断铸造半两钱的制度。这个制度首次被打破，发生在楚汉战争时期（公元前 206—前 202 年）。公元前 205 年，汉王刘邦下令开放百姓铸造铜钱。

汉兴，接秦之弊，丈夫从军旅，老弱转粮饟，作业剧而财匮，自天子不能具均驷，将相或乘牛车，齐民无藏蓋。于是为秦钱重难用，更令民铸钱，一黄金一斤。[1]

【汉朝兴起，承接了秦朝的衰弊，壮年男子从军转战，老弱的人去运送粮饷，人们越来越辛苦但财用越来越匮乏，天子的车驾无法使用四匹同样毛色的马来驾车，将相的只能乘牛车，平民百姓流离失所。于是，因为秦朝的铜钱太重，交易使用不方便，就命令百姓自由铸造铜钱，黄金一单位重量一斤。】

刘邦打破秦朝禁止百姓铸造半两钱的法律制度，下令允许百

---

[1]　《史记》卷三〇《平准书》，中华书局 1959 年版，第 1417 页。

姓铸造劣小的半两钱，使汉军获得了必需的军事物资，导致劣小半两钱泛滥，物价狂飙，半两钱制度土崩瓦解。然而，就在这种情况下，经过了三年的战争，刘邦终于在公元前202年打败项羽，取得了国家政权。

战争结束后，经济需要恢复，货币需要稳定，朝廷需要开支，汉王朝需要把铜钱铸造权收回到朝廷手中。于是，公元前199年，刘邦就恢复了盗铸钱令。

但是，恢复盗铸钱令并不等于恢复了半两钱的重量。根据昭明、马利清先生对出土实物进行的考证：

> 高帝后期，半两愈铸愈小，重不到一铢，是为'荚钱'。[1]

"荚钱"在汉高祖刘邦实施盗铸钱令之后继续泛滥，原因主要是朝廷实行虚币敛财政策，百姓继续盗铸也起到了推波助澜的作用。

四、国家垄断铸币制度再次被打破

国家垄断铸造半两钱的制度再次被打破发生在汉文帝时期。汉文帝前五年（公元前175年），朝廷开放百姓铸造铜钱，史籍多有记载：

> 至孝文时，荚钱益多，轻，乃更铸四铢钱，其文为半两，令民纵得自铸钱。[2]

---

[1] 昭明、马利清：《古代货币》，中国书店1999年版，第114页。
[2] 《史记》卷三〇《平准书》，中华书局1959年版，第1419页。

【到汉文帝时，榆荚钱越来越多，也越来越轻，于是改铸四铢钱，钱表面铭文"半两"，命令百姓自由铸造铜钱。】

孝文五年，为钱益多轻，乃更铸四铢钱，其文为半两，除盗铸钱令，使民放铸。[①]

【汉文帝前五年，因为钱币越来越多，也越来越轻，于是改铸四铢钱，钱表面铭文"半两"，废除禁止百姓铸造铜钱的法令，让百姓自由铸造铜钱。】

初，秦用半两钱，高祖嫌其重，难用，更铸荚钱。于是物价腾踊，米至石万钱。夏，四月，更造四铢钱；除盗铸钱令，使民得自铸。[②]

【当初，秦朝行用半两钱，高祖刘邦嫌半两钱过重，使用不便，下令改铸荚钱。于是，物价暴涨，一石米的价格涨至一万钱。汉文帝前五年夏季四月，皇帝下诏改铸四铢钱，废除禁止百姓铸钱的法令，允许百姓自由铸造铜钱。】

为什么汉文帝会开放百姓铸造铜钱，从当时的国民经济发展态势来分析，可能是发生了整体经济过热的问题，需要采取紧缩的货币政策。汉文帝开放百姓铸造铜钱，规定铜钱的重量为4铢，使流通中铜钱的重量大幅度上升，其结果是大幅减少了货币流通总量。当时流通中的铜钱是吕后掌权时铸行的"五分钱"，

---

① 《汉书》卷二四《食货志下》，中华书局1962年版，第1153页。

② 司马光：《资治通鉴》卷四《文帝前四—五年（前176—175年）》，中华书局1956年版，第463页。

根据昭明、马利清先生对出土实物的考证，"五分钱"的重量为1.9—2.0克[1]（2.9—3.1铢[2]），而汉文帝时期铸行的文帝四铢钱，出土实物重量为2.0—2.8克[3]（3.1—4.3铢），与"五分钱"相比较，文帝四铢的金属用量增加了大约23%。

因为开放百姓铸造铜钱，所以汉文帝时期的物价比较低廉。如果青铜金属总量没有显著增加，流通中的铜钱全部被百姓更铸，那么铜钱总量减少幅度大约为23%。铜钱增重与铜钱减重不同，如果新旧铜钱兑换率为一比一，铜钱减重可以获得铸币收益，节约的青铜金属可以铸造更多的铜钱；铜钱增重则需要添加增重青铜金属，要付出增重成本。这赔本的买卖，朝廷不宜承担。好在当时民间富有，汉文帝就把铜钱增重的工作交给百姓来做。因此，就出现了令民自由铸钱的制度。

汉文帝开放百姓铸造铜钱，对社会经济产生了积极的影响，出现了"文景盛世"。

汉文帝开放百姓铸造铜钱，采取了官督民铸的方式，自汉文帝前五年（公元前175年）下令放铸，至汉景帝中六年（公元前144年）下令恢复禁止百姓铸造铜钱的法令，此项政策共持续了31年。

汉景帝中六年，汉王朝恢复了盗铸钱令，规定对盗铸铜钱及伪造黄金者处以死刑。《汉书·景帝纪》载：

---

①③ 昭明、马利清：《古代货币》，中国书店1999年版，第115页。

② 西汉1铢折合现代0.651克，此后文中关于出土西汉时期半两钱实测重量若干克之后，均加括号注明折合若干铢，在折算中均采用四舍五入的方法，保留小数点后1位。

六年冬十月，行幸雍，郊五畤。十二月，改诸官名。定铸钱伪黄金弃市律。[①]

【中六年冬（公元前 144 年）十月，汉景帝驾临雍县，郊祭五帝祠。十二月，改诸官名称，制定铸铜钱、伪造黄金者处以死刑的法律。】

此后，直至东汉末年，朝廷一直坚持实行国家垄断铸造铜钱的制度，再没有放开百姓铸钱的禁令。

第四节
罗马共和国垄断铸造阿斯铜币

雅典城邦垄断地中海世界的钱币制造，颁布了《钱币法令》；战国时期秦国垄断钱币制造，颁布了《秦律·金布律》；西汉时期国家垄断钱币制造，颁布了《汉律·钱律》。然而，迄今为止，我们没有见到罗马共和国垄断制造阿斯铜币的相关法律文献。

尽管没有相关法律文献出土，我们仍然可以推断罗马共和国时期的阿斯铜币是由国家垄断制造的。除了国外货币学家们的考证和观点，判断阿斯铜币由国家垄断制造还有两个依据：一是罗马共和国时期阿斯铜币发生了大幅度减重，因为只有国家垄断制造的钱币才有可能在法律的支持下，依靠发行者的信用发挥货

---

① 《汉书》卷五《景帝纪》，中华书局 1962 年版，第 148 页。

币职能，而百姓分散自由制造的钱币不具备大幅度减重的能力；二是屋大维夺取造币权后，在阿斯铜币上铭文"SC"（元老院批准），说明罗马共和国时期个人是不可以自由制造铜币的，即便是国家元首制造阿斯铜币，仍然需要得到国家的批准。

一、从阿斯称量货币到阿斯数量货币

罗马王政时期的货币是青铜称量货币，所用的称量单位是一个古老的重量单位——阿斯（AS），标准重量为327克。公元前509年，罗马人民推翻了国王小塔克文的残暴统治，结束了王政时代，建立了罗马共和国。此时，希腊人在意大利半岛上已经建立了许多城邦，开始使用德拉克马银币，来自东方的埃特鲁里亚人也已经开始在意大利半岛上使用努米银币，而意大利本土居民依旧使用青铜称量货币。

据说，在罗马王政时代，青铜称量货币阿斯已经被罗马人广泛使用。提图斯·李维在《自建城以来》中讲道：

他从拥有十万或十万以上阿斯的人中组成八十个百人队。[①]

罗马王政时代的第六任国王塞尔维乌斯在全国范围内作了一次人口和财产的普查，按照财产多寡将居民分为6个等级，根据不同等级给予居民不同的政治权利和不同的军事参与权。财产在10万阿斯以上的居民为第一等级，有资格参加百人队军事组织。

---

① ［古罗马］李维：《自建城以来》，王焕生译，中国政法大学出版社2009年版，第49页。

首先是一次著名的改革，改革的内容就是在于规定财产的资格，在于依靠财产资格，不论所属的等级而来分配政治权利和军事职务。①

罗马共和国时期的《十二铜表法》（大约制定于公元前451—前450年）也记载了阿斯被用来作为法律判处犯罪行为补赎的计量工具。

蓄意采伐他人树木的犯罪者，每棵处以二十五阿斯的罚金。②

这个条文只是在普林尼的《自然史》中有讲到，考古并没有发现《十二铜表法》。目前，根据各种资料记载汇总的《十二铜表法》的内容共有104条，其中9处使用了货币，用于诉讼保证金、补赎等，货币单位不仅有阿斯，还有塞斯特提。但是，当时的阿斯和塞斯特提都是重量单位，2.5个阿斯等于1个塞斯特提，铜金属尚处于称量货币形态。

阿斯称量货币的长期发展，以及希腊人、埃特鲁里亚人使用银币的示范作用，促使罗马人将阿斯称量货币转向阿斯数量货币——阿斯铜币。

①　［苏联］科瓦略夫：《古代罗马史》，王以铸译，生活·读书·新知三联书店1957年版，第65页。

②　《世界著名法典汉译丛书·十二铜表法》，法律出版社2000年版，第38页。

二、粗铜币、印记铜币和重铜币

公元前509—前289年，此时处于罗马共和国前期，除了外来民族使用银币，罗马共和国本土居民主要使用青铜称量货币，之后开始尝试铸造和使用青铜铸币，这种努力经历了一个逐步演化的过程。公元前6世纪出现的块状青铜被称为"粗铜币"（AES RUDE），属于青铜称量货币的范畴。公元前3世纪初，出现了长方形有图像的"印记铜币"（AES SIGNATUM），仍属于青铜称量货币。真正属于金属数量货币的，是始于公元前289年罗马共和国政府铸造的"重铜币"（AES GRAVE）。

希腊人采用打制的方式制造钱币，而罗马共和国却采用铸造的方式制造钱币。铸造钱币是将金属烧融为汁，浇灌在模具中，冷却后成形为钱币；打制钱币则是将金属块放在模具中敲打，使其出现图案成形为钱币。

公元前289年，罗马共和国政府开始铸造青铜铸币，单位是阿斯，即1罗马磅。英国货币史学家迈克尔·H.克劳福德说：

> 罗马早期的金属货币单位当然是1磅青铜，即1阿斯。尽管从以钱币形式出现开始，直到公元前141年，阿斯的重量都在持续减少，但它始终都是罗马的货币单位。[1]

根据英国的货币学家罗伯特·泰耶的考证，在罗马共和国时期，1罗马磅折合现代重量为327克。

---

[1] 迈克尔·H.克劳福德：《罗马共和国货币史》，张林译，法律出版社2019年版，第26页。

但是，目前出土的青铜铸币阿斯，一般都轻于 1 罗马磅。

币 2-1　1 阿斯青铜铸币

注：该钱币于公元前 240—前 225 年在罗马造币厂生产，重量为 267.05 克。正面图案是门神雅努斯双面神浓须头像；背面图案是战船船首。

资料来源：李铁生：《古罗马币》，北京出版社 2013 年版，第 27 页。

三、阿斯铜币的大幅度减重

钱币大幅度减重是国家垄断制造钱币的典型特征。只有在国家垄断制造钱币的条件下，钱币才有可能依靠国家信用和法律支持，按照其名义价值或者高于其本身币材的价值来发挥货币职能。

公元前 289 年罗马共和国开始制造阿斯铜币，之后阿斯铜币分两阶段进行了大幅度的减重。

第一阶段：自公元前 289 年罗马共和国开始制造青铜铸币，至公元前 211 年罗马共和国建立狄纳里银币制度并将阿斯铜币的制造方法由铸造改为打制，共计 78 年。在此期间，阿斯铜币的重量从 327 克减至 54.5 克，即从 12 盎司减至 2 盎司。

第二阶段：自公元前 211 年罗马共和国开始打制阿斯铜币，并让狄纳里银币与阿斯铜币并行流通，至公元前 27 年罗马共和国转为罗马帝国，共计 184 年。在此期间，阿斯铜币的重量从

54.5 克减至 11 克左右，即从 2 盎司减至半盎司左右。

从 327 克减到 11 克，这个减重幅度是相当大的。那么，阿斯铜币是否还是按照其名义价值——1 阿斯青铜，或者高于其本身币材的金属价值来发挥货币职能？我们可以参照与其并行的狄纳里银币的比价变动情况来分析。

在第二阶段，狄纳里银币也有小幅度的减重，从 1/72 罗马磅减至 1/84 罗马磅，即从 4.54 克减至 3.89 克，减重幅度显然小于阿斯铜币。尽管阿斯铜币与狄纳里银币的法定比价也发生了变化，即从 10 枚阿斯铜币兑换 1 枚狄纳里银币改变为 16 枚阿斯铜币兑换 1 枚狄纳里银币，但阿斯铜币的信用货币性质仍然表现得很明显。

阿斯铜币的大幅度减重使其信用货币性质凸显，能够用较少的铜金属价值换取较多的银金属价值及各种商品的价值。这就使制造阿斯铜币成为获取暴利的事情。

如果阿斯铜币是由百姓自由制造的，那么个别百姓减少用铜量会使其制造的铜币市场价值降低；多数百姓减少用铜量会使其制造的铜币商品购买力降低。所以，在百姓自由制造钱币的条件下，钱币依靠币材价值发挥货币职能，不具备信用货币的性质。

只有在国家垄断制造钱币的情况下，在法律的支持下，钱币才有可能发生信用化的转变，即减少钱币名义价值中的币材价值，增加钱币名义价值中的发行者信用价值，并依靠法律的支持，按照其名义价值发挥货币职能。

🐉 四、元老院批准元首制造阿斯铜币

罗马共和国时期，国家垄断制造阿斯铜币的另一个依据是屋大维接收铸币权之后，需要在阿斯铜币上刻印"元老院批准"字样。如果阿斯铜币是自由制造的，屋大维就没有必要在阿斯铜币上刻印"元老院批准"字样。

公元前 27 年，通过军事胜利而掌握了罗马共和国国家权力的屋大维被元老院授予"奥古斯都"的称号，后世史学家们将这个时间确定为罗马共和国转为罗马帝国的转折点。此时，由于阿斯铜币已经大幅减重，其名义价值远超其币材价值，制造铜币便成为一件能获得暴利的事情。此前，这个暴利为国家所有，由罗马元老院代表国家来获取。

屋大维掌权后，巧妙地夺取了元老院的各项权利，或者让元老院心甘情愿地将国家权力移交到他的手里，其中一项重要的权利就是铜币的铸币权。然而，屋大维制造的铜币，以及他的家族世袭王朝——尤利亚·克劳狄王朝制造的铜币，除个别例外，都刻印了"SC"（元老院批准）的币文标识。屋大维夺取了元老院的铸币权，为什么还要在阿斯铜币上刻印"元老院批准"的字样呢？

首先，我们可以由此推断，过去的阿斯铜币是元老院代表国家垄断制造的。阿斯铜币作为国家垄断制造的货币，应该是百姓向国家缴纳税赋的法定货币。阿斯铜币已经是不足值的金属货币，需要依靠国家信用和法律支持按照其名义价值而非币材价值进入流通，从而发挥货币职能。

其次，屋大维制造阿斯铜币，仍然需要它能够作为百姓缴纳税赋的法定货币，在铜币表面刻印"元老院批准"可以提高其信用程度，使市场容易接受。

屋大维在阿斯铜币上刻印"元老院批准"字样，却不在狄纳里银币上刻印"元老院批准"字样，说明当时的狄纳里银币是依靠本身币材价值发挥货币职能的实币，而不是依靠政府信用和法律支持发挥货币职能的虚币。所以，即使屋大维制造狄纳里银币时不在银币表面刻印"元老院批准"字样，市场也可以接受。

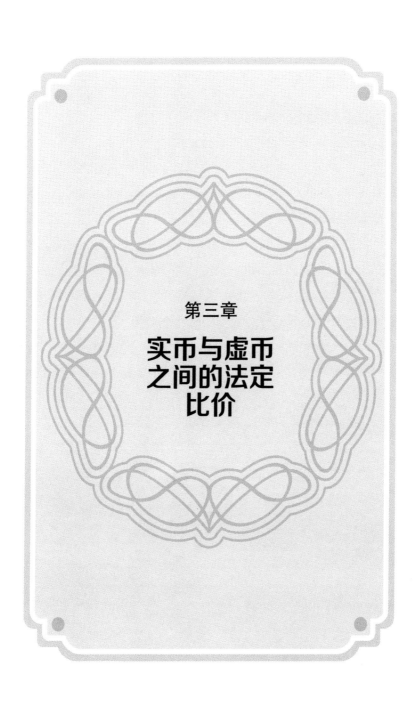

第三章

实币与虚币
之间的法定
比价

　　国家垄断铸币权之后，为了制造更多的钱币，通过减少钱币的金属含量、提高钱币的名义价值、降低钱币的金属成色等方式，使钱币的名义价值中，币材价值占比下降，发行者信用价值占比上升，从而产生了虚币。虚币是相对实币而言的概念，实币是指币材价值与钱币名义价值相符的钱币，虚币是币材价值达不到钱币名义价值的钱币。

　　国家让虚币代表一定数量或者一定分量实币的价值发挥货币职能，实币与虚币并行流通，需要有法律的支持才能有效实现。相关的法律需要确定实币与虚币之间的比价，而这个比价往往是价格扭曲的或者说是不符合市场价值规律的。因此，百姓不愿意接受虚币。所以，国家便立法禁止百姓拒绝接受虚币。

　　中国古代秦国实行铜钱、布币和黄金三币并行流通的货币制度，因此，在铜钱和布币之间建立了固定的比价。布币是百姓织造的原始数量货币，以布为单位进行交换，同时具有作为衣料的使用价值，与其他商品之间的价格关系由市场决定，所以属于实币。铜钱由国家垄断制造，时大时小，11 枚铜钱代表 1 布的价值发挥货币职能，所以属于虚币。

　　称量货币与数量货币之间的比价，也是实币与虚币之间的关系。中国古代汉朝的黄金货币是称量货币，显然是实币；铜钱是数量货币，出现了大幅减重，成为虚币。中国古代汉朝黄金与铜钱之间的法定比价采用了按年浮动的方法，在一定程度上解决了铜钱贬值给朝廷收入带来的损失风险。

古罗马铜币与银币的比价，更是典型的实币与虚币之间的比价，需要法律的支持和维护。罗马共和国后期，狄纳里银币是实币，含银量基本保持长期稳定不变，同时期的阿斯铜币则是虚币，发生了大幅减重，两者之间的法定比价出现了明显的扭曲。

上古时期，古代各王国大都实行金币与银币并行流通的货币制度，并且规定了金币与银币之间的法定比价，这些比价关系影响着金币和银币两者的盛衰兴替。

第一节
中国古代秦国的固定比价制度

中国古代秦国的货币制度建立于战国晚期秦惠文王规定国家垄断铸造半两钱之后。公元前 221 年，秦始皇统一天下，将战国时期秦国的货币制度推广到全国使用。

战国时期秦国的货币主要有三种：铜钱、布币和黄金。铜钱与布币之间的法定比价，可以在出土成文法文献中看到。战国晚期，秦国颁布成文法，建立了铜钱与布币之间的固定比价制度。这项制度在秦始皇建立全国统一政权之后仍然被继续使用，直到秦二世胡亥继位才被废除。

一、铜钱的法定形制规格

战国晚期的秦国，实行铜钱、布币、黄金三币并行流通的货币制度。三种货币性质各不相同：铜钱是数量货币；布币是原始数量货币；黄金是称量货币。

秦国三币并行流通的货币制度体现了货币发展过程中的三个阶段：称量货币阶段、原始数量货币阶段和数量货币阶段。当新的货币形态被创造出来时，旧的货币形态并不消失，而是与新的货币形态并行存在，一起发挥货币职能。

一般来说，在这三种货币形态中，称量货币最先出现，原始数量货币次之，数量货币最后产生。但是，战国晚期秦国的布币不同于民间自发产生的原始数量货币，而是国家颁布法令确立法定形制的原始数量货币。所以，秦国布币的产生是在秦国半两钱出现之后。

公元前336年，秦国开始由国家垄断铸造铜钱，法定重量"半两"，形状为圆形方孔。

当时，秦国实行斤、两、铢的重量制度，1斤等于16两，1两等于24铢。秦国1斤折合现代重量为253克；1两折合现代重量为15.8125克；1铢折合现代重量为0.6589克。所以，半两钱的重量标准折合现代重量为7.91克（12铢）。

公元前221年，秦始皇灭六国、统一天下，废除了各诸侯国的货币，将半两钱推广到全国使用。

二、布币的法定形制规格

战国晚期秦国的布币是麻织品，除作为货币流通外，还可以用作平民的衣服材料。所以，这种布币不仅具有商品交换媒介的货币职能，还具有日常生活必需品的商品使用职能，属于原始数量货币。《秦律·金布律》第 2 条规定：

布袤八尺，福（幅）广二尺五寸。布恶，其广袤不如式者，
不行。[①]

【布长 8 尺，幅宽 2 尺 5 寸。布的质量不好，长宽不合标准的，
不得作为货币流通。】

布币作为货币流通，具有法定的形制规格。战国晚期秦国
的 1 尺相当于现代 23.1 厘米，8 尺相当于现代 184.8 厘米，2 尺
5 寸相当于现代 57.75 厘米。因此，法定形制规格的布币的面积
相当于现代的 184.8 厘米 × 57.75 厘米 =10672.2 平方厘米，折合
1.06722 平方米。

战国晚期的秦国及后来秦始皇建立的秦朝，铜钱与布币的主
要区别在于：铜钱是朝廷制造的；布币是百姓根据朝廷法定形制
规格织造的。朝廷制造的铜钱可以"美恶杂之"，大小、轻重不
等的铜钱混在一起，被赋予信用货币的性质，劣质轻小的铜钱仍
然可以依赖法律的强制力行使货币职能，从而成为虚币；而百姓
织造的布币却不可以降低质量，一定是实币。

不符合法定形制规格的布币，虽然被法律禁止其作为货币流
通，但作为一种具有价值和使用价值的商品，在物物交换中仍然
会被广泛地接受。因为，在古代商品交换经济中，货币媒介的交
换行为与物物交换行为长期以来都是并存的。不符合法定形制规

---

① 睡虎地秦墓竹简整理小组：《睡虎地秦墓竹简·金布律》，文物出版社 1978
年版，第 56 页。

格的布币也可以作为普通商品用铜钱或者黄金来买卖，就像金属
在被铸成钱币之前可以作为普通商品被买卖一样。

三、铜钱与布币的固定比价

《秦律·金布律》第 3 条规定：

钱十一当一布。其出入钱以当金、布，以律。[①]

【11 枚铜钱折合 1 块布币。如果出入铜钱来折合黄金或布币，
应按法律的规定的比价折算。】

铜钱与布币之间有着法定的固定比价。显然，这里的铜钱指
的是半两钱；布币则是长 8 尺、幅宽 2 尺 5 寸的法定形制规格的、
麻织造的布币。铜钱是典型的数量货币，专作货币使用。麻织造
的布币除了作为货币使用，还可以用作衣料。秦国以法律形式确
立了铜钱与布币之间的固定比价，就使作为法定货币的铜钱在价
值上与布币挂钩，代表一定数量的布币行使货币职能。以铜钱标
价的商品，可以直接按照铜钱的价格进行套算，并采用布币进行
交易。为了方便半两钱与布币的折算，当时商品或财物的铜钱标
价多为 11 的倍数。《金布律》第 15 条规定：

禀衣者，隶臣、府隶之毋妻者及城旦，冬人百一十钱，夏
五十五钱，其小者冬七十七钱，夏卅四钱；春冬人五十五钱，夏
卅四钱，其小者冬卅四钱，夏卅三钱；隶臣妾之老及小不能自衣

---

① 睡虎地秦墓竹简整理小组：《睡虎地秦墓竹简·金布律》，文物出版社 1978
年版，第 56 页。

者，如春衣。亡，不仁其主及官者，衣如隶臣妾。[1]

【没有妻子的隶臣和府隶以及城旦，领取衣服的标准为每人冬季 110 枚半两钱，夏季 55 枚半两钱；其中属于小的，冬季 77 枚半两钱，夏季 44 枚半两钱。春领取衣服的标准为每人冬季 55 枚半两钱，夏季 44 枚半两钱；其中小的，冬季 44 枚半两钱，夏季 33 枚半两钱。隶臣妾属于老、小，不能自备衣服的，按春的标准给衣。逃亡或冒犯主人、官长者，按隶臣妾的标准给衣。

城旦是男犯，从事筑城的劳役。春是女犯，不作外徭，做春米的劳役。】

四、铜钱与布币固定比价的终结

自战国晚期的秦国建立布币流通制度开始，秦国便颁布了铜钱与布币之间的固定比价。秦二世胡亥继位时将布币废除，铜钱与布币之间的固定比价便终结。

布币主要被用于秦始皇统一中国的战争中，为秦国节约了大量的铜材军用物资。秦始皇统一中国，化剑为犁，铜材用于军械的需求大幅度减少。同时，秦始皇重劳役而轻农商，百姓不能专务农商，商品经济迅速衰败，货币需求大幅度下降。

秦始皇大兴土木，修建宫殿陵寝，很少使用货币，而是大量无偿地征用天下劳役。因此，秦始皇没有铸行铜钱，而是任由百姓继续织造布币。布币织造过多，自然引起严重的通货膨胀，百

---

[1] 睡虎地秦墓竹简整理小组：《睡虎地秦墓竹简·金布律》，文物出版社 1978 年版，第 67 页。

姓生活日益贫苦。秦始皇不顾民间疾苦，实行严刑酷法的高压政策，导致社会危机四伏，随时可能爆发大规模的人民起义。

公元前210年，秦始皇在沙丘平台（今河北省邢台市广宗县）去世。《史记·六国年表》云：

十月，帝之会稽，琅邪，还至沙丘崩。子胡亥立，为二世皇帝。杀蒙恬，道九原入。复行钱。[①]

【公元前210年10月，秦始皇去会稽、琅邪巡视，回来路上在沙丘去世。秦始皇的儿子胡亥继位，是为二世皇帝。胡亥下令杀了蒙恬，取道九原回到京师，下令恢复铸行铜钱。】

秦始皇去世几个月后，陈胜、吴广揭竿而起，各地纷纷响应，大规模的农民起义爆发。朝廷做的第一件事就是"复行钱"，恢复货币经济，恢复正常的经济秩序。

秦二世胡亥下令恢复铸行铜钱，说明秦始皇停止了铜钱的铸造，市场上流通旧半两钱和百姓用麻织造的布币。秦始皇统一中国之后，没有废止布币的货币职能，也没有铸造新的半两钱。布币织造过多，自然会发生通货膨胀，造成布币泛滥贬值。胡亥恢复铸行铜钱，目的在于解决布币泛滥的问题，也是为了应对天下危急的局面。胡亥恢复铸行铜钱之后，为了抑制劣币驱逐良币，以致铜钱被贮藏，废止了布币的货币职能。从此，布币退出货币流通领域，恢复为普通商品。刘邦建立汉朝后，汉律中不再见到布币作为货币职能的有关规定。

---

① 《史记》卷一五《六国年表》，中华书局1959年版，第758页。

布币不再作为法定货币，布币与铜钱之间的法定比价也就不复存在。

第二节
中国古代汉朝的浮动比价制度

汉朝时期，布币已经退出货币流通领域，所以，主要货币只剩下两种：铜钱和黄金。中国古代汉朝铜钱与黄金的法定比价没有采用固定比价制度，而是采用了区域性定期浮动比价制度。

一、区域性浮动比价制度

汉朝采用的区域性浮动比价制度，被规定在《二年律令·金布律》中。

《二年律令·金布律》第 6 条规定：

有罚、赎、责（债），当入金，欲以平贾（价）入钱，及当受购、偿而毋金，及当出金、钱县官而欲以除其罚、赎、责（债），及为人除者，皆许之。各以其二千石官治所县十月金平贾（价）予钱，为除。[①]

【对于罚金、赎罪与其他原因形成的对官府的负债，愿意以官方比价缴纳铜钱的；以及应当得到奖赏黄金，但不要黄金而取

---

① 张家山二四七号汉墓竹简整理小组：《张家山汉墓竹简·二年律令·金布律》，文物出版社 2006 年版，第 67 页。

铜钱的；以及应当缴纳黄金、铜钱给官府，用来抵消其罚金、赎罪与其他原因形成的对官府的负债的；以及为他人抵消各种对官府的负债的，都允许其缴纳铜钱，不必缴纳黄金。用铜钱代替黄金缴纳时的比价，应采用其所在二千石官治所县地方十月份的金平价来缴纳铜钱，抵消黄金标值的债务。】

汉朝初期，地方官府实行郡县制。全国共有 60 个郡，后来增加到 100 多个郡。郡太守是郡的最高长官，官职被称为"二千石"，即每月可获得俸禄 120 斛粮谷。"二千石官治所县"指的是郡一级的行政地方。

法律规定负债人要"各以其二千石官治所县"十月的黄金的市场平均价格支付铜钱。也就是说，各郡黄金与铜钱的法定比价是不同的，各郡按照当地黄金市场价格确定黄金折算铜钱的本地官方比价。这个比价属于本地管辖范围内的区域性比价，按年度定期浮动。

二、定期浮动比价制度

中国古代汉朝依据市场比价制定黄金与铜钱比价，即将每年十月市场上黄金与铜钱的平均比价作为官府在此后一年内使用的比价。这里的市场比价指的是郡一级行政地方的市场比价，而非全国各地市场比价的平均值。

黄金与铜钱的法定比价每年浮动一次，由于需要统计每年十月黄金与铜钱的市场平均比价，所以一年的法定比价的启始时间在每年的十一月初，一直使用到下年的十一月初。

十月为一年的开始，是秦朝的制度。《史记·秦始皇本纪》云：

> 始皇推终始五德之传，以为周得火德，秦代周德，从所不胜，方今水德之始。改年始，朝贺皆自十月朔。[①]

【秦始皇推算五行终始循环的顺序，认为周朝得火德，秦朝兴起取代周朝，必须采用周朝不能战胜的德行。当今是水德的开始，要更改岁首，朝贺都以十月初一为初始。】

秦朝确定水德，改变历法，以十月为岁首。然而，汉朝实行定德改制，没有发生在刘邦建国之时，而是发生在汉武帝的时候。所以，《二年律令》规定黄金与铜钱比价的确定时间和启始时间仍然以十月为准。岁首制度的改变，发生在82年之后。

汉武帝并非开国之君，定德改制遇到许多质疑，登基30多年之后才正式宣布定德改制，颁布新历法：

> 太初元年……夏五月，正历，以正月为岁首。色上黄，数用五，定官名，协音律。[②]

【太初元年（公元前104年）……夏五月，确定新历法，以正月为一年的开始。祭祀时的服装以黄色为上，计数以五为贵，确定官名，协调音律。】

此后，岁首改为正月，黄金与铜钱比价的制定办法应有相应的调整，但是我们迄今没有看到有关的文献证据。

---

① 《史记》卷六《秦始皇本纪》，中华书局1959年版，第237页。
② 《汉书》卷六《武帝纪》，中华书局1962年版，第199页。

🐉 三、建立浮动比价制度的原因

战国晚期，秦国布币与铜钱的比价采用固定比价，即11枚铜钱兑换1块布币。秦国黄金与铜钱的比价，在《秦律·金布律》中没有说，只是说应按法律规定折算。法律规定怎样折算黄金与铜钱，我们在秦朝灭亡不久之后的《汉律·二年律令·金布律》中找到了相关的信息。

根据上述《汉律·二年律令·金布律》第6条规定，汉朝初期，关于处罚、赎罪及其他原因形成的官府债权，是以黄金计价的，债务人可以用铜钱代替黄金进行缴纳。以钱代金的价格，是根据二千石官治所县十月金平价折算。这说明，汉朝初期黄金与铜钱之间并没有固定的官方比价。官方对黄金与铜钱的折算要依赖民间市场价格。民间市场价格随黄金和铜钱的市场供求关系波动。因此，黄金与铜钱在不同的年度里应有不同的官方折算率。由此推想，《秦律·金布律》第3条规定"钱十一当一布。其出入钱以当金、布，以律"中的"以律"，并不是指法律规定了铜钱与黄金的固定比价，而是指法律规定了铜钱与黄金的折算方法。譬如说，规定以年初二千石官治所县金平价折算。

为什么布币与铜钱的比价可以采用固定比价，而黄金与铜钱的比价就要采用浮动比价呢？

因为布币是原始数量货币，可以按照单位个数进行交易。铜钱也是数量货币，是典型的数量货币。国家在布币与铜钱之间建立法定比价，有利于交易的便利，并以布币作为实币，让铜钱代表布币行使货币职能，从而稳定了不断贬值的铜钱的法定价值。

而黄金不同于铜钱。黄金货币是称量货币，较布币而言，属于更典型的实币。国家立法可以让铜钱代表黄金的价值发挥货币职能，但是当时铜钱轻重、大小波动幅度较大，铜钱与黄金比价扭曲会导致市场上的套利行为。为了稳定币制，汉朝采用了按年度定期浮动的比价制度。

四、汉朝的黄金计价及铜钱结算

汉朝采用黄金计价的一个重要原因，就是为了避免因为铜钱价值波动造成朝廷的损失。黄金计价的情形大量出现在汉律的赏罚条文中。

秦律中，赏罚主要是赏甲、赏盾，这也是为了避免铜钱价值波动造成朝廷损失而采取的实物保值措施。在秦朝，保值所采用的实物为什么是甲和盾？原因是秦国属于军事帝国，军事物品是普遍流通的具有类同价值的物品。

汉律却是以罚金为主。《二年律令》中关于罚金的规定甚多，几乎在各篇中都有罚金的法条。《二年律令·贼律》共42条，其中12条适用罚金。《二年律令·盗律》共18条，其中3条适用罚金。《二年律令·具律》共23条，其中3条适用罚金。《二年律令·襍律》共14条，其中2条适用罚金。《二年律令·钱律》共8条，其中2条适用罚金。《二年律令·置吏律》共10条，其中3条适用罚金。《二年律令·田律》共13条，其中2条适用罚金。《二年律令·行书律》共8条，其中4条适用罚金。《二年律令·户律》共222条，其中5条适用罚金。《二年律令·置后律》共18条，其中2条适用罚金。《二年

律令·兴律》共 9 条，其中 2 条适用罚金。《二年律令·史律》
共 6 条，其中 2 条适用罚金。为了便于观察，我们将《二年律令·
具律》中的罚金法条列举如下：

　　吏、民有罪当笞，谒罚金一两以当笞者，许之。[①]

　　【官吏或百姓有罪，应当处以笞刑，要求罚金 1 两来抵消笞
刑是允许的。】

　　赎死，金二斤八两。赎城旦舂、鬼薪白粲，金一斤八两。赎
斩、府（腐），金一斤四两。赎劓、黥，金一斤。赎耐，金十二两。
赎迁，金八两。[②]

　　【缴纳黄金可以抵消罪刑。赎死刑，缴纳黄金的数量为 2 斤
8 两。赎城旦舂或鬼薪白粲的罪刑，缴纳黄金的数量为 1 斤 8 两。
赎斩、腐刑，缴纳黄金的数量为 1 斤 4 两。赎劓、黥刑，缴纳黄
金的数量为 1 斤。赎剃鬓须刑，缴纳黄金的数量为 12 两。赎流
放刑，缴纳黄金的数量为 8 两。】

　　汉朝初期，由于铜钱的购买力不稳定，所以罚金就以黄金
计数，但多是按照区域性定期浮动比价收缴铜钱，而不是收缴
黄金。

---

　　① 　张家山二四七号汉墓竹简整理小组：《张家山汉墓竹简·二年律令·
具律》，文物出版社 2006 年版，第 21 页。
　　② 　张家山二四七号汉墓竹简整理小组：《张家山汉墓竹简·二年律令·
具律》，文物出版社 2006 年版，第 25 页。

第三节
古罗马铜币与银币的比价

中国古代秦朝铜钱与布币的固定比价，规定在《秦律·金布律》中；中国古代汉朝铜钱与黄金的区域性定期浮动比价，规定在《汉律·二年律令》中。

古罗马铜币与银币的比价属于法定的固定比价，但是我们找不到相关的古罗马成文法文献条目。尽管没有专门的货币立法规定古罗马的铜币与银币的比价是法定的固定比价，从银币的名称看，罗马共和国最早建立的银币制度中，银币被称为"狄纳里"，意思是 10 个阿斯铜币的价值，已经说明了阿斯铜币与狄纳里银币的比价关系，即 10 枚阿斯铜币的价值等于 1 枚狄纳里银币。

一、狄纳里银币制度的建立

公元前 289 年，罗马共和国开始由国家垄断制造阿斯铜币。经历了皮洛士战争和第一次布匿战争，阿斯铜币出现了明显的减重。到了第二次布匿战争（公元前 218—前 201 年）初期，罗马共和国庞大的军事开支造成阿斯铜币大幅度减重，阿斯铜币迅速贬值，重量只剩下原来的 1/6，已经难以满足战争需要。

罗马市场上阿斯铜币恶币泛滥，商品交换受阻。为了挽救货币危局，支付军费开支，罗马共和国于公元前 211 年开始发行狄纳里银币，建立了相对阿斯铜币更为可信、更为稳定的狄纳里银币制度。

罗马共和国创建的狄纳里银币制度本身就已经体现了银币与铜币的法定比价。狄纳里（DENARIUS）这个词汇源于拉丁文"DENI"（10），意思是 10 个，指 10 个阿斯铜币的价值。罗马共和国创建的狄纳里银币，就是价值 10 个阿斯铜币的银币，银币与铜币的比价直接确定为 1∶10。从此，罗马共和国实行阿斯铜币与狄纳里银币并行的货币制度。

狄纳里银币与阿斯铜币的比价，是根据过去德拉克马银币与阿斯铜币的法定比价制定的。公元前 211 年以前，罗马已经开始仿照希腊银币的规制制造和使用二德拉克马银币。二德拉克马银币与阿斯铜币的比价是 1∶20，即 1 枚二德拉克马银币兑换 20 枚阿斯铜币。由此推论，1 德拉克马银币兑换 10 枚阿斯铜币。根据这个比价，罗马共和国开始制造本国的银币，采用 1 德拉克马的重量，制造相当于 10 枚阿斯铜币价值的银币，称为"狄纳里"。

古罗马的核心重量单位是罗马磅，即 1 阿斯，标准重量 327 克，古希腊德拉克马的阿提卡标准是 4.37 克，则罗马磅与德拉克马的比率为：

327 克 ÷4.37 克 =74.83

即 1 罗马磅等于 74.83 德拉克马。于是，罗马共和国建立的狄纳里银币制度规定，1 罗马磅白银除去 2.83 德拉克马的成本，打制 72 枚狄纳里银币。1 枚狄纳里银币的重量，理论上大约等于 1 德拉克马，即 4.54 克（4.37 克白银＋制造成本所用白银）。

币 3-1　罗马共和国—狄纳里银币

注：该钱币于公元前 211—前 210 年生产，重量为 4.38 克。正面图案是罗马女神戴盔头像，头后有 "X"（罗马数字 10），意思是价值 10 枚阿斯铜币；背面图案是狄俄斯库里兄弟持矛骑马向右奔跑像，下方币文为"罗马"（ROME）。

资料来源：李铁生：《古罗马币》，北京出版社 2013 年版，第 31 页。

这枚狄纳里银币是狄纳里银币制度建立初期生产的，重量为 4.38 克，比狄纳里银币的理论重量少 0.16 克。缺少的 0.16 克白银，可以理解为制造这枚狄纳里银币的铸币税和制造成本。

二、阿斯铜币的持续减重

阿斯（AS）原本是重量单位，即 1 罗马磅，折合现代重量为 327 克，可以分割为 12 盎司。罗马王政时期的货币是青铜称量货币，所用的称量单位便是阿斯。

公元前 289 年，在外来民族——希腊殖民者和埃特鲁里亚殖民者长期使用银币的示范下，罗马共和国开始以国家垄断的方式制造本民族的数量货币——阿斯铜币。

在过去的青铜称量货币制度下，青铜按照实测重量进行交易，没有减重问题。当青铜称量货币转变为青铜数量货币时，阿斯便从重量单位转变为货币单位，青铜数量货币的重量就开始脱离过去的重量标准，进入持续下降的过程。

自公元前289年罗马共和国国家垄断制造阿斯铜币，至公元前211年罗马共和国建立狄纳里银币制度，阿斯铜币流通了78年。在此期间，阿斯铜币的重量从最初的12盎司降至2盎司，即从327克降至54.5克，只剩下原来重量的1/6（16.7%）。为什么阿斯铜币的重量出现了如此大幅度的下降？原因是发生了战争，罗马共和国政府需要降低铜币的铜金属含量，以制造更多的铜币，用虚币敛财的方式来扩大军费的来源。

公元前280年，罗马共和国始铸阿斯铜币仅仅9年，就爆发了皮洛士战争。这是一场非常耗费资源的战争。

自皮洛士战争时期以来，罗马一直在不间断地发行钱币。毋庸置疑，这些钱币很大程度上是为了支付罗马军队而生产的。[1]

十几年后，公元前264年，第一次布匿战争爆发，罗马人铸造了轮形纹饰的阿斯铜币，这种阿斯铜币的发行是为了支付罗马舰队的费用。战后，阿斯铜币虽然发生了减重，但其重量仍然能够达到200多克。

公元前218年，迦太基名将汉尼拔攻打罗马，第二次布匿战争爆发。公元前216年，罗马军队在坎尼战役中惨败。公元前215年，罗马扩军备战，加征公民税。

在这个阶段里，阿斯铜币发生了更大幅度的减重。迈克尔·H.克劳福德认为，阿斯铜币的标准重量在公元前217年减

---

[1] ［英］迈克尔·H.克劳福德：《罗马共和国货币史》，张林译，法律出版社2019年版，第47页。

到 6 盎司，此后很快又减到 4 盎司、3 盎司。

公元前 211 年，罗马共和国建立了狄纳里银币制度。战争耗费之大，以致铜钱这种贱金属不方便用来支付军费开支，罗马共和国不得不采用银币来支付军费开支。

与此同时，罗马共和国建立起一整套全新的铜币体系。该体系基于塞克斯坦标准，即 1 阿斯的重量只有 2 盎司，或者 1/6 罗马磅，即 54.5 克。

自公元前 211 年罗马共和国创建狄纳里银币制度至公元前 27 年罗马共和国转为罗马帝国，阿斯铜币持续减重，从 54.5 克减至 11 克左右，减少了近 80%。与此同时，狄纳里银币的重量却表现出相对稳定、基本不变的态势。

三、狄纳里银币的相对稳定

在罗马共和国阿斯铜币大幅度减重的同时，与其有着固定的法定比价的狄纳里银币却保持相对稳定。于是，阿斯铜币逐步成为虚币，狄纳里银币逐步成为实币，铜币与银币之间的比价出现了扭曲。然而，正是这种价值扭曲，保障了阿斯铜币信用化的持续发展，使金属货币信用化达到了政府所需的效果。

罗马共和国规定，1 罗马磅白银打制 72 枚狄纳里银币。1 罗马磅的重量为 327 克，则 1 枚狄纳里银币的理论重量为 4.54 克。

这时候，阿斯铜币的重量为 2 盎司，即 54.5 克。

公元前 201 年，第二次布匿战争结束时，狄纳里银币的标准重量从 1/72 罗马磅减少到 1/84 罗马磅，即从 4.54 克减少到 3.89 克。此后，狄纳里银币的重量在相当长一段时期内保持稳定。

到了罗马帝国初期，阿斯铜币的理论重量为半盎司，即13.625 克，实际重量在 11 克左右。

币 3-2 —阿斯铜币

注：该钱币于公元前 12—前 11 年在罗马造币厂生产，重量为 11.20 克。正面图案是屋大维光头面朝左头像，周围币文 "IMP·CAESAR·DIVI·F·AVGVSTVS·IMPXX"（最高统帅·凯撒·先圣之子·奥古斯都·二十届最高统帅）；背面中央币文 "SC"（元老院批准），周围币文 "PONTIFMAXIM·TRIBVN·POTXXXIIII"（大祭司·三十四届保民官）。

资料来源：李铁生：《古罗马币》，北京出版社 2013 年版，第 77 页。

币 3-3 —狄纳里银币

注：该钱币于公元前 12 年在罗马造币厂生产，重量为 3.71 克。正面图案是屋大维橡枝冠头像，周围币文 "AVGVSTVS·〔XI〕COS"（奥古斯都·十一届执政官）；背面图案是阿格里帕戴城齿冠头像，周围币文 "M.AGRIPPS·COS·TER"（阿格里帕·三届执政官），以及制币官名称 "COSSVS LENTVLVS"（柯苏斯）。

资料来源：李铁生：《古罗马币》，北京出版社 2013 年版，第 79 页。

以上的阿斯铜币和狄纳里银币是同一时期、同一造币场生产的，具有可比较性。阿斯铜币的实测重量略低于理论重量；狄纳里银币的实测重量也略低于理论重量。因此，我们可以采用理论重量进行比较。

从公元前211—前12年，经历了200年的时间，阿斯铜币的重量从54.5克下降至13.625克，减少了40.875克，下降幅度为75%；狄纳里银币的重量从4.54克下降至3.89克，减少0.65克，下降幅度为14.3%。并且，狄纳里银币重量下降发生在最初的10年，即第二次布匿战争后期（公元前211—前201年），此后的大约190年其重量基本保持不变。

在阿斯铜币重量大幅度下降时，狄纳里银币重量却相对稳定，说明阿斯铜币的信用货币性质增强，成为虚币；而狄纳里银币保持着金属货币的性质，成为相对足值的实币。

四、钱币银铜比价和商品银铜比价

对于不同金属的两种钱币，政府颁布其相互间的法定比价，由此计算出的两种金属的价值比率，可以称为钱币金属比价。

譬如，罗马共和国颁布狄纳里银币与阿斯铜币的钱币兑换率为1：10。狄纳里银币使用白银1/72罗马磅，即4.54克；此时的阿斯铜币重量为1/6罗马磅，即54.5克，两种钱币所用白银和青铜之间的比价为：

54.5克 × 10 ÷ 4.54克 =120

即此时的钱币银铜比价为1：120。

罗马共和国创建狄纳里银币制度的时候，银币与铜币的法定

比价应该是根据当时市场商品银铜比价来确定。若是如此，当时
罗马市场上的商品银铜比价，大约是 1 磅白银价值 120 磅青铜。
所以，罗马共和国将 10 枚阿斯铜币价值的白银，即 545 克青铜
价值的白银，打制成为 1 枚狄纳里银币，其法定重量是：

545 克 ÷120=4.54 克

商品银铜比价为 1∶120 的时候，罗马共和国政府规定 1 枚
1/72 罗马磅白银的狄纳里银币法定兑换 10 枚 54.5 克青铜的阿斯
铜币。但是，此后的阿斯铜币的重量又出现了大幅度的减少，钱
币银铜比价关系随之被打破。

公元前 27 年，罗马共和国转为罗马帝国，阿斯铜币的重量
已经减少到 11 克左右，狄纳里银币的重量却还有 1/84 罗马磅，
即 3.89 克。狄纳里银币与阿斯铜币的兑换比率已经从 1∶10 调
整到 1∶16。此时，钱币银铜比价为：

11 克 ×16÷3.89 克 =45.24

显然，铜币的名义价值中，金属币材价值大幅度下降，信
用价值大幅度上升。铜币已经在很大成分上成为信用货币，或
者称为“虚币”。银币很少变化，基本保持稳定，所以，银币仍
然属于金属货币，依靠本身金属币材发挥货币职能，或者称为
“实币”。

罗马共和国实行狄纳里银币与阿斯铜币并行的货币制度，具
有非常重要的货币政策意义。狄纳里银币的流通，使商品价格
在这种实币的计量下得以稳定；阿斯铜币代表一定狄纳里银币价
值的流通，通过减重实现了政府的货币政策目标，即使用较少
的铜金属，制造了更多的货币。同时，虽然阿斯铜币的用铜量

大幅度下降，但以阿斯计量的商品价格并没有发生大幅度变化。所以，在没有大的动荡的情况下，阿斯铜币货币总量得到大幅度的增加，满足了战争对于货币的需求，也满足了商品经济发展对于货币总量不断增涨的需求。

第四节
古代诸国金币与银币的比价

公元前 7 世纪，小亚细亚半岛上的吕底亚王国发明西方世界最早钱币的时候，国家还没有垄断钱币的制造。吕底亚王国 1 枚金币兑换 10 枚银币的法定比价关系长期不变，两者各自的金属含量也长期保持不变。

公元前 6 世纪，波斯帝国占领了吕底亚王国，继承了吕底亚王国的钱币制度，国家仍然没有垄断钱币的制造，金币与银币的比价关系继续保持长期不变的局面，两者各自的金属含量也长期保持不变。

公元前 4 世纪，马其顿国王亚历山大消灭了波斯帝国，将钱币金银比价从 1：13.3 改为 1：10，影响了当地后世钱币制度的发展和演变。波斯帝国转为帕提亚帝国（中国古代称其为"安息"），由于银币价值处于高估地位，所以被大量制造，而金币价值被低估，因此不被制造。

公元 3 世纪，萨珊帝国取代了帕提亚帝国，继续制造和使用银币。萨珊帝国又攻占了贵霜帝国的大部分领土，继承了贵霜帝国的第纳尔金币制度，再次建立了金币与银币的法定比价。

公元4世纪，拜占庭帝国兴起，君士坦丁将钱币金银比价从1：10改为1：18，大幅度提高了金币的价值。于是，金币被大量制造，银币流通逐步萧条。

一、吕底亚王国金币与银币的比价

吕底亚王国位于小亚细亚半岛西部（今土耳其西北部），濒临爱琴海，公元前13世纪末从曾经称霸古代世界的赫梯王国中独立出来，逐步成为世界上最富有的国家。公元前640年，阿尔杜斯国王执政时期，吕底亚王国创造了西方世界最早的钱币——琥珀合金币。

土耳其人在1983年发行了500里拉流通纪念币，纪念吕底亚王国首次发行人类第一枚钱币的壮举。

琥珀合金币是使用吕底亚王国都城萨迪斯河里的金银合金制造的，金属成分三金一银，名为"斯塔特"（STATER），重量大约为14克。

据说，到了阿尔杜斯的重孙子克洛伊索斯执政时期（公元前560—前546年），吕底亚王国发明了金银分离术，开始铸造纯金币和纯银币。纯金币重量大约8克，纯银币重量大约11克，1枚斯塔特纯金币法定兑换10枚斯塔特纯银币。

吕底亚王国实行纯金币与纯银币并行的货币制度。纯金币作为价值尺度，属于主币，而纯银币代表一定数量金币的价值，属于辅币。然而，在商品经济中，纯银币作为交换媒介、流通手段，在市场上的活动更为频繁。

在地中海沿岸，埃及人、赫梯人乃至古希腊的迈锡尼人，都长期使用黄金和白银作为他们的财富储藏手段和商品交换媒介。吕底亚人最早的钱币，是继承了赫梯人舍客勒重量标准的金币。赫梯人舍客勒重量标准源于两河流域苏美尔人的创造，能够证明这一标准的确切数值的出土实物则是波斯帝国的石刻砝码。

公元前2096—前2047年，乌尔第三王朝的国王舒尔基统一了两河流域的度量衡。公元前605—前562年，新巴比伦王国国王尼布甲尼撒找到了一个舒尔基两弥那重量的石刻砝码，将其复制，作为新巴比伦的重量标准。公元前539年，波斯帝国消灭了新巴比伦王国，继承了新巴比伦王国的重量标准。根据出土石刻砝码考证，一枚名曰"大流士宫殿"的石刻砝码表明，公元前522—前486年的波斯国王大流士使用的弥那重量标准为500.2克。当然，在历史长河中，这个重量标准是在缓慢地变化的。人们普遍认为历史上弥那这个重量单位的标准大体上等于现代的500克。

1弥那重量500克，等于60舍客勒，则1舍客勒重量就是8.33克。这就是吕底亚王国在发明钱币时期—斯塔特纯金币的重量标准。

1舍客勒重量为8.33克，扣除成本和铸币税，实际重量大约8克，这与出土的吕底亚王国斯塔特纯金币的重量基本相符。

此时，黄金和白银的比价是1：13.3，即1舍客勒黄金兑换13.3舍客勒白银。那么，1斯塔特纯银币的重量应该是多少呢？

币 3-4　吕底亚王国克洛伊索斯一斯塔特纯金币

　　注：该钱币于公元前 560—前 546 年生产，重量为 8.70 克。正面图案是狮头与
牛头相对，背面有两压印。

　　资料来源：李铁生：《古希腊币》，北京出版社 2013 年版，第 99 页。

　　吕底亚王国规定，1 枚斯塔特纯金币兑换 10 枚斯塔特纯银币。
8.33 克 ×13.3÷10=11.08 克，去掉成本和铸币税，1 枚斯塔特纯
银币的重量应在 11 克左右，这与出土的吕底亚王国的纯银币的
重量基本相符。

币 3-5　吕底亚王国克洛伊索斯一斯塔特纯银币

　　注：该钱币于公元前 560—前 546 年生产，重量为 10.66 克。正面图案是狮头
与牛头相对，背面有两压印。

　　资料来源：李铁生：《古希腊币》，北京出版社 2013 年版，第 99 页。

吕底亚王国的金币与银币的兑换比率为 1 枚斯塔特纯金币兑换 10 枚斯塔特纯银币，钱币金银比价为 1：13.3，这个比价应该与当时的商品金银比价基本相符，金币与银币的重量也长期保持不变。几百年后，钱币制造和钱币流通传播到世界各国，各国政府逐步实行国家垄断制造钱币的制度，有意识地减少钱币的金属含量，并以法律规定金币与银币的兑换比率，钱币金属比价与商品金属比价就逐步地发生了脱离。

二、波斯帝国金币与银币的比价

公元前 640 年，吕底亚王国创造了西方世界最早的钱币。大约 100 年后，波斯帝国崛起，吞并了吕底亚王国，并继承了吕底亚王国的钱币制度。又过了数十年，波斯帝国的贵族大流士（DARIUS），通过宫廷政变成为国王。为了镇压各地武装起义，大流士国王发行大流克（DARIC）金币，用以支付军费。这些金币是严格依循波斯帝国舍客勒重量标准制造的，重 8.33 克，比吕底亚王国的斯塔特金币更接近舍客勒重量标准。

从此，在波斯帝国，大流克成为金币的名称，直至波斯帝国灭亡，波斯帝国生产的金币都被称为大流克。大流克金币的形制仿照吕底亚王国的斯塔特金币，重量也与之相近，风格赋以东方色彩，正面图案是东方国王或武士持弓、持矛、持刀半跪像，背面为印记，没有币文。大流克金币主要用于发放陆军军饷，流行于小亚细亚半岛。

公元前 490 年，大流士国王还在，至公元前 400 年，先后共 7 个国王相继在位。

币 3-6　一大流克金币

注：该钱币于公元前 490—前 400 年在波斯造币厂生产，重量为 8.28 克。正面图案是年迈国王头戴芒冠一手持弓一手持矛面右半跪像。

资料来源：李铁生：《古波斯币》，北京出版社 2006 年版，第 23 页。

币 3-7　二大流克金币

注：该钱币于公元前 330 年在巴比伦造币厂生产，重量为 16.67 克。正面图案是国王头戴芒冠一手持弓一手持矛半跪像，身后有希腊字母 ΦI。

资料来源：李铁生：《古波斯币》，北京出版社 2006 年版，第 22 页。

公元前 330 年，马其顿的亚历山大大帝追击大流世三世，大流士三世被自己的部将杀害，波斯帝国灭亡。

二大流克金币重量 16.67 克，一大流克金币的重量就是 8.34 克。这说明，直到波斯帝国灭亡前夕，大流克金币仍然是足重的。

此外，波斯帝国还发行了银币，主要用于发放海军军饷。银币被称为西格罗斯（SIGLOS），即希腊语的舍客勒。1 枚大流克金币等于 20 枚西格罗斯银币。当时黄金和白银的比价仍然是 1∶13.3，即 1 舍客勒黄金兑换 13.3 舍客勒白银。

西格罗斯银币的理论重量是：8.33 克 × 13.3 ÷ 20=5.539 克，去掉成本和铸币税，1 枚西格罗斯银币的平均重量大约 5.5 克。这一重量，与出土的波斯帝国西格罗斯银币的实测重量大体相符。

币 3-8 一西格罗斯银币

注：该钱币于公元前 515—前 490 年在波斯造币厂生产，重量为 5.4 克。正面图案是有须头戴芒冠国王一手持弓一手抱箭袋面右半跪像。这枚银币是大流士一世时期的钱币。

资料来源：李铁生：《古波斯币》，北京出版社 2006 年版，第 25 页。

币 3-9　一西格罗斯银币

注：该钱币于公元前 375—前 340 年生产，重量为 5.52 克。正面图案是有须头戴芒冠国王一手持弓一手持匕首面右半跪像，外套上有三环装饰。这是波斯帝国后期的钱币。

资料来源：李铁生：《古波斯币》，北京出版社 2006 年版，第 26 页。

直到波斯帝国灭亡前夕，波斯帝国的西格罗斯银币仍然是足重的。

波斯帝国的金币与银币的兑换比率是 1 枚大流克金币兑换 20 枚西格罗斯银币，钱币金银比价是 1∶13.3，这个比价应该与当时的商品金银比价基本相符，金币与银币的重量也长期保持不变。到了拜占庭帝国时期，这种稳定就完全被打破了。

三、萨珊帝国金币与银币的比价

公元 1—3 世纪，世界有四大强国并列：东汉帝国（公元 25—220 年）、贵霜帝国（公元 45—300 年）、安息帝国（公元前 247—224 年）和罗马帝国（公元前 27—395 年）。

公元 224 年，萨珊帝国取代安息帝国成为世界强国，从而继承了安息帝国的德拉克马银币制度。公元 233 年，萨珊帝国的军队攻占了贵霜帝国的大面积领土，从而继承了贵霜帝国的第纳尔金币制度。

　　萨珊帝国又称波斯第二帝国，也是最后一个前伊斯兰时期的波斯帝国，建立于公元 224 年，灭亡于公元 651 年。

　　早在公元前 550 年，居鲁士大帝统一波斯，建立了波斯帝国，史称阿契美尼德王朝。公元前 330 年，亚历山大率领马其顿军团攻入波斯波利斯，波斯帝国灭亡。亚历山大撤军后，波斯地区陷入混乱。公元前 247 年，帕尔尼首领阿萨克斯取代了刚从塞琉古王朝宣布独立的帕提亚总督安德拉哥拉斯，进驻达赫以南的帕提亚地区，建立了帕提亚帝国，中国古代称其为"安息"。此后，安息帝国不断扩张，成为地域广袤的庞大帝国。

　　公元 224 年，在安息帝国衰败及其末代君王阿尔达班五世阵亡之后，一个名叫阿达希尔的波斯人通过战争建立了萨珊帝国。萨珊帝国的统治直到阿拉伯帝国入侵，耶兹格德三世于公元 651 年被迫逃亡为止。

　　萨珊帝国统治时期的领土包括当今伊朗、阿富汗、伊拉克、叙利亚、高加索地区、中亚西南部、土耳其部分地区、阿拉伯半岛海岸部分地区、波斯湾地区、巴基斯坦西南部，控制范围甚至延伸到印度。萨珊帝国在当时被称为"埃兰沙赫尔"，中古波斯语意指"雅利安帝国"。

　　波斯帝国所创建的古波斯文化，因为亚历山大的入侵而中断。亚历山大带来的古希腊文化，经历了塞琉古王国和安息帝国，已经与当地文化相结合。萨珊帝国的建立，重新燃起波斯文化的辉煌。

　　从波斯帝国至亚历山大东征、塞琉古王国、安息帝国，再至萨珊帝国，古波斯文化经历了一个从创建到被否定，再从被否定到被重新肯定的过程。

当地的钱币制度，也经历了一个从继承到演变的发展过程。

萨珊帝国的钱币制度有两个源头：一是安息帝国的德拉克马银币制度，二是贵霜帝国的第纳尔金币制度。

公元 224 年，萨珊帝国取代安息帝国成为世界强国。安息帝国原本是从希腊化国家塞琉古王国中独立出来的，所以使用希腊化钱币——德拉克马银币和查柯铜币。因此，萨珊帝国继承了安息帝国的银币制度和铜币制度。安息帝国没有制造金币，萨珊帝国的金币制度源于贵霜帝国的钱币制度。

公元 233 年，萨珊帝国的国王率军攻占了贵霜帝国的大面积领土。贵霜帝国自公元 2 世纪初期就建立了金币制度。萨珊帝国入侵时，贵霜帝国的金币流通已有 100 多年的历史。因此，萨珊帝国攻占贵霜帝国大面积领土之后，就开始依循贵霜帝国的钱币制度制造第纳尔金币。于是，萨珊帝国出现了德拉克马银币、查柯铜币和第纳尔金币三币并行的货币体系。

第纳尔是贵霜帝国创建的金币，重量标准大约为 1 舍客勒，由阁膏珍国王仿照罗马帝国的奥里斯金币的重量标准所创建。

罗马帝国首任元首屋大维创建的金币制度为 1 枚奥里斯金币法定重量为 1/40 罗马磅，即 8.175 克，初期平均重量为 7.95 克，后期逐步下降。贵霜帝国国王阁膏珍比照罗马帝国奥里斯金币创建了第纳尔金币，初期重量为 7.93 克。

萨珊帝国继承了安息帝国的国土，也继承了安息帝国的银币制度，并将国土扩张到贵霜帝国部分领土，又继承了贵霜帝国的金币制度，发行了第纳尔金币。截至目前，我们见到最早的萨珊帝国第纳尔金币是其开国国王阿达希尔的儿子沙普尔统治时期制造的。

币 3-10　萨珊帝国沙普尔 1 第纳尔金币

注：该钱币于公元 241—272 年生产，重量为 7.37 克。正面图案是球髻护耳齿冠国王面右头像，周围巴列维文字币文"天降的伊朗王中之王，马兹达崇拜者，神圣的沙普尔"；背面图案是祭火坛，两祭司手持权杖背对祭火坛站像，周围巴列维文字币文"沙普尔之火"。

资料来源：李铁生：《古波斯币》，北京出版社 2006 年版，第 208 页。

与贵霜帝国的第纳尔金币相比较，尽管经历了 100 多年的发展，萨珊帝国生产的第纳尔金币的重量略有下降，但依然保持了 7 克多的标准。

萨珊帝国的核心货币是德拉克马银币，而不是第纳尔金币。萨珊帝国的前身安息帝国更是完全不制造金币，安息帝国的前身塞琉古王国也很少制造金币。为什么会出现这样的情形，原因是马其顿国王亚历山大改变了钱币金银比价，使其与商品金银比价之间出现了明显的差异。

公元前 330 年，亚历山大征服了波斯帝国，然后废除了吕底亚 1：13.3 的钱币金银比价，将钱币金银比价改为 1：10。

金币法定价值从 13.3 银币下降为 10 银币，影响了金币的制造。由于制造金币利益大幅下降，此后，位于西亚地区的希腊化国家塞琉古王国金币逐步稀少。从塞琉古王国独立出来的安息帝国，更是完全不制造金币，只有德拉克马银币和查柯铜币的流通。既然塞琉古王国还存在着金币与银币的并行流通，我们可以对塞琉古王国的金银钱币制度进行分析。

塞流古王国实行德拉克马银币与斯塔特金币并行的货币制度。1 枚斯塔特金币兑换 10 枚二德拉克马银币，即 1 枚大约 8.51 克的斯塔特金币法定兑换 10 枚总重大约 85.1 克的二德拉克马银币。在这里，德拉克马银币的理论重量就是 4.255 克，与亚历山大制定的新德拉克马重量标准 4.24 克非常接近。在金币与银币的兑换比率上，塞流古王国依据亚历山大的币制，采用了 1：10 的钱币金银比价。

然而，商品金银比价还是 1：13.3。于是，在金币与银币的兑换比率上，塞琉古王国就高估了银币的价值。也就是说，将白银制造成银币，就可以产生较高的价值，能够换取较多的黄金制造的金币。在这种制度下，制造银币获得的利益高于制造金币获得的利益。因此，塞琉古王国制造金币较少，制造银币较多，德拉克马银币便成为其主要的流通货币。

由于希腊化货币制度不利于金币的制造，所以，贵霜帝国恢复金币制度时就不能采用希腊化货币制度，而是采用罗马帝国的货币制度，比照奥里斯金币制度创建了第纳尔金币制度。

比照罗马帝国的货币制度，奥里斯金币的重量只有 7.93 克，而不是希腊化斯塔特金币的重量 8.51 克，两者对德拉克马银币的兑换比率都是 1∶10，即 1 枚金币兑换 10 枚二德拉克马银币。于是，制造金币就出现了一定的收益。

萨珊帝国继承了贵霜帝国的第纳尔金币制度，制造金币有利可图，于是，金币流通逐步繁荣。

此后，第纳尔金币制度广泛传播，延续久远。直至今天，仍有许多国家还在使用第纳尔作为货币名称。

四、拜占庭帝国金币与银币的比价

拜占庭帝国的货币，主要是君士坦丁创建的索利多（SOLIDUS）金币和西力克（SILIQUA）银币。

罗马帝国的金币是奥里斯金币。罗马帝国晚期，公元 306 年，君士坦丁继位后，不再制造奥利斯金币，而是制造索利多金币。索利多金币的法定重量为 1/72 罗马磅，即 4.54 克。

索利多意思是"厚重"。实际上，索利多金币并不厚重。戴克里先统治时期，奥里斯金币的重量是 1/60 罗马磅。君士坦丁对金币实行改制，将金币的法定重量调整为 1/72 罗马磅，改称"索利多"。这个货币改制，执行的依旧是一种钱币减重的措施。

公元 325 年，君士坦丁的长子克里斯普斯势力被削弱。君士坦丁立他的儿子君士坦丁二世与克里斯普斯并列为凯撒（相当于中国古代的皇太子），并为君士坦丁二世打制索利多金币。

币 3-11 君士坦丁二世 1 索利多金币

注：该钱币于公元 325 年克孜柯斯造币厂生产，重量为 4.47 克。正面图案是君士坦丁二世月桂冠朝右佩甲胸像，周围币文"CONSTANTINVS·IVN NOB C"（君士坦丁·年轻高贵的凯撒）；背面图案是君士坦丁二世正面站像，一手持鹰首军旗，一手持杖，右侧竖另一军旗，周围币文"PRINCIPI IVVENTVTIS"（年轻的王子），线下币文"SM·K"（圣币·克孜柯斯），K 表示克孜柯斯，是造币厂名称。

资料来源：李铁生：《古罗马币》，北京出版社 2013 年版，第 221 页。

君士坦丁发行西力克银币，原因是需要钱在古城拜占庭旧址上建立一座新城作为罗马帝国的新首都。这个新首都的名字依旧叫作"罗马城"，世人为纪念它的创建者而称它为"君士坦丁堡"，目前的名字是"伊斯坦布尔"。

为了大规模从民间收敛钱财，君士坦丁发行三种虚币：减重的弗里斯铜币、新创建的索利多金币和西力克银币。

君士坦丁创建的西力克银币的生产标准与狄纳里银币一样，1 罗马磅白银打制 96 枚，每枚重量 3.41 克。狄纳里银币最初价值等于 1/25 奥里斯金币，而西力克银币则代表 1/24 索利多金币行使货币职能。

既然西力克银币的白银重量与狄纳里银币的白银重量一样，为什么不称其为"狄纳里"，而称其为"西力克"？原因是狄纳里是白银货币，而西力克则是代表黄金行使货币职能。

罗马帝国初期，白银替代铜金属成为主要货币，1 枚奥里斯金币的价值等于 25 枚狄纳里银币。到了君士坦丁时期，银币经历了减重和成色大幅度下降的过程，信用已经出现了严重的问题，金币在人们眼中则成为更可靠的货币。西力克是个重量单位，等于 1/24 索利多金币的重量。所以，君士坦丁采用西力克银币来代表 1/24 索利多金币的价值。由此，拜占庭帝国建立了金币与银币的法定比价。

根据塞维利亚主教伊西多尔（公元 560—636 年）的记录，罗马帝国时期的重量单位如下：

1 罗马磅（POUND）=12 盎司（OUNCES）=96 德拉克马（DRACHM）

1 德拉克马 =3 斯克鲁普尔（SCRUPLE）=6 奥波（OBOL）= 18 西力克（SILIQUAE）

1 罗马磅的重量为 327 克，1 西力克的重量为：

327÷96÷18=0.189 克

西力克银币的理论重量是 1/96 罗马磅，即 3.41 克，代表 1 西力克重量（0.189 克）黄金的价值发挥货币职能。根据这一制度安排，钱币金银比价为：

3.41 克白银 ÷0.189 克黄金 =1∶18

即 1 罗马磅黄金制造成为金币的价值等于 18 罗马磅白银制造成为银币的价值。那么，1 枚索利多金币兑换多少枚西力克银币呢？

1/72×18 罗马磅白银 ÷1/96 罗马磅白银 =24

也就是说，1 枚索利多金币价值的白银量，可以打制 24 枚西力克银币。

此时的商品金银比价应该还是 1∶13.3。拜占庭帝国在制造金币和银币时，将钱币金银比价确定为 1∶18，显然高估了金币的价值。在这个条件下，制造金币可以获得暴利，而制造银币则会亏损。于是，此后的造币多是索利多金币，而很少有银币，金币流通逐步繁荣，银币流通则逐渐萧条。

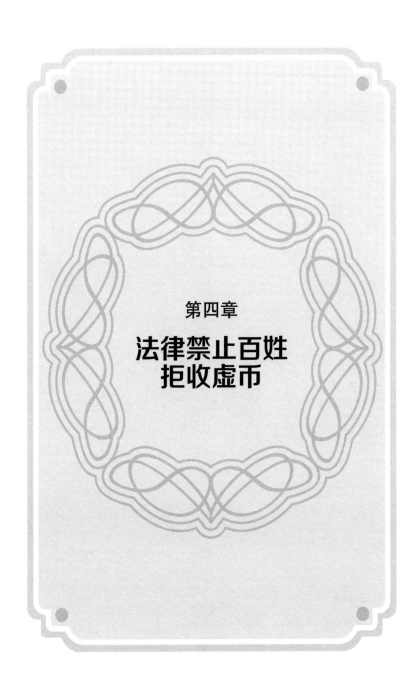

第四章

法律禁止百姓
拒收虚币

国家垄断铸币权之后，便依靠国家的信用和法律的支持，逐步开始制造虚币，以图节约金属，扩大钱币流通总量，更多地调动社会资源。为了保障虚币能够按照其名义价值发挥货币职能，而不是按照币材价值发挥货币职能，古代国家确立了虚币与实币并行的制度，规定虚币与实币的法定比价，让实币来稳定商品价格，让虚币代表一定数量实币的价值发挥货币职能，同时颁布法令，禁止百姓在实币与虚币之间进行选择，特别是对于虚币，不得拒绝接受和使用。

第一节
虚币产生的原因和方式

钱币的形制在被法律确立之初，一般都是名实相符的，即钱币的名义价值与其币材价值一致。此后，古代国家为了节约金属，扩大钱币流通总量，开始制造虚币。古代国家的这种行为，是产生虚币的直接原因。古代国家制造虚币的方式主要有三种：减少钱币的金属含量、提高钱币的名义价值和降低钱币的金属成色。

一、虚币产生的原因和前提条件

虚币产生的原因主要有两个：

一是国家获取利益的冲动。国家垄断铸币权，使国家可以通过减少金属投入或者提高钱币名义价值的方式制造更多的钱币，从中获得更多的利益。因此，国家有着制造虚币的本能冲动。

二是战争或经济发展对钱币流通总量提出更多的需求。由于制造虚币会引起通货膨胀，尽管这种通货膨胀可能滞后发生，却会对国民经济造成严重的不利影响。所以，古代各个国家总是对制造虚币行为有所节制。但是，在不得已的情况下，譬如发生了战争，或者是经济发展对钱币产生出大量的需求，古代国家往往会采用制造虚币的方式来解决钱币需求的问题。

虚币产生的前提条件主要有四个：

一是金属数量货币——钱币的诞生。金属货币有两种形态：金属称量货币和金属数量货币。金属数量货币简称"钱币"。钱币的诞生是金属称量货币长期发展的产物。金属称量货币完全依靠本身币材的价值发挥货币职能，不具备减少币材的条件。钱币的诞生为虚币的产生提供了可能。因此，可以产生虚币的金属货币是钱币，而非金属称量货币。

二是国家垄断制造钱币。国家垄断制造钱币是虚币产生的必要条件。最初的钱币是百姓自发制造的，目的是免去称量的烦琐、方便商品交换。之后，国家将铸币权收归国有，国家垄断钱币的制造，并使钱币的名义价值与金属价值发生了脱离，就产生了虚币。

一种钱币最初的名义价值，就是金属称量货币单位金属的价值。譬如，中国古代秦国的半两钱，其名义价值就是半两重量青铜的价值；古希腊的德拉克马银币，其名义价值就是1德拉克马重量白银的价值；古罗马的阿斯铜币，其名义价值就是1阿斯重量青铜的价值。这些钱币的名称都是称量货币的重量单位名称。一种钱币使用的金属量，正是这个称量货币单位的标准重量。

百姓处于分散状态，每个个体都不具备作为整个社会信用主体的资质。个别百姓制造的钱币，如果减少其金属含量，使其实际金属价值少于钱币名义价值，便不能按照其名义价值行使货币职能。只有国家垄断制造的钱币，才能够在减少金属含量的情况下，依靠法律的支持，依旧按照其名义价值行使货币职能。于是，在国家垄断制造钱币的条件下，钱币的名义价值就与钱币的金属价值发生了脱离，虚币由此产生。

虚币是国家垄断制造的，而非百姓分散制造的。

三是实币与虚币并行流通。虚币是相对实币而言的概念。实币是币材价值与钱币名义价值一致的钱币，虚币是币材价值小于钱币名义价值的钱币。实币与虚币并行流通，是使虚币能够按照其名义价值发挥货币职能的制度保障。虚币代表一定数量的实币发挥货币职能，需要规定实币与虚币之间的法定比价。

如果没有实币的并行流通，市场上的钱币全部减重，成为虚币，商品以钱币计量的价格就会跟随钱币减重的幅度上涨。有了实币的并行流通，用实币保持各类商品价格的稳定，用虚币代表一定数量实币的价值发挥货币职能，国家才能在商品价格稳定的情况下，达到节约使用金属、扩大钱币总量的目的。

所以，古代国家制造虚币，并不是以流通中的全部钱币为对象，而是以流通中的部分钱币为对象，形成实币与虚币并行流通的货币制度，作为制造和使用虚币的制度保障。

四是法律的支持。称量货币及钱币中的实币作为商品交换媒介，进行的交易遵循商品等价交换原则，通过市场本身的机制发挥货币职能。钱币中的虚币与商品的交换为"非等价交换"，"非等价交换"需要法律的支持才能进行。

若干萝卜交换若干白菜，或者若干金属交换若干白菜，遵循市场上的等价交换原则，不需要专门的立法；钱币中的虚币与各类商品交换，不再遵循市场上的等价交换原则，就不得不依赖专门的货币立法予以支持。

支持虚币行使"非等价交换"的法律，至少要包括以下3个方面的内容：①禁止百姓制造钱币，保障国家对钱币的垄断制造，才能制造市场可接受的虚币；②确定实币与虚币之间的比价，让实币与虚币并行流通，保障虚币能够代表一定数量实币的价值发挥货币职能；③禁止百姓在实币与虚币之间进行选择，强制百姓接受国家制造的虚币，以保障虚币的法定流通地位。

二、减少金属含量产生的虚币

古代国家制造虚币最典型的方法，就是减少钱币的金属含量。中国古代秦国制造的半两钱，是古代国家制造虚币的典型案例。

中国古代秦国国家垄断制造半两钱正值战争时期。秦国需要更多的铜钱支持战争，所以，从垄断制造半两钱后就逐步实施了减少钱币金属含量的措施，半两钱越铸越轻小，迅速成为虚币。

从近代出土的战国后期的窖藏或墓葬中的多批半两钱来看，公元前336年，秦惠文王始铸半两钱时，半两钱是符合法定重量12铢的。然而，仅过了30年，秦武王去世前，就出现了3铢左右的半两钱。

公元前 307 年，秦惠文王的儿子秦武王去世，秦武王的弟弟继位，便是秦昭襄王。

自秦惠文王始铸半两钱至秦昭襄王继位的 30 年里，秦国国家垄断制造的半两钱发生了严重的减重。这一点，可以在出土的秦昭襄王之前制造的半两钱中得到证实。

1979 年，四川省博物馆在四川省青川县郝家坪 50 号战国秦墓发掘出土半两钱 7 枚，据考证是公元前 306 年之前生产的，即秦惠文王至秦武王时期生产的。根据是，该批半两钱与秦昭襄王元年（公元前 306 年）纪年木牍相伴出土。[①]

据考定，该墓为秦昭襄王元年埋葬的墓葬。这批半两钱不可能是秦昭襄王元年之后的产物。这些半两钱大小、厚薄、轻重，枚枚不同，最轻的 2.1 克（3.2 铢），最重的 9.5 克（14.4 铢），最重的是最轻的 4.5 倍。在这批半两钱中，最轻的已经远不足 12 铢的法定重量。这说明秦国"初行钱"之后仅 30 年，半两钱就已经发生了明显的信用化，其金属价值占比大幅度下降，信用价值占比大幅度上升，重量从 12 铢减至 3.2 铢，其金属价值在钱币整体价值中的占比从 100% 下降到 26.7%，发行者信用价值在钱币整体价值中的占比从 0 上升到 73.3%。

秦昭襄王在位时期（公元前 306—前 251 年），朝廷对半两钱的管理日臻完善，大小、轻重差距悬殊的半两钱，千钱一畚，被放在一起，以待不时的支付。

---

① 四川省博物馆、青川县文化馆：《青川县出土秦更修田律木牍》，《文物》，1982年第 1 期。

朝廷制造轻小的新钱，却不废黜重大的旧钱，新旧钱币的名义价值都是半两，于是就出现了大小钱等价混合流通的现象。这种现象在湖北省云梦县《睡虎地秦墓竹简·金布律》出土之前，被人们称为"秦半两大小钱之谜"。当人们看到《金布律》中关于百姓不得拒绝接受朝廷铸造的轻小劣质半两钱的法律条文之后，才明白秦国半两钱大小钱等价混合流通的局面，正是秦国严刑峻法造成的结果。

三、提高名义价值产生的虚币

公元 708 年（庆云 5 年），日本武藏国秩父郡进献和铜，日本从此有了自己采矿冶炼的铜金属。于是，元明天皇大赦天下，改年号为"和铜"。当年，元明天皇命人模仿中国唐朝的"开元通宝"铸行"和同开珎"，这是日本历史上官方铸行的第一种铜钱，重量 1 匁（mangmi）。近代日本学者对和同开珎进行实物测量，确定其为日本近代重量的 1.2 匁，即 4.50 克（日本近代 1 匁的重量为 3.75 克），与唐高祖李渊武德年间制造的开元通宝重量一致。

同时，元明天皇命人模仿中国唐朝的都城长安建筑平城京（今奈良）。公元 710 年（和铜三年），元明天皇迁都平城京，开启了日本第一次文化全面兴盛的"奈良时代"。

公元 760 年，始铸和同开珎后的第 52 年，日本朝廷铸行了万年通宝，这是日本历史上第一次铸行虚币。这种虚币并不是通过减少金属含量产生的，而是通过提高钱币的名义价值来实现的。万年通宝采用铜金属制造，用铜量与和同开珎一样。1 枚万年通宝法定兑换 10 枚和同开珎，名义价值相当于其币材价值的 10 倍，

因此属于典型的虚币。十分明显，万年通宝并不是依靠币材本身
铜金属的价值发挥货币职能，而是依靠发行者——日本朝廷的信
用和法律的支持发挥货币职能。万年通宝
的铸行开启了日本虚币的先河。日本朝廷
铸行万年通宝，仿照的是中国唐高宗铸行
的虚币"乾封泉宝"和唐肃宗铸行的虚币
"乾元重宝"。这两种唐朝钱币都是名义
价值相当其币材价值 10 倍的虚币。

币 4-1　万年通宝

四、降低金属成色产生的虚币

　　古代国家还通过降低钱币的金属成色来制造虚币。罗马帝国
对于狄纳里银币采取的措施，就是不断降低其金属成色，使其变
为虚币。

　　公元前 211 年，第二次布匿战争鏖战正酣，罗马共和国开始
发行狄纳里银币。

　　公元前 201 年，第二次布匿战争结束，狄纳里银币的标准重
量从 1/72 罗马磅减少到 1/84 罗马磅，即从 4.54 克减少到 3.89 克。
此后，狄纳里银币的重量保持了 265 年的稳定。

　　公元 64 年，正值罗马帝国初期，罗马城被大火焚毁，罗马
帝国元首尼禄为了重建罗马城，通过减少银币中的金属含量来收
敛钱财，将狄纳里银币的法定重量从 1/84 罗马磅降至 1/96 罗马磅，
即 3.41 克。

　　此时，阿斯铜币的重量已经降低到 11 克左右，继续减重的
空间不大；狄纳里银币更为轻小，只有 3 克多的重量，减重空间

更小。所以，罗马帝国只有通过降低狄纳里银币的白银成色来铸造更多的狄纳里银币，通过让百姓手中狄纳里银币的价值缩水来实现虚币敛财的目的。于是，尼禄以后的罗马帝国各代元首在制造狄纳里银币时总是减少白银的使用，更多地加入铜金属，以便制造更多的狄纳里银币。

狄纳里银币最初的成色在 90% 左右，到了戴克里先建立君主制、成为罗马皇帝的时候（公元 284 年），狄纳里银币的成色已经降到大约 3.6%。

公元 294 年，罗马帝国皇帝戴克里先针对狄纳里银币成色下降的问题实行了罗马帝国历史上最彻底的一次货币改革。在这次货币改革中，戴克里先创建了阿根图（ARGENTEUS）银币制度。1 枚阿根图银币的理论重量是 1/96 罗马磅，即 3.41 克，其含银量为 90%，价值等于 100 枚狄纳里银币。

英国货币学家卡森说：

一种纯度在 90% 左右的优质银币被重新使用，其生产标准为 1/96 罗马磅，有时这种钱币上带有"XCVI"（96）的标记……

从 1970 年在阿芙罗迪西亚斯发现的阿根图币上的币文可以得知，在当时（比最初的改革稍晚一点的时期，即公元 301 年），仍然是 1 阿根图 =100 狄纳里。按照银的含量，这种阿根图币与改革前的纯度安敦尼币的比大约是 25∶1，这意味着 1 安敦尼 =4 狄纳里。[1]

---

① ［英］R.A.G. 卡森：《罗马帝国货币史》，田圆译，法律出版社 2018 年版，第 502 页。

币 4-2　戴克里先 1 阿根图银币

注：该钱币于公元 294 年生产，重量为 3.83 克，正面图案是戴克里先月桂冠头像，周围币文为"DIOCLETIANVS · AVG"（戴克里先 · 奥古斯都）；背面图案是四位帝王在六塔营门三足祭坛前共同祭礼，两侧币文为"VIRTVS MILITVM"（军队的英勇）。

资料来源：李铁生：《古罗马币》，北京出版社 2013 年版，第 154 页。

如果说阿根图币的含银量为 90%，是改革前安敦尼币含银量的 25 倍，那么戴克里先接手的货币制度中，安敦尼币的含银量就只有 3.6%，属于含有少量白银的铜金属币。可以说，到此时，罗马帝国的银币已经被历代元首逐步换成铜币。

第二节

秦律禁止百姓拒收虚币

秦国禁止百姓拒收虚币的法律条文，发现于湖北省云梦县睡虎地秦墓出土的秦律竹简上。秦国法律不仅严禁百姓拒收虚币，而且还规定了官府收支半两钱的基本操作规程，形成了国家财政收付钱币的主体框架，为后世各朝货币运行创建了操作模式。

一、云梦睡虎地的秦律竹简

秦律中的货币立法，我们现在可以看到的最直接的资料是1975 年在湖北省云梦县睡虎地秦墓中发现的竹简简文，其中有《金布律》15 条。《金布律》是现存我国最早的货币立法文献其订立的确切时间尚不知晓，但可以断定其行用时间在秦始皇统一六国之前的战国晚期，是战国晚期秦国的立法，秦灭六国后被推行到全国使用。

睡虎地秦墓竹简被整理出 1155 支，内容大部分是法律、文书，不仅有秦律，而且有解释律文的问答和有关治狱的文书程式。据学者考证，云梦睡虎地秦墓的墓主是墓中发现竹简所载《编年记》中所提到的喜。简中记载，喜生于秦昭襄王四十五年（公元前 262 年），秦始皇元年（公元前 246 年）傅籍，秦始皇三年（公元前 244 年）进用为史，即从事文书事务的小吏，秦始皇四年（公元前 243 年）为安陆狱史，秦始皇六年（公元前 241 年）为安陆令史，秦始皇七年（公元前 240 年）为鄢令史，秦始皇十二年治狱鄢，即为鄢地狱掾，审理法律案件。简文终于秦始皇三十年（公元前 217 年），即秦统一全国后第 4 年，是年喜 46 岁，与墓中人骨鉴定年龄符合。喜一生在秦始皇治下历任各种与司法有关的职务，经历了秦始皇建立全国统一政权和实现全国法律统一的过程。因此可以相信，云梦睡虎地秦墓竹简所载的秦代货币立法文献，是考证秦代货币流通规则最直接、最可靠的资料。

二、百姓不得拒绝接受虚币

《秦律·金布律》第 1 条规定，百姓交易时使用铜钱，质量好坏一起通用，不得选择。这就是朝廷通过法令赋予铜钱，特别是不足值的虚钱或磨损、残坏的劣质铜钱法定流通的职能。

《秦律·金布律》第 5 条规定：

贾市居列者及官府之吏，毋敢择行钱、布；择行钱、布者，列伍长弗告，吏循之不谨，皆有罪。[①]

【市肆中的商贾和官家府库的吏，都不准对铜钱和布币两种货币有所选择；有选择使用的，列伍长不告发，吏检察不严，都有罪。】

铜钱是朝廷制造的，大小轻重不一，差距悬殊，法律支持其混合等价流通。足重的铜钱是实币，不足重的铜钱是虚币。

布币是百姓织造的，形制质量规范统一，法律禁止不合格的布币作为货币使用。合格的布币允许在市场上作为货币流通，属于实币。

不足重的铜钱代表 1/12 布币的价值流通，属于虚币。

法律规定，百姓不得在铜钱和布币之间进行选择，不得拒绝接受虚币。如果百姓拒绝接受虚币，列伍长有告发的责任，当地官员有监察的任务，不仅百姓有罪，失责失察的列伍长和当地官员都有罪。

---

① 睡虎地秦墓竹简整理小组：《睡虎地秦墓竹简·金布律》，文物出版社 1978 年版，第 57 页。

🐉 三、法律保护朝廷制造的虚币流通

制定如此严格的法律，目的在于保护朝廷制造的虚币能够在市场顺利流通。

秦国实行的三种货币中，钱币是法定的价值尺度，商品都要以铜钱标价。《秦律·金布律》第 5 条规定商品必须明码标价，并规定要使用铜钱标价，这就赋予铜钱法定价值尺度的职能。秦律明文规定，只有价值不足一枚铜钱的商品才可以不标价，铜钱的价值尺度职能就被充分地发挥出来。即便现代经济社会，也不可能要求对所有商品明码标价。秦律要求对买卖商品"各婴其贾（价）"，在秦代轻罪重罚的立法理念统治下，百姓一定会对商品进行标价，因为当时不按法律行事后果是十分严重的。

朝廷认为货币是控制天下的工具，如果人们不接受朝廷制造的钱币，朝廷就不能控制天下。所以，中国古代的货币立法特别强调百姓不得拒绝接受虚币。

布币是百姓织造的，劣质的布币受到法律的禁止，不得作为货币流通使用；铜钱是国家垄断铸造的，法律支持劣质轻小的铜钱按照足值的铜钱价值交易使用。虽然表面看来这两种货币在法律上的地位是不同的，但是两者都是法定流通货币，交易商和官吏均不得对铜钱和布的使用有所选择。因此，可以说当时的法律是在保护甚至强制实、虚铜钱与合格的布作为法定货币进入流通领域的。这种强制，对百姓、商贾和官府是一视同仁的。秦代法律对于官吏制裁的规定较多。官吏未能履行义务，但没有触犯刑律，可以不通过司法程序直接实施行政处分。秦代

的行政处分有：谇、赀、免、废。谇是斥责；赀是以财自赎；免是免职；废是永远免除官职。官吏触犯了刑律，除了与罪犯同罪刑罚外，还有耐、迁等刑罚方式。耐是剃鬓须的刑罚；迁是流放刑罚。

四、官员不得在经手时偷换实钱

《秦律·金布律》第一条还规定，官府收入铜钱，以 1000 枚装为 1 畚，用丞、令的印封缄。钱数不满 1000 的，也应封缄。钱质好的和不好的应装在一起。出钱时，要把印封呈献给丞、令验视，然后启封使用。

从这条规定中可以看出，官府收支铜钱时是封印的。朝廷垄断铜钱的铸造权，统一铸行铜钱和回收铜钱，其便在货币市场流通的循环中具备了中央银行的功能。由此可以推论，朝廷铸造发行铜钱，一定也有严格的程序。铸造出来的铜钱由朝廷统一管理和使用，也可能会基于某种用途调配地方官府使用。地方官府收缴的铜钱，可能会代朝廷窖藏或送交朝廷。于是，朝廷收支铜钱便产生了铜钱发行和铜钱回笼的循环流动。秦、汉初期，朝廷收支使用铜钱的数额占全国铜钱收支总和的比例是比较大的。所以，朝廷收支是铜钱流通的重要组成部分。

为了杜绝代官府收取铜钱时出现经手人员贪污或者偷换好钱的行为出现，《秦律·关市律》规定：

为作务及官府市，受钱必辄入其钱缿中，令市者见其入，不从者赀一甲。①

【从事手工业和为官府出售产品，收钱后必须立即把钱投进
缿里，使买者看见钱被投入，违反法令的罚一甲。】

也就是说，收取铜钱的人必须当着支付人的面，将铜钱投入
不能取出的那种罐子里，以避免收取者作弊。

法律赋予虚钱与实钱等值发挥货币职能的能力，于是，铜钱
就不完全依赖其本身币材的价值，而是依赖其名义价值，来充当
价值尺度和流通手段的职能。

第三节

汉律禁止百姓拒收虚币

刘邦建立了汉朝。刘邦去世后，他的妻子吕雉掌握了朝廷
大权，史称"吕太后"。为了扭转半两榆荚恶钱流通的不利局
面，满足商品经济发展对货币流通总量不断增长的需求，吕太
后下令铸行"八铢钱"。此外，吕太后颁布《二年律令》，其中
包括《钱律》。《二年律令·钱律》是中国古代早期专门的货币
立法，为后世各朝货币立法提供了基本框架。《二年律令·钱律》
第一条便明确规定，百姓不得拒绝接受质量不好的虚币。

---

① 睡虎地秦墓竹简整理小组：《睡虎地秦墓竹简·关市律》，文物出版社 1978
年版，第 68 页。

一、吕太后下令铸行"八铢钱"

公元前 195 年，刘邦去世，他的儿子刘盈继位，权力掌握在太后吕雉手里。公元前 188 年，刘盈去世，吕太后立张皇后养子即皇帝位，帝幼，吕太后临朝称制，是为高皇后。

高皇后共进行了两次货币改制：一次是高皇后二年（公元前 186 年）"行八铢钱"①，另一次是高皇后六年（公元前 182 年）"行五分钱"。②高皇后进行货币改制的原因有三：①扭转半两榆荚恶币流通的不利局面；②商品交换的发展，需要有更大的货币流通总量来支持；③节铜谋利以扩大朝廷收入。

在这里我们只讨论高皇后的第一次货币改制。这件事发生在高皇后二年（公元前 186 年）。《汉书·高后纪》载：

（高后二年）秋七月，恒山王不疑薨。行八铢钱。③

该处应邵注：

本秦钱，质如周钱，文曰半两，重如其文，即八铢也。汉以其太重，更铸荚钱，今民间名榆荚钱是也。民患其太轻，至此复行八铢钱。④

应邵所讲的"本秦钱"几个字，给后人带来了一些疑惑。这句话是指恢复了秦代半两钱的重量标准，还是指将秦代铸造的半

---

① ② ③ 《汉书》卷三《高后纪》，应邵注，中华书局 1962 年版，第 97 页。
④ 《汉书》卷三《高后纪》，应邵注，中华书局 1962 年版，第 97—98 页。

两钱找出来使用，人们有了不同的理解。有些学者认为，高后二年行八铢钱，是复行秦钱，而非新铸。也有些学者认为，高后二年行八铢钱，是新铸重量为八铢的半两钱。

1955 年，沈仲常、王家祐先生在《记四川巴县冬笋坝出土的古印及古货币》一文中提出，高后二年行八铢半两，其实是秦钱的复行，而不是新铸，所以八铢钱均为秦钱。[①]

1987 年，陕西省博物馆陈尊祥、路远先生在《首帕张堡窖藏秦钱清理报告》一文中指出：

西汉政府为整顿钱制，稳定货币，下令禁止私铸，并以复行秦八铢半两作为临时应急措施，是完全可能的。[②]

南朝顾烜在著作《钱谱》中说：

高后时，既患荚钱之轻，又苦秦钱之重，故改铸八铢钱。[③]

千家驹、郭彦岗先生认为：

高后二年（前186），取消自由铸造，改由国家垄断铸币权，另铸八分钱，文曰半两。大样肉薄，文字扁平，其重量比秦半两减重三分之一，又叫八铢半两。[④]

------

① 沈仲常、王家祐：《记四川巴县冬笋坝出土的古印及古货币》，《考古通讯》，1955 年第 6 期。

② 陈尊祥、路远：《首帕张堡窖藏秦钱清理报告》，《中国钱币》，1987 年，第 3 期。

③ 王雪农、刘建民：《半两钱研究与发现》，中华书局 2005 年版，第 38 页。

④ 千家驹、郭彦岗：《中国货币史纲要》，上海人民出版社 1985 年版，第 32 页。

"行八铢钱"的"行"字，是指行旧钱，还是指铸新钱？王
献唐、钱剑夫、王雪农、刘建民先生均认为"行钱"即指"铸行"，
是新铸钱币的意思。王献唐先生说：

凡《汉书》钱法称"行"，均指新铸而言。①

钱剑夫先生说：

古书上所说的"行"，即为"通行"之意，实际上就是"改
铸"或"新铸"。②

王雪农、刘建民先生说：

汉代文献中有关"行钱"之"行"，均是指"铸行"的意思，
意指"新铸"、"新行"。③

杜维善先生认为，虽然八铢钱属于新铸，但是使用了秦代的
钱范。他在《半两考》中说：

根据八铢半两和战国半两、秦半两对比表可看出，高后二年
曾仿旧钱来铸造八铢半两，这些钱不一定用新范，用旧范的可能
性很大，因此无法区分。这些半两定为汉半两是不正确的，因为
它不具有西汉本身钱币的风格。④

---

① 王献唐：《中国古代货币通考》，青岛出版社 2005 年版，第 698—699 页。
② 钱剑夫：《秦汉货币史稿》，湖北人民出版社 1986 年版，第 37 页。
③ 王雪农、刘建民：《半两钱研究与发现》，中华书局 2005 年版，第 39 页。
④ 杜维善：《半两考》，上海书画出版社 2000 年版，第 89 页。

王雪农、刘建民先生认为，行八铢钱，一定是汉代新铸行的钱，与是否用了旧范没有什么关系。他们说：

秦以前重八铢的半两与汉铸八铢难以区别，与有没有铸造汉代八铢钱是两回事。……无论是从现实，还是从情理方面分析，西汉朝廷在间隔20年、经历了大规模的官民自由铸币之后，居然再依靠残留下来为数有限的前朝旧币，来作为一次国家改行币制的"新币"，这完全是不可思议的！也是不可能做到的一件事情。[1]

二、张家山出土的汉律竹简

1983年底至1984年初，湖北江陵张家山247号汉墓出土了1236枚竹简，其中有久佚的汉律。律令简文中，有一枚简的背面，明文载有"二年律令"四字。

但是，这个"二年"究竟是哪一年，学者有不同的看法。当时的"二年"共有三个：一是"汉高帝二年"，二是"汉高后二年"，三是"汉文帝前元二年"。

多数学者经考证认为，二年律令中的"二年"当指汉高后二年（公元前186年）。理由是法条中涉及"吕宣王"，而"吕宣王"是吕后之父吕公的谥号，是吕后元年（公元前187年）始有的。因此，二年律令的成文年代不应在吕后元年之前。

但是，也有学者经考证认为，二年律令中的"二年"是指汉高帝二年（公元前205年）。理由是法条中出现惠帝名讳甚多，

---

① 王雪农、刘建民：《半两钱研究与发现》，中华书局2005年版，第39页。

二年律令的成文年代不应在汉高帝在位之后。因为惠帝继位后，法律条文中应该避讳惠帝的名讳。汉高帝二年至汉高后二年之间共 19 年时间，其中汉惠帝在位 7 年（公元前 195—前 188 年），大权掌握在他的母亲吕太后手里。汉惠帝去世后，吕太后临朝称制，不避讳儿子的名讳，并不是不可能的。

因此，从法律条文用词上分析，二年律令中的"二年"指的是汉高后二年，而非汉高帝二年。

从半两钱形制演变的角度来考察，《二年律令》的成文年代，也不是汉高帝二年，而是汉高后二年。《二年律令·钱律》第一条规定：

钱径十分寸八以上，虽缺铄，文章颇可智（知），而非殊折及铅钱也，皆为行钱。金不青赤者，为行金。敢择不取行钱、金者，罚金四两。[①]

【铜钱直径达到 0.8 寸，虽有磨损，但铭文可辨，且不是断碎或铅钱，就都是流通法币。金只要不是伪金，就是流通法金。不接受流通法币的，或不接受流通法金的，应接受处罚，罚金四两。】

汉朝一寸，折合现代的 2.31 厘米。十分之八寸，便是 1.848 厘米。汉高帝二年正处于楚汉战争时期，汉高帝因"秦钱重难用，更令民铸钱"[②]。于是，榆荚半两钱流通，充斥市场。榆荚

<hr>

① 朱红林：《张家山汉简〈二年律令〉集释》，社会科学文献出版社 2005 年版，第 134 页。

② 《史记》卷三〇《平准书》，中华书局 1959 年版，第 1417 页。

半两钱文曰"半两",但文重不符,相差悬殊。根据昭明、马利清先生对出土实物的测量,汉初榆荚半两钱直径只有1厘米左右①,远不达十分之八寸的法条规定,其重量大多在2克左右,即约为3.1铢。汉高祖后期,榆荚半两钱愈铸愈小,重不到1铢。山东临沂银雀山汉墓出土的榆荚半两钱,直径一般在1—1.1厘米,重量为1.8—2.1克,穿孔甚大,最轻的只有0.4克(0.6铢)。②山东章丘出土的榆荚半两钱石范,钱径为0.6厘米。山东博兴出土的三件汉文帝以前的榆荚半两钱石范,钱径最小的仅0.4厘米。③综合目前发现的汉初榆荚半两钱实测资料,可以相信,汉初榆荚半两钱直径为1厘米左右。而《二年律令》要求流通半两钱的直径不得小于1.848厘米,与汉高帝二年半两钱流通状况是不相符合的。流通中的半两钱直径多为1厘米左右,如果法律要求1.848厘米以下半两钱不得流通,岂不是将所有流通中的半两钱都废止了吗?况且,榆荚半两钱的流通一直延续到汉高后二年"行八铢钱"④之时。从汉高帝二年到汉高后二年经历了19年榆荚半两钱流通的时期。如果《二年律令》是从汉高帝二年开始实施的,直径仅有1厘米左右的榆荚半两钱继续流通19年是不可能的。八铢钱是朝廷统一铸造的文曰"半两"的铜钱,根据昭明、马利清先生对出土实物的测量,汉高后时期铸行的八铢钱直径在2.6—3.1厘米,铭文半两,重5—7克(7.7—

①③　昭明、马利清:《古代货币》,中国书店1999年版,第114页。

②　钱剑夫:《秦汉货币史稿》,湖北人民出版社1986年版,第35页。

④　《汉书》卷三《高后纪》,中华书局1962年版,第97页。

10.8 铢），① 后期铸造亦有减重。铸行八铢之际，法律要求流通中的半两钱直径不得小于 1.848 厘米，在逻辑上还是可以解释得通的。

此外，"二年"有无可能是指汉文帝前元二年？判断《二年律令》成文年代不在汉文帝前元二年有两个理由。

其一，《二年律令》中有"连坐"法，汉文帝前元元年，诏曰：

> 法者，治之正也。今犯法已论，而使无罪之父母、妻子、同产坐之，及为收孥，朕甚不取！其除收孥诸相坐律令。②

《二年律令》简文中载有"连坐"法，"连坐"法在汉文帝前元元年就被废除了，因此《二年律令》成文应在汉文帝前元元年之前，即不在汉文帝前元二年。

其二，二年律令简文中有优待"吕宣王"及其家属的规定：

> 吕宣王内孙、外孙、内耳孙玄孙，诸侯王子、内孙耳孙，徹侯子、内孙有罪，如上造、上造妻以上。③

吕宣王是吕后之父的谥号，始用于汉高后元年（公元前

---

①　昭明、马利清：《古代货币》，中国书店 1999 年版，第 114 页。

②　司马光：《资治通鉴》卷十三《文帝前元年十一月》，中华书局 1956 年版，第 441 页。

③　张家山二四七号汉墓竹简整理小组：《张家山汉墓竹简·二年律令·具律》，文物出版社 2006 年版，第 21 页。

187 年）。

太后临朝称制……追尊吕公为吕宣王。[①]

汉高后八年（公元前 180 年）诛诸吕，吕宣王家属的优待应该被废止了。吕宣王家属被优待应该在高皇后元年到八年，其间的"二年"就只有"汉高后二年"。

所以，《二年律令》的成文年代应该是在汉高后二年，即公元前 186 年。

三、法律禁止百姓拒收虚钱

汉朝初期的货币立法，继承秦律的原则，继续保护朝廷铸造的不足值铜钱的流通。《二年律令·钱律》第一条规定：铜钱直径达到 0.8 寸，虽有磨损，但铭文可辨，且不是断碎或铅钱，就都是流通法币。金只要不是伪金，就是流通法金。不接受流通法币的，或不接受流通法金的，应接受处罚，罚金四两。

此时流通中的铜钱应是汉高后二年（公元前 186 年）铸行的八铢钱。八铢钱面文"半两"，法重 8 铢。根据昭明、马利清先生对出土实物的测量，多数八铢钱重 5—7 克（7.7—10.8 铢），直径为 2.6—3.1 厘米，体大而薄，通常无郭。汉初期每铢折合现代重量为 0.651 克。所以，汉初期八铢应重 5.208 克。当时铸行的八铢钱，基本上达到了 8 铢的重量。但是，八铢钱面文"半两"，应为 7.812 克，所以八铢钱仍然是重文不符的铜钱。汉初期每寸折合现

---

① 《汉书》卷九七上《外戚传上》，中华书局 1962 年版，第 3939 页。

代长度为 2.31 厘米。《二年律令·钱律》要求铜钱直径达到 0.8 寸，即 1.848 厘米。与八铢钱实测中间值 2.85 厘米相比较，《二年律令·钱律》要求的最小直径比实物低了 35.16％。与法定流通半两钱的相比直径还有较大的差距，就可以在法律的支持下成为行钱，说明汉代的《二年律令·钱律》与秦代的《金布律》中规定相同，也以法律强制的手段支持不足值劣质半两钱的流通。此外，金只要不是伪金，就是法定流通货币。赤金是指伪金。《史记·平准书》曰：

> 金有三等，黄金为上，白金为中，赤金为下。①

黄金是我们现代所讲的金，白金指的是银，赤金指的是丹阳铜。以铜伪金，自然不能算数。而金的成色不足，看来是可以进入流通的。如果有人拒绝接受这些法定流通货币，则将受到处罚，即罚金四两。四两金的价值在汉朝初期相当于两千多枚半两钱，是相当可观的一大笔钱了。但是，与秦律相比较，汉律对于拒绝接受不足值劣币的处罚，似乎还是轻了一些。秦《金布律》对择行钱布者的处罚，累及列伍长和主管的吏，而汉律只是对违犯者处罚金钱。

四、铜钱虚币与黄金实币并行

汉朝法律禁止百姓拒收虚币，实行铜钱数量货币虚币与黄金称量货币实币并行的货币制度。从理论上讲，虚币与实币并行，

---

① 《史记》卷三〇《平准书》，中华书局 1959 年版，第 1426 页。

有利于抑制虚币发生通货膨胀。如果市场上只有虚币，虚币越来越轻小，金属成色越来越低，名义价值越来越高，那么必然引发严重的通货膨胀。于是，金属数量货币币材减少的因素被商品价格上涨的因素所冲抵，朝廷节约金属、扩大钱币流通总量的目标就会落空。所以，世界古代各国在实行虚币政策时，一般都采取虚币与实币并行的货币制度，以抑制制造虚币可能引发的通货膨胀。

西汉的黄金称量货币是法定货币，《汉律·二年律令·钱律》第一条中规定，不接受法定流通铜钱的，或者不接受法定流通黄金的，应接受处罚，罚金四两。

中国汉朝时期，铜钱数量货币和黄金称量货币两者都是法定货币，被称为"行钱"和"行金"，意思是流通法币和流通法金，具有无限法偿的性质。黄金称量货币作为奖罚轻重量化尺度，被规定在成文法条文中，属于法定的价值尺度。西汉时期，采用黄金计量的事项，一般要折算成铜钱进行实际支付。

汉律规定，黄金称量货币与铜钱数量货币的折算率采用区域性定期浮动比价，即采用各郡年初市场价格作为当地全年的黄金铜钱法定比价。

这种区域性定期浮动比价制度对于抑制虚币通货膨胀的作用十分有限。在这种制度下，国家实行虚币政策会引发通货膨胀。所以，五铢钱流通跨越了几个朝代，长期保持重量稳定，各王朝皆未对其实行虚币政策。

第四节
日本天皇令百姓不得拒收虚币

日本古代封建王朝商品经济的鼎盛时期在奈良时代（公元710—794年）和平安时代上半叶（公元794—958年）的总共大约250年里。在此期间，日本朝廷铸行了12种铜钱，史称"皇朝十二钱"。其中最早出现的钱币是仿照中国唐朝开元通宝制造的"和同开珎"，其是名义价值与币材金属价值一致的实币。此后，日本朝廷开始铸行虚币。

日本朝廷铸行虚币的方式主要是提高钱币的名义价值，即铸造与旧币大小相近的新币，法定价值为10枚旧币的价值。同时，日本朝廷还采用降低钱币金属成色的方式制造虚币，即将铜钱减少铜金属的含量，增加铅金属的含量。

日本天皇令百姓不得拒收虚币，但是百姓往往将实币收藏，以待未来升值，从而使市场上的铜钱流通总量长期处于严重不足的状态。日本朝廷则不得不发行更多名义价值更大的虚币，以补充市场上铜钱流通总量的不足。当日本朝廷对新造钱币同时采取降低金属成色和提高钱币名义价值两种方式的时候，钱币的滥恶程度便达到了极致，终于使百姓无法使用钱币进行商品交易。于是，日本便进入长达600多年的"无铸币时代"。

一、日本古代最早的金属实币

日本古代始铸钱币发生在奈良时代前夕的公元708年，最早的钱币铭文"和同开珎"，是仿照中国唐朝"开元通宝"的形重标准制造的。

公元621年，中国唐朝高祖李渊创建开元通宝钱币制度。开元通宝法定重量2铢4絫，10枚总重1两。近代中国学者对唐高祖李渊武德年间铸造的开元通宝进行实物测量，确定其为中国近代重量的0.09两，即4.50克。[①]唐朝开元通宝铜钱的法定重量，逐步成为民间约定俗成的重量单位"钱"，意思是1/10两。

公元708年（日本元明天皇庆云5年），就在唐高祖李渊始铸开元通宝的87年之后，武藏国秩父郡进献和铜，日本从此有了自己采矿冶炼的铜金属。于是，元明天皇大赦天下，改年号"庆云"为"和铜"，意思是大和民族有了铜金属。当年，元明天皇命人模仿中国唐朝的"开元通宝"，铸行"和同开珎"。这是日本历史上官方铸行的第一种铜钱。近代日本学者对和同开珎进行实物测量，确定其为日本近代重量的1.2匁（mangmi），即4.50克（日本近代1匁的重量为3.75克），与早期开元通宝的重量完全一致。

日本古代的"匁"，是比照中国唐朝的"钱"制定的重量单位，其标准在历史发展过程中逐渐变化。

---

① 昭明、马利清：《古代货币》，中国书店1999年版，第161页。

至于钱币上的文字"和同开珎",日本学者狩谷棭斋认为："同"应该是"铜"字的省文,"珎"应该是"宝"字的省文,故"和同开珎"应读为"和铜开宝"。日本明治时期的古钱币专家成岛柳北赞同狩谷棭斋的观点,并得到当时一些古钱币专家的附和与响应。按照这种观点,"和同开珎"属于年号钱一类,钱币文字的意思是:"和铜年间开始流通的宝货。"

（古和同开珎） （新和同开珎）

币4-3 和同开珎

同时,元明天皇命人模仿中国唐朝的都城长安,建筑平城京（今奈良）。公元710年（和铜三年）,元明天皇迁都平城京,开启了奈良时代。

二、提高名义价值的虚币

日本朝廷铸造虚币的第一种方式是铸造提高名义价值的铜钱,新铸铜钱的重量和大小与流通中的旧钱大体相近,法律却规定新铸铜钱的名义价值是流通中铜钱名义价值的10倍。

公元760年,始铸和同开珎铜钱52年之后,日本朝廷又铸行"万年通宝"。这是日本历史上第一次铸行金属虚币。万年通宝采用铜金属铸造，用铜量与和同开珎一样，1 枚万年通宝法定兑换 10 枚和同开珎。十分明显，万年通宝并不是依靠币材本身铜金属的价值发挥货币职能，而是依靠发行者——日本朝廷的信用和法律的支持发挥货币职能。万年通宝的铸行，开启了日本朝廷制造虚币的先河。日本朝廷铸行万年通宝，仿照的是中国唐高宗铸行的虚币——"乾封泉宝"和唐肃宗铸行的虚币——"乾元重宝"。中国唐朝的这两种虚币都是 1 枚法定兑换 10 枚开元通宝的铜钱。

公元 765 年（称德天皇神护元年），日本朝廷铸行神功开宝铜钱，重量为 1 匁 5 厘，与旧钱并行。《续日本纪》记载：

再铸新钱，钱文曰：神功开宝。与以前的新钱（指万年通宝）一并发行。[①]

以前的新钱指的是公元 760 年淳仁天皇铸行的万年通宝。神功开宝与万年通宝并行，意思是与万年通宝等价，也是 1 枚法定兑换 10 枚和同开珎。

7 年之后，到了公元 772 年（光仁天皇宝龟三年），日本朝廷下令废除了上述比价，和同开珎依照朝廷法令改变为与万年通宝及神功开宝等价流通。

公元 794 年，桓武天皇将首都从奈良迁至平安京（现在的京都），开始了平安时代（公元 794—1192 年）。平安时代上半

---

① 引自［日］久光重平：《日本货币史概说》，孟郁聪译，法律出版社 2023 年版，第 20 页。

叶（公元 794—958 年），日本朝廷又陆续发行了 9 种钱币，多是以一当十的虚币。经历了 160 多年各种虚钱流通的过程，日本终于将自己的货币经济彻底搞垮，进入了长达 600 年的无铸币时代。

三、降低金属成色的虚币

日本朝廷铸造虚币的第二种方式是降低钱币的金属成色，即铸造新的铜钱时减少铜金属的含量，增加铅金属的含量。这种方式的使用发生在平安时代前半叶。并且，降低钱币金属成色的措施是与提高钱币名义价值的措施共同实施的。

公元 796 年（延历十五年），即迁都平安京的第三年，桓武天皇诏令铸行隆平永宝。隆平永宝比前次奈良朝廷铸造的万年通宝略小一些，1 枚隆平永宝小钱法定兑换 10 枚万年通宝大钱。这实在是一种挑战世俗理念、强化法律威力的措施。百姓自然不肯使用 10 枚大钱去兑换 1 枚小钱，所以私自藏匿大钱，以待未来升值，只使用小钱在市场交易，市场钱币流通总量愈加不足。于是，日本朝廷在铜钱中加入铅金属，以求铸造更多钱币，满足市场对钱币的需求。

公元 818 年（嵯峨天皇弘仁九年），日本朝廷铸行"富寿神宝"，重量为 0.8 匁（3.00 克）。相比旧钱，富寿神宝含铜量下降，含铅量上升。1 枚富寿神宝是否法定兑换 10 枚旧钱，目前尚不清楚。

公元 835 年（仁明天皇承和二年），日本朝廷铸行"承和昌宝"，重量为 0.7 匁（2.625 克）。这是日本第一次发行年号钱。

相比旧钱，承和昌宝的直径和重量继续下降，含铅量进一步上升。然而，1 枚承和昌宝法定兑换 10 枚旧钱，具有明显的虚币性质，引发了百姓盗铸行为泛滥。

公元 848 年（嘉祥元年），仁明天皇改年号"承和"为"嘉祥"，并以更改年号为由，铸行"长年大宝"，重量为 0.5 匁（1.875克）。与最初的和同开珎相比较，长年大宝的重量已经不足和同开珎的一半。然而，1 枚长年大宝法定兑换 10 枚和同开珎旧钱，新旧钱币并行流通。

公元 859 年（清和天皇贞观元年），日本朝廷铸行"饶益神宝"，重量为 0.5 匁（1.875 克）。这是"皇朝十二钱"中最轻的一种。1 枚饶益神宝法定兑换 10 枚和同开珎旧钱，新旧钱币并行流通。日本朝廷下令严禁百姓在良、劣钱币之间进行选择，对违背法令者处以杖刑。

公元 870 年（清和天皇贞观十二年），日本朝廷铸行"贞观永宝，"重量为 0.6 匁（2.25 克），采用铜铅合铸，含铜量只有50%。尽管新钱比旧钱质量更差，日本朝廷仍然下令 1 枚贞观永宝法定兑换 10 枚和同开珎旧钱，新旧钱币并行流通。

公元 890 年（宇多天皇宽平二年），日本朝廷铸行"宽平大宝"，重量为 0.6 匁（2.25 克）。宽平大宝的铸行数量极少，每年只铸造有 500—600 贯。

公元 907 年（醍醐天皇延喜七年），日本朝廷铸行"延喜通宝"，重量为 0.6 匁（2.25 克）。这是使用铅金属模仿铜钱铸造的钱币。1 枚延喜通宝法定兑换 10 枚和同开珎旧钱，新旧钱币并行流通。

公元 958 年（村上天皇天德二年），日本朝廷铸行"乹元大宝"，重量为 0.6 匁（2.25 克），也是使用铅金属模仿铜钱铸造的钱币。此后，日本进入长达 600 年的无铸币时代。

日本平安时代天皇政府降低金属成色制造钱币是世界上最为彻底的，铜钱的金属成色被降低至零，完全使用铅金属来制造，结果是百姓不再使用钱币进行商品交易，商品交易从钱币媒介转为以物易物的原始方式。

四、法律禁止百姓拒收虚币

无论是朝廷提高名义价值制造的虚币，还是朝廷降低金属成色制造的虚币，或者是既提高名义价值又降低金属成色制造的虚币，百姓都必须接受，因为法律禁止百姓拒收虚币。这一规定可以在一些天皇的诏书中看到。

在一次次发行提高名义价值的虚币的同时，日本朝廷持续降低这些虚币的金属成色。

公元 818 年，日本朝廷铸行富寿神宝的时候，铜金属材料已经开始短缺，新铸铜钱的铜金属成色下降，含铅量开始上升。铅金属比铜金属软些，币文易被磨损消失。公元 820 年，有人提出铅钱字迹模糊，对比嵯峨天皇在给大藏省的批示中说：

铸钱司正在铸造的新钱，虽说币面文字不很清晰，但字势尚在。况且，即使存在小瑕疵也不妨碍其流通使用。因此还是应该研究一下予以接受为盼。[1]

公元 835 年（承和二年），仁明天皇铸行承和昌宝，铜金属成色进一步下降，铅金属含量进一步上升。

公元 859 年（贞观元年），清和天皇铸行饶益神宝，其重量是日本"皇朝十二钱"中最轻的，币质更加恶劣，百姓兴起选择钱币之风。

公元 865 年（贞观七年），日本朝廷颁布禁止选钱的命令：

弘仁十一年六月通知大藏省，铸钱司正在铸造的新钱，虽说币面文字不很清晰，但字势尚在。况且，即使存在小瑕疵也不妨碍其流通使用。因此还是应该研究一下予以接受为盼。然而，如有愚昧无知者不明白这个道理，放纵自己的心去挑选，或不接受，或者以文字不全为由，在十枚中弃舍二、三枚拒收，或者以缺边少角为由，从一百枚中弃舍八、九枚拒收。则需要米充饥的人则难以糊口，需要买棉的人则难以御寒暖身。为此，在路头张贴告示，严加禁止。如有违背者，就地施以杖刑。[2]

法律禁止百姓在不同的钱币中进行选择，实际上就是不允许百姓拒绝接受质量较差的虚币，在这个命令中主要针对降低金属成色的铅钱，百姓违反这个法律，不接受这些铅钱，就地施以

---

① 引自［日］久光重平：《日本货币史概说》，孟郁聪译，法律出版社 2023 年版，第 23 页。

② 引自［日］久光重平：《日本货币史概说》，孟郁聪译，法律出版社 2023 年版，第 25 页。

杖刑。

公元 870 年（贞观十二年），日本朝廷铸行贞观永宝，继续降低铜金属成色，铜金属含量已经降至接近一半，铸钱的做工也更加粗糙。

公元 872 年（贞观十四年）9 月，《日本三代实录》[①] 记载，新铸的贞观永宝钱文就磨毁了，轮廓也不见了，以致在日常交易中大多被放弃不用。日本朝廷对铸钱司进行了严厉的批评，要求其采取有效措施改善铸造工艺。

公元 907 年（延喜七年），醍醐天皇铸行"延喜通宝"。根据《钱谱》记载，延喜通宝并没有使用铜金属，而是模仿铜钱制造的铅钱。比较铜钱，铅钱易于磨损。所以，醍醐天皇在发行延喜通宝的诏书中说：

币 4-4　延喜通宝

如果钱文中有一字能够看明白，大家都应该使用。如果有人进行挑选或者弃之不用，则将追究责任。[②]

天皇令百姓不得拒收这些虚币，违反者要追究责任。但延喜通宝已经不是真的铜钱，而是假铜钱。朝廷造假，百姓信心丧失殆尽，不愿接受这样的假钱。

---

① 《日本三代实录》是关于清和天皇、阳成天皇、光孝天皇三位天皇当时生活、工作的文字记录。

② 引自［日］久光重平：《日本货币史概说》，孟郁聪译，法律出版社 2023 年版，第 27 页。

从此，日本古代的货币经济开始走向衰败。半个世纪之后，公元958年（天德二年），村上天皇铸行了皇朝最后一种钱币"乾元大宝"。

这时候，延喜通宝这一非常糟糕的钱币已经流通了半个多世纪。乾元大宝比延喜通宝更为糟糕，糟糕的程度甚至超出了我们的想象，以至于百姓反应激烈，在交易时对钱币进行选择，不接受新钱的流通。

于是，公元963年（应和三年），日本朝廷进行公卿论奏，商量解决办法。议定停止旧钱流通，只准许新钱流通。旧钱退出，只剩下新钱，百姓不接受也不行。不料，百姓仍然不接受新钱。没有了旧钱，百姓又不接受新钱，结果只能回到以物易物的原始交换方式。

公元984年（宽和二年），史书记载：

从去年九月中旬至今，没有人用钱购买物品，货币不再流通，人民无不叹息。①

同时，官方表示要派遣"检非违使"，制止不用钱贸易而用物物交换的行为。此外，为了让天下民众使用钱币，朝廷命令15座大寺的80位僧侣进行一个星期的祈祷，但没有任何效果。

---

① 引自［日］久光重平:《日本货币史概说》，孟郁聪译，法律出版社2023年版，第35页。

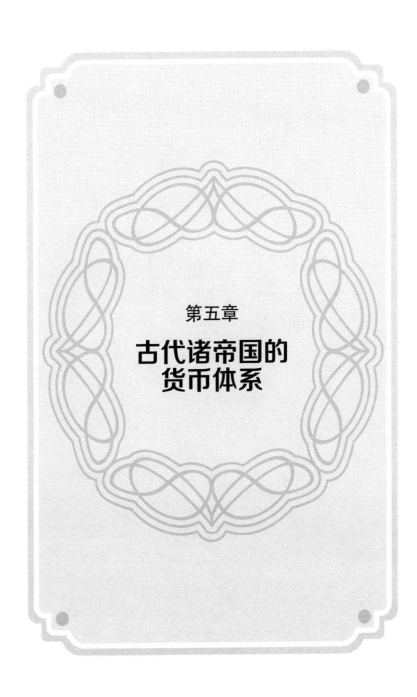

第五章

古代诸帝国的
货币体系

公元前后数百年中，世界上有四大帝国：大汉帝国（公元前202—220年）、罗马帝国（公元前27—395年）、安息帝国（公元前247—224年）和贵霜帝国（公元45—300年）。本章以这四大帝国为例，介绍古代国家货币体系的概貌。

第一节
大汉帝国的货币体系

大汉帝国继承了秦朝的货币体系，经历汉朝初期的改变，形成了以铜钱为核心货币、以黄金为大额支付和财富保藏手段的二币并行流通的货币体系。在这个货币体系中，铜钱和黄金都是法定货币。铜钱是商品交换中法定的价值尺度和流通手段，是核心货币。黄金在成文法中被规定用作奖罚轻重的量化尺度，而在实际使用时，往往要先折算成一定数量的铜钱，再用铜钱进行支付。

一、在秦朝货币体系的基础上建立

大汉帝国的货币体系是在秦朝货币体系的基础上建立的，废黜了秦朝的布币，只剩下黄金和铜钱两种货币并行流通。

秦朝实行黄金、布币和铜钱三币并行流通的货币体系。

公元前 221 年，秦王政灭六国、统一天下，建立了秦朝政权，将战国时期秦国的货币制度推广到全国使用，形成了三币并行的货币体系。在这个货币体系中，半两钱是金属数量货币，发挥核心货币的职能；黄金是金属称量货币，用于大额支付、朝廷赏赐和财富保藏；百姓用麻织造的布币是原始数量货币，既可以作为衣料使用，同时又具有法定货币的职能。

太史公曰：

及至秦，中一国之币为（三）［二］等，黄金以镒名，为上币；铜钱识曰半两，重如其文，为下币。①

【到了秦朝，把全国的货币统一为三（二）等，黄金以"溢"为单位，称为上币；铜钱铭文"半两"，重量与文字相符合，称为下币。】

秦王朝下令废除了各诸侯国的铜钱，统一为秦国的三种货币：黄金称量货币、布币原始数量货币和铜钱数量货币。有些版本的《史记·平准书》中写道，秦朝货币种类统一为三种，上币为黄金，下币为铜钱，没有提到中币。因此，当《史记》被抄誊整理时，很容易被改写成"中一国之币为二等"。台湾文渊阁四库

---

① 《史记》卷三〇《平准书》，中华书局 1959 年版，第 1442 页。关于黄金单位，中华书局的《史记》文本中使用"镒"字，是汉朝的用法。这个字在秦朝是"溢"，如果讲述秦朝的黄金货币单位，用词应该使用"溢"。汉朝的黄金货币单位采用"镒"字，为的是摆脱秦朝对水德的崇尚，宣扬刘家天下的正统地位。繁体的刘字由卯、金、刀三部分组成，货币单位名称中用金作为偏旁部首，与刘家天下有关。

全书影印版《史记》中记载："及至秦，中一国之币为三等。"①
《史记正义》中记载："及至秦，中一国之币为三等。"② 中华书
局出版的《史记》现行版本记载，"及至秦，中一国之币为（三）
［二］等"，综合体现了各种版本之间的差异。除了在抄誊整理
时将"三"抄成"二"之外，更重要的是文中只说了两种货币，
即"黄金"与"铜钱"，很自然地让人们认为这里应该是"二"，
而不是"三"。更有《汉书·食货志》曰：

> 秦兼天下，币为二等：黄金以镒为名，上币；铜钱质如周钱，
> 文曰"半两"，重如其文。③

《汉书》与《史记》记载不同，使人们对此问题更加难以判
断。因此，在学者中间出现了不同的观点。

1975 年湖北省云梦县《睡虎地秦墓竹简·金布律》的出土，
解释了这一疑点。《金布律》中规定有布币作为货币流通的幅宽
标准、铜钱与布币的法定比价，并规定官府收支、民间交易均不
得在铜钱和布币两者中进行选择。因此说，布币作为货币流通，
是在秦朝法律强制力的支持下进行的。

同时，《金布律》中也提到，半两钱与黄金要按照法律规定
的比率进行折算。这说明，黄金同样是法定的货币。因此，战国
晚期的秦国实行的是黄金、布币和半两钱三币并行流通的货币体
系，这种货币体系在秦灭六国时被推广到全国使用。

---

①② 《史记》卷三〇《平准书》，文渊阁四库全书影印版。
③ 《汉书》卷二四下《食货志下》，中华书局 1962 年版，第 1152 页

🐉 二、二币并行流通的货币体系

公元前 202 年，楚汉战争结束，刘邦即皇帝位，建立了大汉帝国。此时，布币已经被人们废弃不用，半两钱轻劣滥恶，黄金的价值尺度作用有所加强。秦朝的黄金、布币和铜钱三币并行流通的货币体系，从此转为铜钱和黄金二币并行流通的货币体系。《汉律·二年律令·钱律》第 1 条规定：铜钱达到 0.8 寸，虽有磨损，铭文可辨，而不是断碎或铅钱，都是流通法币。金不是伪金，就是流通法金。不接受流通法币的，或不接受流通法金的，应接受处罚，罚金四两。

这条法律规定，朝廷铸造的铜钱是法定流通货币，黄金若不是假的，也是法定流通货币，不接受这两种法定流通货币的人是有罪的。

此时流通中的铜钱应该是高皇后二年（公元前 186 年）铸行的八铢钱。八铢钱铭文"半两"，法定重量 8 铢。根据昭明、马利清先生对出土实物的测量，当时八铢钱重 5—7 克（7.7—10.8 铢），直径 2.6—3.1 厘米，体大而薄，通常无郭。西汉初期每铢折合现代重量为 0.651 克。所以，汉初期八铢折合现代重量应该是 5.208 克。当时铸行的八铢钱，基本上能够达到 8 铢的重量。但是，八铢钱铭文"半两"，重量应为 7.812 克，所以八铢钱仍然属于重文不符的铜钱。西汉初期每寸折合现代 2.31 厘米。《钱律》要求铜钱直径达到 0.8 寸，即 1.848 厘米。与八铢钱实测中间值 2.85 厘米相比较，《钱律》要求的最小直径比实物小了 35.16%。与正常流通的半两钱直径还有较大的差距，就可以在法律的支持下成为行钱，即法定流通货币，这说明《汉律·二年律令·钱律》与《秦律·金布律》的规定相同，均以法律强制的手段支持不足值劣质半两钱的流通。

《史记·平准书》曰："金有三等，黄金为上，白金为中，赤金为下。"黄金是我们现代所讲的金，白金指的是银，赤金指的是丹阳铜。赤金是伪金，以铜金属假装为黄金，自然不能流通；而成色不足的金似乎是可以进入流通的。

布币在《汉律》中消失不见，说明布币已经不再是法定流通货币，大汉帝国的货币体系已经从秦朝的三币制转为二币制，即转为铜钱和黄金二币并行流通的货币体系。

三、铜钱的核心货币地位

货币是起着一般等价物作用的商品，在商品经济中发挥着价值尺度、流通手段、储藏手段、支付手段和世界货币五种职能。货币在表现商品的价值并衡量商品价值大小时，发挥价值尺度的职能。根据商品价值与货币价值所形成的价格虽然受市场供求关系的影响而波动，但是我们仍然可以通过分析价格的制定方法来探讨货币体系中各种货币的地位和职能。

秦朝三币并行流通的货币体系中，黄金贵重，不易用来对一般商品交易进行标价；布币在使用中也需要以"十一钱一布"进行折算。因此，铜钱被最多地用来对商品、劳务、债等进行标价。

《秦律·金布律》第5条规定，商品都要以铜钱标价，价格不足1枚铜钱的商品可以不标价。也就是说，商品价值超过1枚铜钱价值的商品必须明码标价。法律规定商品以铜钱标价，即法律赋予铜钱作为价值尺度的职能，这样铜钱在货币体系中自然就占据了核心的地位。

大汉帝国继承秦朝的货币法律，铜钱仍然处于核心货币地位。

四、黄金货币地位的提高

相比秦朝，大汉帝国黄金的价值尺度功能更多地体现在成文法的奖罚轻重量化尺度方面。

《汉律》中处罚黄金的例子很多，譬如：《汉律》记载，三人以上无故群饮，罚金四两。

大汉帝国时期，黄金多作为奖罚轻重量化手段，属于法定的价值尺度。然而，奖罚轻重量化虽以黄金计量，但缴纳时往往会折合成一定数量的铜钱。为什么在法律条文中量化手段使用黄金称量货币而不使用铜钱数量货币？原因可能是秦汉之际战争频繁，铜钱价值很不稳定，朝廷为了避免财政损失，采用了黄金计量保值的措施。

西汉初期，黄金充当货币的职能相当完整，具有价值尺度、流通手段、支付手段、储藏手段和世界货币的职能。彭信威先生认为：

西汉盛行黄金，为汉以后千多年间的定论。其实黄金在当时仍不能说是十足的货币。在货币的各种职能中，黄金具有价值尺度、支付手段、储藏手段和世界货币几种职能，如果能够证明它是购买手段或流通手段，它就是十足的货币了。[1]

---

[1] 彭信威：《中国货币史》，上海人民出版社 2007 年版，第 141 页。

西汉初期的黄金在法律上是具备流通手段职能的。《汉律·二年律令·钱律》。

规定在交易中不接受法定货币黄金的人，要受到法律制裁。这说明黄金是流通手段，并且是被法律保护的、不可拒绝的流通手段。

大汉帝国的黄金不仅是法定的流通手段，而且在价值尺度的功能方面相比秦朝也有所加强。

黄金作为价值尺度，一般被用来计量贵重财物的价值。譬如：

欲作露台，召工匠计之，直百金。上曰："百金中民十家之产，吾奉先帝宫室，常恐羞之，何以台为。"①

【汉文帝曾经打算建造露天平台，召来工匠计算，要花费一百斤黄金。汉文帝说："百斤黄金相当于十户中等人家的产业。我享有先帝的宫室，还常担心会辱没先帝，要露台干什么？"】

用黄金来计量一项工程的价值，或者用黄金来计量一家财产的价值，是黄金作为价值尺度的表现。

第二节
罗马帝国的货币体系

罗马帝国采用铜币、银币和金币三币并行流通的货币体系。

---

① 《史记》卷一〇《孝文本纪》，中华书局 1959 年版，第 433 页。

与大汉帝国相同，罗马帝国也施行国家垄断铸币权的法律制度。因此，钱币金属比价与商品金属比价之间出现了较大的差距。由于钱币金属比价的扭曲，制造银币可以获得利益，而制造金币则是亏损的，所以罗马帝国时期的政府很少制造金币。到了罗马帝国末期，钱币金属比价得到调整，制造金币可以获得利益，所以金币的制造增多，金币流通逐步走向繁盛。

一、从以铜币为主转向以银币为主

罗马共和国的货币体系以阿斯铜币为主。到了罗马帝国时期，其货币体系转向以狄纳里银币为主，阿斯铜币退居辅币地位。

公元前 509 年，罗马人民将暴君小塔克文赶出罗马城，罗马的王政时代结束，共和国时代开始。

在罗马共和国前期，罗马人在商品交易中使用以阿斯为重量单位的青铜称量货币，作为外来居民的希腊人则使用德拉克马银币。公元前 289 年，罗马共和国开始由国家垄断铸造阿斯铜币。阿斯即罗马磅，重量为 12 盎司，折合现代重量为 327 克。从此，阿斯铜币成为罗马共和国的核心货币。

经历了皮洛士战争（公元前 280—前 279 年）和第一次布匿战争（公元前 264—前 241 年），阿斯铜币的平均重量从 12 盎司下降至 10 盎司左右。到了第二次布匿战争（公元前 218—前 202 年）期间，阿斯铜币的平均重量下降至 2 盎司左右。

公元前 211 年，罗马市场上阿斯铜币恶币泛滥，商品交换受阻。为了挽救货币危局，支付军费开支，罗马共和国开始发行狄纳里银币，建立了比阿斯铜币更为可信、更为稳定的狄纳里银币制度。狄纳里银币的理论重量为 1/72 罗马磅，即 4.54 克。狄纳里银币替代了过去外来居民使用的德拉克马银币，于是，阿斯铜币与狄纳里银币并行流通的货币体系出现了。

金币的大量制造，发生在罗马共和国末期的将帅时代（公元前 82—前 27 年）。罗马共和国的金币被称为"奥里斯"，理论重量为 1 舍客勒，即 8.33 克，扣除制造成本和铸币税，实际平均重量为 8 克左右。奥里斯金币进入流通，标志着罗马地区铜币、银币和金币三币并行流通的货币体系构建完成。

二、铜币、银币和金币并行流通

罗马共和国时期，阿斯铜币完成了从实币向虚币的转化，狄纳里银币和奥里斯金币相继产生。到了罗马帝国时期，阿斯铜币已经是典型的虚币，与狄纳里银币、奥里斯金币一起构成三币并行流通的货币体系。

罗马帝国的货币体系建立在阿斯铜币的基础上，而阿斯铜币的价值则在很大程度上基于发行者——国家的信用。

显然，罗马在一定程度上总是基于信用来打制青铜币，但这并未妨碍它们被窖藏。[1]

迈克尔·H. 克劳福德指出，屋大维的铜币是基于信用制造的，而不是基于青铜的金属价值制造的。为了说明这一点，他指

---

[1]　［英］迈克尔·H. 克劳福德：《罗马共和国货币史》，张林译，法律出版社 2019 年版，第 298 页。

出当时银、铜的比价是扭曲的。

在采用了安息重量标准后的钱币中，银对铜的比率为1∶110，而奥古斯都的狄纳里和阿斯所隐含的银对铜的比率则为1∶55。[①]

根据有关文献的记载计算，相比迈克尔·H. 克劳福德的计算，屋大维阿斯铜币的信用性质更加明显。以公元前 211 年罗马共和国阿斯铜币和狄纳里银币的重量为基数，当时阿斯铜币的重量为 2 盎司，即 54.5 克，狄纳里银币的价值等于 10 枚阿斯铜币，即价值 545 克青铜，其币材含银量为 1/72 罗马磅，即 4.54 克白银。钱币银铜比价为：

（54.5 克 × 10）÷（327 克 ÷ 72）=120

这个结果与迈克尔·H. 克劳福德所述的比率接近。

到了屋大维统治时期，阿斯铜币的重量降至 11 克左右，而狄纳里银币的重量则降至 1/84 罗马磅，阿斯铜币与狄纳里银币的兑换比率改为 16∶1，钱币银铜比价为：

（11 克 × 16）÷（327 克 ÷ 84）=45

这个结果与迈克尔·H. 克劳福德所述的比率接近。

根据迈克尔·H. 克劳福德的计算，公元前 211 年，110 单位的铜打造成的钱币的价值，等于 1 单位白银打造成的钱币的价值；公元前 27 年，这个比例发生了较大的变化，55 单位的铜打

---

① ［英］迈克尔·H. 克劳福德：《罗马共和国货币史》，张林译，法律出版社 2019 年版，第 298 页。

造成的钱币的价值，等于 1 单位白银打造成的钱币的价值，铜的价值上升到原来的 2 倍。

我们的计算则是：公元前 211 年，120 单位的铜打造成的钱币的价值，等于 1 单位白银打造成的钱币的价值；公元前 27 年，45 单位的铜打造成的钱币的价值，等于 1 单位白银打造成的钱币的价值，铜的价值上升到原来的 2.7 倍。

无论如何，在此期间，阿斯铜币的信用化程度远远高于狄纳里银币。阿斯铜币作为核心货币被罗马共和国政府变成了虚币，而狄纳里银币仍然保持着实币的性质。阿斯铜币作为虚币，代表 1/10 狄纳里银币的价值，后来又改为代表 1/16 狄纳里银币的价值，行使货币职能，罗马共和国以此来节约铜材、支持战争。

在罗马帝国的铜币、银币和金币三币并行流通的货币体系中，狄纳里银币的货币作用逐步上升，阿斯铜币逐步退为辅币，金币仍然非常稀缺。

三、金币稀缺的主要原因

罗马帝国货币体系中的奥里斯（AUREUS）金币很少被打造，主要是因为打造金币并不能带来铸币利益，而打造银币却可以带来巨额利益。

公元前 201 年第二次布匿战争结束时，狄纳里银币的标准重量从 1/72 罗马磅减少到 1/84 罗马磅，即从 4.54 克减少到 3.89 克。此后，狄纳里银币的重量保持了相当一段时期的稳定。

公元 64 年，已经是罗马帝国初期，罗马城被大火焚毁，罗马帝国元首尼禄为了重建罗马城，通过减少银币中的金属含量来收敛钱财，将狄纳里银币的法定重量从 1/84 罗马磅降至 1/96 罗马磅，即 3.41 克。

此时，阿斯铜币的重量已经降低到 11 克左右，继续减重的空间不大；狄纳里银币更为轻小，只有 3 克多的重量，减重空间更小。所以，罗马帝国只有通过降低狄纳里银币的白银成色来铸造更多的狄纳里银币，通过让百姓手中狄纳里银币的价值缩水来实现虚币敛财的目的。于是，尼禄以后的罗马帝国各代元首在制造狄纳里银币时总是减少白银的含量，更多地加入铜金属，以便制造更多的狄纳里银币。狄纳里银币最初的成色在 90% 左右，到了戴克里先建立君主制、成为罗马皇帝的时候（公元 284 年），狄纳里银币的成色已经降到大约 3.6%。此时，狄纳里银币已经基本上是使用青铜打造的了，只是外表镀了一层白银。

我们可以想象，如果可以使用青铜铸造银币，那么有谁会使用青铜铸造铜币呢？于是，罗马帝国政府不再铸造阿斯铜币，阿斯铜币越来越少，即便只用作辅币，也不敷使用了。罗马帝国政府使用青铜铸造银币，使得铸币的利益巨增。因此，政府制造金币的意愿进一步被打击，金币的制造也就随之衰亡，故而金币变得越来越稀缺。

四、金币流通逐步走向繁盛

罗马帝国末期，政府调整钱币金银比价，使制造金币成为一件可以获取利益的事情。于是，金币被大量制造，金币流通逐步走向繁盛。

罗马帝国末期，君士坦丁皇帝实行了全面的货币改革，建

立了由减重的弗里斯（FOLLIS）铜币、代表黄金价值的西力克
（SILIQUA）银币和米拉伦斯（MILIARENS）银币以及索利多
（SOLIDUS）金币三种金属钱币组成的货币体系。

首先，君士坦丁继续发行戴克里先创建的弗里斯铜币，并使
其金属含量逐年下降，以此大规模掠夺人民。公元307—325年，
君士坦丁发行的弗里斯铜币的重量从10克左右降低至2克左右，
用铜量下降至初期的20%。

其次，君士坦丁不再制造奥里斯金币，而是改制索利多金币。
他将1/60罗马磅重量的奥里斯金币改为1/72罗马磅重量的索利
多金币，使其代表1/60罗马磅重量的黄金行使货币职能。索利
多金币比奥里斯金币的黄金用量减少了16.7%。

最后，君士坦丁开始发行西力克银币和米拉伦斯银币。

西力克银币的生产标准与当时的狄纳里银币的标准一致，1
罗马磅白银打制96枚西力克银币，每枚重量3.41克。

西力克是重量单位。

1罗马磅=12盎司=96德拉克马

1德拉克马=3斯克鲁普尔（SCRUPLE）=6奥波=18西力克

1罗马磅的重量为327克，那么1西力克的重量为：

327÷96÷18=0.189克

1西力克银币代表0.189克黄金行使货币职能，其币材使用
白银量为1/96罗马磅，即3.41克。据此计算钱币金银比价为：

3.41克（白银）÷0.189克（黄金）=1∶18

即1罗马磅黄金兑换18罗马磅白银。

公元325年，君士坦丁又生产了一种高纯度的新银币：米拉

伦斯银币，生产标准为 1/72 罗马磅，即重量为 4.54 克。此时，索利多金币的重量标准也是 1/72 罗马磅，法定 1 枚索利多金币兑换 18 枚米拉伦斯银币，钱币金银比价也是 1∶18。

公元前 6 世纪，古希腊的钱币金银比价为 1∶13.3，这个比价与商品金银比价基本相符。公元前 4 世纪，亚历山大在西亚地区将钱币金银比价改为 1∶10，这个比价与商品金银比价之间出现差异，银币价值被高估，所以银币被大量制造，金币流通逐渐萧条。公元 4 世纪，君士坦丁将钱币金银比价改为 1∶18，这个比价与商品金银比价出现另一方向的差异，金币价值被高估，所以金币被大量制造，银币流通逐渐萧条。

在君士坦丁制定的钱币金银比价制度下，制造银币的利益明显低于制造金币的利益。所以，罗马国家不再愿意制造银币，银币便逐渐退出流通，索利多金币越来越多。在此后的拜占庭帝国时期，从而使索利多金币的流通逐步走向繁盛。

第三节
安息帝国的货币体系

公元前 330 年，马其顿国王亚历山大率领军队攻陷波斯波利斯，波斯帝国灭亡。公元前 323 年，亚历山大去世，他的部将塞琉古夺得了希腊帝国版图内的最大份额。公元前 305 年，塞琉古称王，建立了塞琉古王国，都城设在安条克（今土耳其境内），版图包括小亚细亚半岛、两河流域、叙利亚、伊朗高原和部分印度地区。公元前 247 年，帕尔尼首领阿萨克斯（Arsaces）取代刚从塞琉古王国宣布独立的帕提亚总督安德拉哥拉斯，进驻达赫以南的帕提亚地区，建立了帕提亚王国。阿萨克斯在中国古语中读作"安息"，故中国古代称帕提亚王国为"安息"帝国。安息帝国是从希腊化王国中独立出来的国家，因此其货币体系继承了古希腊雅典城邦的制度风格。

一、安息帝国之前的金币制度

安息帝国主体位于伊朗高原，这里曾经是波斯帝国的疆域。安息帝国之前的伊朗高原上通行波斯帝国的金币与银币并行流通的货币制度。

波斯帝国的货币体系源于小亚细亚半岛上的吕底亚王国。吕底亚王国是西方世界最早使用钱币的国家，在它占据的小亚细亚半岛上，当时有许多古希腊殖民城邦。

公元前 550 年，居鲁士 ① 推翻了米底王国，建立了波斯帝国。公元前 547 年，波斯帝国与吕底亚王国之间爆发了战争。居鲁士率领军队攻入小亚细亚半岛，吕底亚王国灭亡。吕底亚王国实行斯塔特金币与斯塔特银币并行流通的货币制度。波斯帝国占领了吕底亚王国的地域，便继承了吕底亚王国的货币制度。

吕底亚王国的斯塔特金币采用舍客勒（SHEKEL）重量标准，理论重量为 8.33 克，扣除制造成本和铸币税，实际平均重量在 8 克左右。吕底亚王国的斯塔特银币代表 1/10 枚斯塔特金

---

① 居鲁士：即居鲁士二世，一般称为居鲁士，建立了波斯帝国。

币的价值行使货币职能，当时的黄金与白银的比价是 1∶13.3，所以，1/10 斯塔特黄金的价值等于 8 克 ÷10×13.3=10.64 克白银。1 枚斯塔特银币的重量大约为 11 克。

波斯帝国也实行金币与银币并行流通的货币体系，使银币代表一定数量金币的价值行使货币职能。

波斯帝国吞并吕底亚王国后，波斯人就开始打造钱币。公元前 522 年，大流士发动宫廷政变，成为波斯帝国的国王。就在这一年，为了筹集镇压各地起义所需的军费，大流士开始制造自己的金币"大流克"（DARIC）。大流克金币是严格依循波斯帝国的舍客勒重量标准制造的，理论重量为 8.33 克，实际平均重量与理论重量非常接近。

大流克金币主要用于发放陆军军饷，流行于小亚细亚半岛。为了渡过地中海攻打古希腊诸城邦，波斯帝国还建立了强大的海军。为了给海军发放军饷，波斯帝国发行了银币。这种银币被称为西格罗斯（SIGLOS），即希腊语的舍客勒。西格罗斯银币代表 1/20 大流克金币行使货币职能。西格罗斯这个词在这里的意思是 1/20 舍客勒黄金。当时的黄金与白银的比价仍然是 1∶13.3。所以，1/20 大流克金币的价值等于 8.33 克 ÷20×13.3=5.54 克白银的价值。因此，1 西格罗斯银币的重量大约为 5.5 克。

到了马其顿王国入侵、亚历山大改革当地货币制度的时候，波斯帝国的金币制度就走到了尽头，金币流通逐步衰败。到安息帝国兴起之时，金币已经消失不见，希腊化德拉克马银币制度在安息帝国得到全面实施。

🐉 二、马其顿王国入侵的影响

公元前 330 年马其顿国王亚历山大攻陷波斯波利斯后，废除了 1∶13.3 的钱币金银比价，建立了 1∶10 的钱币金银比价。同时，他还确立了 4.24 克的新的德拉克马重量标准。亚历山大在这里实行的货币制度，对西亚地区后来的货币制度产生了深远的影响。

以 1∶10 的钱币金银比价来取代 1∶13.3 的钱币金银比价，主观提高银币的价值，降低金币的价值，造成此后相关王国制造金币亏损、制造银币获利的局面。因此，金币日渐稀少，银币成为主要的货币。

公元前 305 年，亚历山大的部将塞琉古建立了塞琉古王国。塞琉古王国实行金币、银币和铜币三币并行流通的货币体系，金币采用斯塔特重量标准，理论重量为 1 舍客勒，即 8.33 克；银币采用亚历山大德拉克马重量标准，即 4.24 克，常见银币为四德拉克马；铜币处于辅币地位。

自公元前 305 年塞琉古建立塞琉古王国，至公元前 247 年安息帝国从塞琉古王国中独立出来，塞琉古王国的四德拉克马银币一直保持足值稳定，并且持续到以后很久。

🐉 三、安息帝国采用古希腊的货币制度

安息帝国采用古希腊的货币制度，主要货币是德拉克马银币，有一德拉克马银币、四德拉克马银币、一奥波银币、二奥波银币、三奥波银币。1 德拉克马的价值等于 6 奥波。安息

帝国还生产铜币，铜币也采用希腊化货币制度，单位为查柯（CHALKOUS），重量为2克左右。1奥波银币的价值等于8查柯铜币，1德拉克马银币的价值等于48查柯铜币。铜币有一查柯、二查柯、四查柯。

安息帝国的货币体系是银币和铜币并行流通的货币体系，其中银币为主要货币，铜币代表一定数量的银币发挥货币职能。

1枚2克重的查柯铜币代表1/48德拉克马银币的价值发挥货币职能。钱币银铜比价为：

4.24克白银 ÷48=2克青铜

4.24克白银 =96克青铜

1克白银 =22.64克青铜

从这个比价看，亚历山大时期的青铜价值远高于后来罗马帝国的青铜价值。

中国文献古籍中多有提到安息帝国及其货币的情况。司马迁的《史记·大宛列传》说：

安息在大月氏西可数千里。其俗土著，耕田，田稻麦，蒲陶酒。城邑如大宛。其属小大数百城，地方数千里，最为大国。临妫水，有市，民商贾用车及船，行旁国或数千里。以银为钱，钱如其王面，王死辄更钱，效王面焉。画革旁行以为书记。其西则条枝，北有奄蔡、黎轩。①

【安息在大月氏西面大约几千里的地方。他们习惯定居在一个地方，耕田，种水稻、麦子，出产葡萄酒。国都大小像大宛国

---

① 《史记》卷一百二十三《大宛列传》，中华书局1959年版，第3162页。

一样。所属大小城镇有好几百个,地方延伸几千里,是最大的国家。它濒临妫水,有专门交易货物的都市,老百姓和商人都用车船运货,有时运到几千里外的邻国。用白银铸造钱币,钱币上有国王的肖像,国王去世了就再更改货币,改用新国王的肖像。在皮革上书写都是用横行笔画。它的西面是条枝国,北面有奄蔡、黎轩等国。】

《汉书·西域传》对安息使用钱币的记载如下:

亦以银为钱,文独为王面,幕为夫人面,王死辄更铸钱。①

安息帝国也使用银钱,钱的正面是国王的肖像,背面是王后的肖像。国王去世了便改铸银钱。

四、从安息帝国转向萨珊帝国

公元 224 年,在安息帝国衰败及其末代君王阿尔达班五世阵亡之后,一个名叫阿达希尔的波斯人通过战争建立了萨珊帝国。萨珊帝国又称波斯第二帝国,它的统治一直延续到阿拉伯帝国入侵、公元 651 年耶兹格德三世被迫逃亡时结束。

萨珊帝国取代安息帝国成为世界四大帝国之一,并继承了安息帝国的德拉克马银币和查柯铜币并行流通的货币制度。公元 233 年,萨珊帝国的军队攻占了贵霜帝国的大面积领土,又继承了贵霜帝国的第纳尔金币制度,形成了德拉克马银币、查柯铜币和第纳尔金币三币并行流通的货币体系。

---

① 《汉书》卷九十六《西域传》,中华书局 1962 年版,第 3889 页。

第纳尔金币（DINAR）由贵霜帝国的阎膏珍国王仿照罗马帝国奥里斯金币的重量标准所创造，重量标准为 1 舍客勒。第纳尔是古波斯语对拉丁词汇"狄纳里"的称谓，意思是"由 10 个构成"。阎膏珍国王将金币命名为"第纳尔"，意思是该金币的价值等于 10 枚四德拉克马银币。在贵霜帝国，金币的价值明显被高估，制造金币可以获得巨额利益，而制造银币是亏损的。所以，贵霜帝国盛行金币。

罗马帝国首任元首屋大维创建了金币制度，1 枚奥里斯金币法定重量为 1/40 罗马磅，即 8.175 克，初期平均重量为 7.95 克，后期逐步下降。贵霜帝国国王阎膏珍比照罗马帝国奥里斯金币创建的第纳尔金币，初期平均重量为 7.93 克，此后第纳尔金币重量逐步下降。萨珊帝国早期制造和使用的第纳尔金币重量为 7.37 克左右；到萨珊帝国中期，第纳尔金币的重量被下调至 4.24 克左右。

萨珊帝国的核心货币是德拉克马银币，而不是第纳尔金币，查柯铜币也很少见。萨珊帝国的前身安息帝国更是完全不制造金币，而安息帝国的前身塞琉古王国也很少制造金币。为什么会出现这样的情形？原因是马其顿国王亚历山大改变了钱币金银比价，即从 1：13.3 改为 1：10，从而使其与商品金银比价之间出现了明显的差异。

萨珊帝国德拉克马银币的理论重量仍然是 4.24 克（亚历山大标准）。萨珊帝国前期尽管接受了贵霜帝国的第纳尔金币制度，却没有使用贵霜帝国的钱币金银比价，而是继续使用亚历山大的 1：10 的钱币金银比价。因此，萨珊帝国与贵霜帝国的钱币金银比价是不同的。贵霜帝国 1 枚第纳尔金币兑换 10 枚四德拉克马银币；而萨帝国第纳尔金币与德拉克马银币的兑换率仍然使用亚历山大的 1：10 的钱币金银比价来折算。这种兑换比率与当时的贵霜帝国的金银钱币兑换比率之间存在很大的差距。到了萨珊帝国中期，贵霜帝国已经不复存在，萨珊帝国第纳尔金币的重量被调整到 4.24 克左右。萨珊帝国虽然引进了贵霜帝国的第纳尔金币制度，但是制造第纳尔金币仍然是亏损的，所以金币很少。在第纳尔金币、德拉克马银币和查柯铜币三币并行流通的货币体系中，德拉克马银币是萨珊帝国的主要货币。

第四节

贵霜帝国的货币体系

我国东汉时期（公元 25—220 年），东汉帝国、贵霜帝国、安息帝国和罗马帝国是当时世界上的四大帝国。

贵霜帝国建国之前，当地流行古希腊的货币制度，采用银币与铜币并行流通的货币体系。贵霜帝国建国之后，继续实行这种制度，直到阎膏珍国王创建第纳尔金币制度，德拉克马银币迅速消失，形成了以第纳尔金币为主、标准重量铜币为辅的货币体系。

一、贵霜帝国建国前的货币体系

根据《后汉书》的记载，月氏被匈奴所灭，迁到大夏，将大夏分为休密、双靡、贵霜、肸顿、都密共五部翕侯管理。100 多年以后，贵霜翕侯丘就却攻灭另外四部翕侯，自己成为国王，建立了贵霜帝国（公元45—300年）。从此，丘就却攻打各地邻国，贵霜帝国日益强大。丘就却活了80多岁，去世后，他的孙子阎膏珍继承王位。

贵霜帝国建国前期（公元前130—30年），也就是五翕侯时期，当地流行古希腊货币制度，采用银币与铜币并行流通的货币体系。当地的银币主要有四德拉克马银币、二分之一德拉克马银币、一奥波银币，德拉克马银币的理论重量为4.24克。此外，当地的铜币主要有查柯铜币、四德拉克马铜币、二德拉克马铜币等，德拉克马铜币的重量只有德拉克马银币的一半，即2.12克。

贵霜帝国的开国君主是丘就却。丘就却的父亲是贵霜翕侯赫拉俄斯（公元1—30年在位）。赫拉俄斯打制的货币主要是四德拉克马银币和四德拉克马铜币。

币5-1　赫拉俄斯四德拉克马银币

注：该钱币于公元1—30年生产，重量为16克。正面图案是束头带国王头像；背面图案是国王骑像，身后有奈克女神手持花环为其加冕，周围有变写的古希腊文"TYPANNOYNTOC HPAOY KOρANOY"（贵霜的英勇君主赫拉俄斯），马腿间有古希腊文"ΣAKA"（塞克）。

资料来源：李铁生：《古中亚币》，北京出版社2008年版，第163页。

币 5-2　赫拉俄斯四德拉克马铜币

注：该钱币于公元 15 年生产，重量为 9.5 克。正面图案是束头带国王头像，周围有模糊的古希腊文；背面图案是赫拉克勒斯手持棍棒及狮皮站像，周围是佉卢文。

有学者认为，这种四德拉克马铜币应该是四查柯铜币。

二、阎膏珍创建第纳尔金币制度

贵霜帝国的主要货币是第纳尔（DINAR）金币。

阎膏珍（公元 105—140 年）在位时期创建了第纳尔金币制度。他创建的金币名叫"διναρο"，中文译作"第纳尔"。"第纳尔"是古波斯语对拉丁词汇"狄纳里"（DENARIUS）的称谓。狄纳里是罗马共和国时期银币的名称，源于拉丁文"dini"（10），意思是 10 枚阿斯铜币的价值。罗马共和国时期，1 狄纳里银币的价值等于 10 阿斯铜币的价值。屋大维时期，狄纳里银币的法定重量为 1/84 罗马磅，即 3.89 克。从金属类别和重量上看，阎膏珍创建的金币第纳尔，虽然与罗马共和国狄纳里银币的名称相同，却不是按照其标准重量打制的，而是采用了舍客勒重量标准和西方世界最早的金币——吕底亚王国斯塔特金币的重量标准，即 8 克左右。

除了舍客勒重量标准和斯塔特金币重量标准，阎膏珍创建第纳尔金币制度的另外两个来源是波斯帝国国王大流士制定的大流克金币制度和罗马帝国元首屋大维制定的奥里斯金币标准。

公元前547年，波斯帝国国王居鲁士攻灭吕底亚王国，俘虏了克洛伊索斯国王，继承了吕底亚王国的重量制度和货币制度。公元前522年，波斯帝国国王大流士创建了"大流克"金币制度，大流克金币的重量标准为1舍客勒，最初重量为8.33克。

公元前27年，罗马元老院授予屋大维"奥古斯都"的称号，开启了罗马帝国的历史。屋大维将罗马奥里斯金币的重量标准定为1/40罗马磅。1罗马磅的重量是327克，1/40罗马磅的重量就是8.175克。

阎膏珍统治时期，贵霜王朝开始采用"第纳尔"这个名称发行金币。从此，"第纳尔"作为货币名称在世界各地广泛传播。阿拉伯帝国兴起后，继续使用"第纳尔"作为货币单位，第纳尔向更为广阔的地区传播。蒙古人打败了阿拉伯人，建立了伊利汗国，不再使用"第纳尔"作为货币单位。但是，仍有许多王国和地区继续使用"第纳尔"作为货币单位。直到目前，使用"第纳尔"作为货币单位的国家仍有阿尔及利亚、伊拉克、科威特、塞尔维亚、巴林、突尼斯、马其顿、约旦、利比亚等。

三、德拉克马银币迅速消失

阎膏珍创建第纳尔金币制度之后，德拉克马银币迅速消失，贵霜帝国出现了以第纳尔金币为主、标准重量铜币为辅的二币并行流通的货币体系。

　　贵霜帝国与罗马帝国是同时存在的两个帝国。贵霜帝国的第纳尔不同于罗马帝国的狄纳里。第纳尔是金币，狄纳里是银币。此外，第纳尔金币的重量与狄纳里银币的重量也不相同。此时，罗马帝国的狄纳里银币的理论重量为 1/96 罗马磅，即 3.41 克，而贵霜帝国的第纳尔金币的理论重量为 1/40 罗马磅，即 8.175 克。扣除成本及铸币税，贵霜帝国的第纳尔金币初期平均重量为 7.95克，后期逐步下降。

币 5-3　贵霜王朝第纳尔金币

注：该钱币制造于公元 105—140 年，重量为 7.93 克。正面图案是国王戴冠面右半身像，手持权杖或斧头，肩头有火焰，下方有浮云，周围币文为希腊文"BACIΛEYC OOHMO KAΔΦICHC"（维玛·卡德费西斯国王）；背面图案是湿婆手持三叉戟和狮皮裸身站像，左方为国王徽记，右方为佛教三宝徽记，周围是佉卢文。

资料来源：李铁生：《古中亚币》，北京出版社 2008 年版，第 170 页。

　　维玛·卡德费西斯是贵霜帝国国王阎膏珍的名字。

　　在创建第纳尔金币之前，贵霜帝国制造和使用四德拉克马银币。阎膏珍之所以将金币的名称确定为"第纳尔"，是为了表示金币与银币之间的比价。1 第纳尔金币的价值等于 10 枚四德拉克马银币的价值。正是这个比价，使制造银币出现了巨额亏损，贵霜帝国不再制造德拉克马银币，第纳尔金币成为贵霜帝国的主要货币。

❀ 四、德拉克马银币消失的原因

世界古代金属货币主要是由三种金属制造的三种钱币：金币、银币和铜币。三种金属和三种钱币之间的比价被分为两种类型：一是商品金属比价，二是钱币金属比价。相同时间、相同地点的商品金属比价往往与钱币金属比价不同，原因是商品金属比价取决于市场定价，而钱币金属比价取决于政府对不同金属钱币之间规定的兑换比率。

商品金属比价又可以分为三种：商品金银比价，商品金铜比价，商品银铜比价。钱币金属比价也可以分为三种：钱币金银比价，钱币金铜比价，钱币银铜比价。

在贵霜帝国建国之前，当地沿袭古希腊的货币制度，德拉克马银币理论重量使用亚历山大 4.24 克的重量标准。公元前 4 世纪，亚历山大在建立 4.24 克新德拉克马重量标准时废除了吕底亚王国 1∶13.3 的钱币金银比价，建立了 1∶10 的钱币金银比价。这一比价使制造银币可以获得巨大利益，制造金币则出现亏损，所以西亚地区银币流通逐步繁盛，金币很少被制造。

阎膏珍创建第纳尔金币制度时废除了亚历山大 1∶10 的钱币金银比价，建立了新的钱币金银比价。这一比价使制造金币可以获得巨大利益，制造银币则出现亏损。于是，金币流通逐步繁盛，银币逐步消失不见。

在贵霜帝国的货币制度下，第纳尔金币的平均重量为 7.93 克，出土较多；四德拉克马银币的平均重量为 17.0 克，出土非常稀少。1 枚第纳尔金币法定兑换 10 枚四德拉克马银币。钱币金银比价为：

4.24 克 × 4 × 10 ÷ 7.93 克 =21.39

相比吕底亚王国 1：13.3 的钱币金银比价，这一比价使制造金币可以获得 21.39–13.3=8.09 单位白银的利益；相比亚历山大 1：10 的钱币金银比价，这一比价使得制造金币可以获得 21.39–10.0=11.39 单位白银的利益。在这种情形下，制造银币会出现巨大亏损。所以，贵霜帝国的银币迅速消失，金币充斥市场，少量铜币则成为金币的辅币。

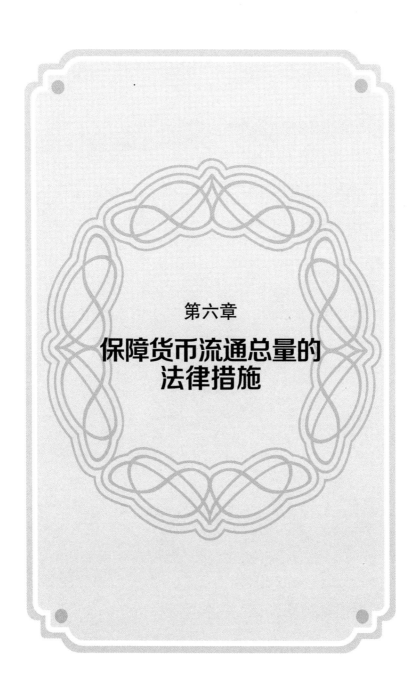

第六章

保障货币流通总量的法律措施

货币法制的建立，表现在国家颁布专门的货币制度。专门货币立法的核心内容，一是国家对于造币的垄断，禁止百姓制造钱币；二是在不同货币之间建立法定比价，从而形成各种形式的实币与虚币并行流通的货币制度；三是禁止百姓拒收虚币，法律支持虚币的流通，让虚币与商品之间的"非等价交换"得以稳定持续进行；四是禁止百姓将钱币销毁、转移境外、储藏，以保障货币流通总量能够满足市场商品交换和国家财政收支的需要。

第一节

法律禁止百姓销毁铜钱

迄今为止，出土最早的古代成文法中关于禁止百姓销毁钱币的法律，是记载在湖北省江陵县张家山汉墓竹简上的《二年律令·钱律》。《二年律令》是高皇后二年（公元前186年）刘邦的妻子吕雉颁布的法律。

一、汉律禁止百姓销毁铜钱

西汉初期《二年律令·钱律》第2条规定：

故毁销行钱以为铜、它物者，坐臧（赃）为盗。[1]

【故意销毁法定流通的铜钱，将其熔为铜材料或制造成其他铜器物者，要按"盗"的罪名处罚。】

虽然汉朝已经扭转了秦朝重刑主义的立法思想，但是对盗的处罚依然十分严厉。反秦战争时期，刘邦率军攻入秦都咸阳时废除了秦朝苛法，与关中父老约法三章：

杀人者死，伤人及盗抵罪。[2]

【对杀人者处于死刑，对伤人者及盗者治罪。】

随着汉王朝政权的确立，政治经济形势发生了变化，只对三种犯罪予以制裁已经不足以抵御社会上的犯罪问题。

三章之法，不足以御奸。[3]

于是，相国萧何制定《九章律》，确立了汉王朝的法律制度。《二年律令》应是在《九章律》的基础上建立的。《二年律令·盗律》规定：

盗臧（赃）直（值）过六百六十钱，黥为城旦舂。六百六十钱到二百廿钱，完为城旦舂。不盈二百廿钱到百一十钱，耐为隶臣妾。不盈百一十钱，到廿二钱，罚金四两。不盈廿二钱到一钱，

---

[1] 张家山二四七号汉墓竹简整理小组：《张家山汉墓竹简·二年律令·钱律》，文物出版社 2006 年版，第 35 页。

[2] 《史记》卷八《高祖本纪》，中华书局 1959 年版，第 362 页。

[3] 《汉书》卷二三《刑法志》，中华书局 1962 年版，第 1096 页。

罚金一两。①

【一个大盗窃脏物的价值超过 660 钱，脸上刺字，罚做建筑城墙或舂米的劳役；盗窃不足 660 钱但超过 220 钱，免去肉刑，剃去头发和鬓须，罚做建筑城墙或舂米的劳役；不足 220 钱但超过 110 钱，剃去鬓须，罚做隶臣妾；不足 110 钱但超过 22 钱，罚金 4 两；不足 22 钱但超过 1 钱，罚金 1 两。】

销毁法定流通的铜钱，坐赃为盗，即销毁铜钱者依据《盗律》量刑。销毁铜钱 110 枚，按照《盗律》的量刑，便达到了"耐为隶臣妾"的处罚，即剃去鬓须，罚做隶臣妾。汉初法律对毁销法定流通钱币者给予如此严厉的打击，说明当时存在着一定程度的钱荒。高皇后二年（公元前 186 年），战争已经结束大约 20 年了。经历了一段和平时代的休养生息，社会生产和社会财富得到大幅度的增加，而青铜铸币的流通增量可能跟不上社会财富的增量，因此出现了铜钱流通总量不足的问题。此外，上述法条中的数字均为 11 的倍数。用 11 的倍数作为法条中半两铜钱的数量，源于战国时期秦国《金布律》中关于 11 钱兑换 1 布的法定钱布比价。经历了反秦战争和楚汉战争的长期动荡和铜钱减重，又经历了西汉初期的经济恢复和废黜布币，11 枚铜钱兑换 1 块布币的比价已经不存在。由此推论，这种情形应该是萧何在制定《九章律》时吸收了《秦律》的法条，维持了铜钱数量采用

---

① 朱红林：《张家山汉简〈二年律令〉集释》，社会科学文献出版社 2005 年版，第 54 页。

11 倍数的习惯。

二、唐律禁止百姓铸造铜器

唐朝出现了铜材不足的问题，为了保障铸造铜钱的铜材供应，唐朝实行禁止百姓铸造铜器的法律。唐朝下令禁止百姓铸造铜器，发生在唐代宗大历七年（公元 772 年）：

大历七年，禁天下铸铜器。[①]

【唐代宗大历七年（公元 772 年），法律禁止全国铸造铜器。】

此时的唐王朝，刚刚从安史之乱的困境中摆脱，战争消耗了大量的铜钱，军械更消耗了大量的铜材，导致市场上铜材短缺，铜器昂贵。所以，百姓销毁铜钱铸造铜器可以获得暴利。朝廷禁止百姓铸造铜器，铜器稀缺，价格更加昂贵，带动了铜材价格的上升。当铜材价格超过铜钱价格时，朝廷铸造铜钱就出现了亏损。

公元 779 年，唐代宗去世，他的儿子李适继位，是为唐德宗。安史之乱造成地方藩镇权力扩大，为加强中央集权，唐德宗决定加强军事，整治那些不服从中央命令的藩镇。加强军事需要钱，宰相杨炎建议实行"两税法"，将收缴国税的方式从收缴粮帛改为收缴铜钱。

公元 780 年，唐德宗诏令实行"两税法"，并发动了攻打藩镇的战争。此时，唐王朝改"量入为出"的财政收支原则为"量

---

① 《新唐书》卷五四《食货四》，中华书局 1975 年版，第 1388 页。

出为入"，战争开支多少钱，朝廷便从民间收缴多少钱。于是，只用了一年时间，民间的铜钱便被朝廷收缴一空。然而，铜钱稀缺，铜材价格更贵，朝廷长期限制铸造铜器，铜器价格暴涨，进一步加大了铜钱与铜材之间比价的扭曲。

唐德宗贞元九年（公元 793 年），大臣张滂奏曰：

诸州府公私诸色铸造铜器杂物等。伏以国家钱少，损失多门。兴贩之徒，潜将销铸，钱一千为铜六斤，造写器物，则斤直六百余。有利既厚，销铸遂多，江淮之间，钱实减耗。伏请准从前敕文，除铸镜外，一切禁断。[1]

【关于各州府公私铸造铜器杂物等事，窃以国家钱少，其损耗是多方面的。贩卖钱币的一伙人，暗中销毁钱币铸造铜器，每 1000 枚铜钱合铜 6 斤，而铸造铜器，则每斤值 600 余钱。获利既厚，销毁铜钱铸造铜器的就多，江淮地区间，钱币实际上减损了。谨请依照以前的旨令，除铸造铜镜外，其他一切铜器禁止铸造。】

销毁 1000 枚铜钱可以得到 6 斤铜，打造成为铜器，每斤铜器可以卖得 600 枚铜钱，6 斤铜器就可以卖得 3600 枚铜钱。因此，销毁 1000 枚铜钱铸造铜器，可以获利 2600 枚铜钱，销钱铸器的利益如此巨大，自然屡禁不止。

---

[1] 《旧唐书》卷四八《食货上》，中华书局 1975 年版，第 2101 页。

✦ 三、唐律规定销毁铜钱者处死

汉律规定百姓销毁铜钱要依据《盗律》进行处罚，销毁铜钱与盗窃同罪。唐朝则规定销毁铜钱者处死，唐朝对于销毁铜钱的处罚明显比汉朝更加严厉。

上文讲到，《旧唐书》记载，大臣张滂的建议是严格过去的法令，除了铸造铜镜之外，禁止铸造一切铜器。对此，《新唐书》也有记载：

> 销千钱为铜六斤，铸器则斤得钱六百，故销铸者多，而钱益耗……诸道盐铁使张滂奏禁江淮铸铜为器，惟铸鑑而已。十年，诏天下铸铜器，每器一斤，其直不得过百六十，销钱者以盗铸论。然而民间钱益少，缯帛价轻，州县禁钱不出境，商贾皆绝。①

【销熔 1000 枚官钱可得铜 6 斤，将铜再铸成器物每斤可得 600 枚铜钱，所以销官钱铸器物的人很多，钱币日益减少……各道盐铁使张滂奏请朝廷禁止江淮地区用铜铸器，只许用铜铸造铜镜。贞元十年（公元 794 年），唐德宗下令全国允许铸造铜器，每件器物的重量限一斤，价格不得超过 160 钱，销毁钱币的人以盗铸罪论处。但民间的钱还是越来越少，缯帛价格很低，各州县都禁止带钱出境，商人绝迹。】

唐德宗下令销毁铜钱者比照盗铸治罪，即处以死刑，打击力

---

① 《新唐书》卷五四《食货四》，中华书局 1975 年版，第 1388 页。

度之强，说明当时销钱铸器的问题已经严重到朝廷无法容忍的程度。除了以死刑威慑，唐德宗还命令天下铜器的价格每斤不得超过 160 枚铜钱，即与铜钱价格相等，1 斤铜器重量为 16 两，价格为 160 钱。此时唐朝的法令禁止铸造铜器，铜器已经成为十分稀缺的奢侈品，市场价格昂贵，法律规定这种奢侈品的价格上限远低于市场价格，自然有行无市。

四、宋律禁止百姓销毁铜钱

到了宋朝，铜器的价格仍然远远高于铜钱。

唐德宗时期钱荒爆发以后，唐王朝一直贯彻禁止百姓铸造铜器的法令。所以，直到宋朝，民间铜器仍然十分稀少，成为供不应求的奢侈品，每斤铜器的价格远高于每斤铜钱的价格。因此，百姓销毁铜钱铸造铜器可以获得巨大利益。宋朝初期，百姓销毁铜钱的问题十分严重，宋王朝不得不采取非常严厉的措施。宋太宗淳化二年（公元 991 年），皇帝诏曰：

京城先是无赖辈相聚蒲博，开柜坊、屠牛马驴狗以食、私销铸铜钱为器用杂物，并令开封府严戒坊市捕之，犯者斩，隐匿而不以闻及居人邸舍傮与恶少为柜坊者，并同其罪。[1]

【近期以来，京城里流氓无赖聚集赌博、开柜坊、杀牛马驴狗吃肉、私自销毁铜钱铸造铜器杂物，现命令开封府严查市场搜捕，处犯法者死刑，藏匿犯人不报并将房屋租给这些流氓无赖开

---

[1]　（清）徐松：《宋会要辑稿》卷一六五《刑法二》，第 4 段，中华书局 1957
年版，第 6497 页。

办柜坊的人，以同罪处罚。】

北宋初期太宗年间，皇帝诏令，对销毁铜钱铸造铜器者处以死刑，藏匿不报或提供房屋处所者，也处以死刑。《宋刑统》亦规定，对销毁铜钱铸造铜器者要"依格敕处断"。

将铜钱销铸，别造物色，捉获勘鞫不虚，并依格敕处断。[①]

【将铜钱销毁，铸造其他物器，捉获审查罪名核实之后，便依有关法律惩处。】

由此可知，宋朝对销毁铜钱铸造铜器者的惩罚是相当严厉的。南宋时期有对销毁铜钱者的惩罚增加结保、连坐的规定。

五月十九日，户部言："禁戢私铸铜器，已有见行条法罪赏，若私置炉烹炼、钰销磨错蔺鏊钱宝，铸造铜器，乞以五家结为一保，自行觉察。除犯人依条外，若邻保内不觉察，亦乞依私铸钱邻保知而不纠法。"诏依。[②]

【宋高宗绍兴五年（公元 1135 年）五月十九日，户部奏曰："关于禁止私铸铜器，法律已有现行赏罚条文。若有人私自置炉冶炼，或销磨剪凿铜钱，取铜屑铸造铜器，请令五家结保，互相监督。除了犯法者要按照法律处罚之外，若结保户未能察觉，请按照私铸钱邻保知晓而不告发的法律惩处保户。"皇帝诏令依此建议办理。】

---

① 《宋刑统》卷二六《私铸钱》，中华书局 1984 年版，第 408 页。

② （清）徐松:《宋会要辑稿》卷一六五《刑法二》，第 148 段，中华书局 1957 年版，第 6569 页。

　　皇帝批准了户部的建议，百姓五家结为一保，互相监督毁钱铸器的行为，一家违法，邻保不告发也要被治罪。宋高宗绍兴六年（公元1136年）诏曰：

　　自今铸熔钱宝及私以鍮铜制造器物及买卖新贩之人，一两以上并徒二年，本罪重者，自从重，偿钱三百千，许人告。邻保失察铸造者，偿钱二百千。[①]

　　【从今以后，销毁铜钱、私自用鍮石制造铜器及买卖铜材铜器者，交易1两徒刑2年。违犯两种罪行，按照重的罪行种类处罚，罚钱30万文，允许百姓告发。邻居保户未能察觉也要处罚，罚钱20万文。】

　　对销毁铜钱或用铜材铸造铜器涉及铜材重量在1两以上者，处罚为徒刑2年，罚款30万文铜钱。邻保的责任也很重，邻保若没有觉察，没有告发，就要被处以罚款20万文铜钱，罚款金额高达犯罪金额（1两）的2万倍。宋宁宗庆元二年（公元1196年），法律规定对于销毁铜钱铸造铜器者，处以终身流放。

　　禁销钱为铜器，买者科违制之罪，仍以匿隐论。其炉户决配海外，永不放回，仍许告捕。[②]

---

　　① （宋）李心传：《建炎以来系年要录》卷一〇一《绍兴六年》，中华书局1956年版，第1663页。

　　② （宋）李心传：《建炎以来朝野杂记》甲集卷一六《铸钱诸监》，中华书局2000年版，第358页。

【禁止销毁铜钱铸造铜器。买铜器者按照违制的条例治罪，并按照匿隐的量刑处罚。设置铸炉的人家要发配海外，永远不许放回。对此类犯罪行为，允许百姓告发并协助捉捕。】

第二节

法律禁止百姓挟带货币出境

为了保障货币流通总量充足，避免货币流失，中国古代设有禁止百姓挟带货币出境甚至禁止百姓挟带币材金属出境的法律。

一、汉律禁止百姓挟带黄金、铜材出境

《二年律令·津关令》中有 3 条规定涉及铜和黄金出入关隘的管理事宜。《津关令》第 2 条规定：

> 制诏御史，其令扞关、郧关、武关、函谷〔关〕、临晋关，及诸其塞之河津，禁毋出黄金，诸奠黄金器及铜，有犯令……[1]

【御史大夫命令，扞关（今四川省奉节县东）、郧关（今湖北省郧县东北）、武关（今陕西商州东）、函谷关（今河南灵宝市西南）、临晋关（今陕西大荔县东朝邑镇东北）及各河津要塞，禁止黄金、各种黄金器皿和铜出境，有违犯命令者……】

---

[1] 张家山二四七号汉墓竹简整理小组：《张家山汉墓竹简·二年律令·津关令》，文物出版社 2006 年版，第 83 页。

据此可知，汉初期黄金和黄金装配的器皿，以及铜材、铜器等，都是法禁出境的。法条中所讲述的关，从北向南连成一线，是扼守着西汉通向西域主要道路的关隘。我们现在看到的该法条只残存半条，下文应是对违禁者的处罚办法。由于下文佚失，我们不知道对违禁者规定了何种处罚。但是，我们可以从《津关令》其他关于违令处罚的规定中发现一些信息。《津关令》对擅自出关者有如下的处罚办法。《津关令》第 1 条规定：

御史言，越塞阑关，论未有□，请阑出入塞之津关，黥为城旦舂；越塞，斩左止〔趾〕为城旦；吏卒主者弗得，赎耐；令、丞、令史，罚金四两。①

【御史大夫说，没有批件出入关塞者，要论罪处罚。没有批件出入津关者，处以脸上刺字，罚做城旦舂的劳役；出入要塞者，斩左脚趾，罚做城旦。有关负责官吏未能及时察觉，罚款并剃鬓须。令、丞、令史等上级官员，处罚黄金 4 两。】

从上述法条来看，各类人等出关越塞，都需要有朝廷的批件。

二、挟带黄金、铜材出境要有官方批文

无符传出入为阑。②

【没有批件便出关越塞，被称为"阑"。】

---

　①　张家山二四七号汉墓竹简整理小组：《张家山汉墓竹简·二年律令·津关令》，文物出版社 2006 年版，第 83 页。

　②　《史记》卷一二〇《汲黯传》，中华书局 1959 年版，第 3110 页，《史记集解》，引臣瓒言。

越塞阑关，是违法犯罪的，要受到严厉的处罚。违令者的主管及相关官员，都要受到牵累和处罚。比较而言，越塞比阑关的处罚更重。

《津关令》中另一项法条规定了金器入关复出的合法程序。

《津关令》第3条规定：

> 制诏御史，其令诸关，禁毋出私金器□□。其以金器入者，关谨籍书，出复以阅，出之。籍器，饰及所服者不用此令。[①]

【御史大夫命令，各关隘禁止金器出境。有人若想带金器入关，要填写携带金器入关表格，待出关时检阅，情况属实则可将金器携带出境。已有登记的金器、首饰、身上佩戴的金饰，不在此命令管辖之内。】

黄金、铜是不能出境的。但是，如果有人带黄金入关，可以登记，出关时凭登记带出。身上饰物金，不登记便可带进带出。由此可见，汉初期，商品经济的发展需要有更多的货币金属。因此，黄金及铜都是限制输出而不限制输入的。黄金及铜过关，不仅受到严格的限制，而且可能要纳税。《九章算术·均输章》第15题：

> 今有人持金十二斤出关。关税之，十分而取一。今关取金二斤，偿钱五千。问金一斤值钱几何？答曰：六千二百五十。[②]

【有人带黄金12斤出关，关税是1/10。交给关隘黄金2斤，

---

① 张家山二四七号汉墓竹简整理小组：《张家山汉墓竹简·二年律令·津关令》，文物出版社2006年版，第84页。

② 郭书春译注：《九章算术》，辽宁教育出版社1998年版，第359页。

退还铜钱 5000 枚。问：黄金 1 斤值铜钱多少？回答：黄金 1 斤值铜钱 6250 枚。】

《九章算术》给我们传递的信息是，如果带黄金出关，即使具备朝廷的批文，也是要征税的，其税率是 10%。《九章算术》的信息与《津关令》中的规定之间存在矛盾。根据《津关令》，黄金与铜是不能出关的，而《九章算术》却说黄金出关要缴纳 10% 的关税。究竟如何，是否秦、汉初期相关法规有过一些变化，还需要进一步的考证。

三、唐律禁止百姓挟带铜钱出境

唐德宗贞元初年（公元 785 年），朝廷开始在骆谷、散关禁止过关者挟钱出境，即使挟带 1 枚铜钱出境都是犯禁的行为。

贞元初，骆谷、散关禁行人以一钱出者……然而民间钱益少，缯帛价轻，州县禁钱不出境，商贾皆绝。浙西观察使李若初请通钱往来，而京师商贾齎钱四方贸易者，不可胜计。诏复禁之。二十年，命市井交易，以绫、罗、绢、布、杂货与钱兼用。①

【唐德宗贞元初年（公元 785 年），通过骆谷、散关的行人，携带 1 枚铜钱出境都是违法的……但民间的钱还是越来越少，缯帛价格很低，各州县都禁止带钱出境，商人绝迹。浙西观察使李若初请求朝廷开放铜钱过境，于是京城商人带钱往各地做买卖的不计其数。唐德宗便又下诏禁止铜钱出境。贞元二十年（公元

---

① 《新唐书》卷《食货四》，中华书局 1975 年版，第 1388 页。

804 年），唐德宗下令，在市场交易中，绫、罗、绢、布、杂物和钱都可以作为货币使用。】

即便各项法令面面具到，钱荒的问题仍然得不到解决。于是，唐德宗又出新政，强调布帛的法定货币地位。贞元二十年（公元 804 年），唐德宗诏令市场开放商品交换，在支付货币时，要并行使用部分铜钱和部分布帛、杂货。元和六年（公元 811 年），唐宪宗诏令公私交易在 10 贯以上的需兼用布帛。

六年二月，制："公私交易，十贯钱已上，即须兼用匹段。"[1]

然而，钱荒日益严重，物价持续下降，严重地损害了生产。谷贱伤农，帛贱伤工，朝廷还得继续想办法。唐宪宗元和八年（公元 813 年）、十二年（公元 817 年），朝廷两次出内库铜钱 50 万贯收买布帛，以遏制物价的下跌。

八年四月，敕："以钱重货轻，出内库钱五十万贯，令两市收市布帛，每匹估加十之一"。[2]

【元和八年（公元 813 年）四月，唐宪宗诏令说："由于铜钱的价格贵重而商品的价格低贱，令内库拨出 50 万贯铜钱，命令东西两市收购布帛，每端匹加价十分之一。"】

十二年正月，敕："泉货之设，故有常规，将使重轻得宜，

---

① 《旧唐书》卷四八《食货上》，中华书局 1975 年版，第 2102 页。

② 《旧唐书》卷四八《食货上》，中华书局 1975 年版，第 2103 页。

是资敛散有节，必通其变，以利于人。今缯帛转贱，公私俱弊。宜出见钱五十万贯，令京兆府拣择要便处开场，依市价交易，选清强官吏，切加勾当。"①

【元和十二年（公元817年）正月，唐宪宗又诏令说："货币的发行，自古以来就有一定的规律，要想使币值贵贱适当，就必须对货币的回收和发行加以调节，还必须了解它的变化规律，才能对百姓有利。现在绢帛的价钱反而变贱，这对公私都有害。应当拨出现钱50万贯，令京兆尹选择要冲而又方便的地方开设市场、按市价交易，选派清正干练的官吏，切实加以管理。"】

唐宪宗元和十年（公元815）发兵讨伐淮西吴元济，元和十二年（公元817年）平定淮西。就在平定淮西战争的前后，朝廷两次用50万贯现钱收购布帛，抬高物价，应属战争中的亲民表示，目的在于收买人心。但是，用50万贯现钱来抬高物价，对于战争频繁、钱荒严重的大唐王朝，实在是杯水车薪。

四、宋律禁止百姓挟带铜钱出境

禁止百姓挟带铜钱出境，是宋朝货币法规中最为重要的内容。宋朝以前，关于禁止百姓挟带铜钱出境的法律较少，唐朝钱荒爆发之后，此类法律规定增多。宋朝针对百姓挟带铜钱出境制定了非常严格的处罚办法。

太祖建隆三年敕："如闻近日缘边州府，多从蕃部将钱出界，

---

① 《旧唐书》卷四八《食货上》，中华书局1975年版，第2103页。

枉钱销熔。许人告捉，不以多少，并给与告人充赏。其经历地分应干系兵校，并当重断，十贯已上处死。"[1]

【建隆三年（公元962年），宋太祖敕令："据报告近日边境州府地区有许多人携带铜钱从蕃部出境，将钱销熔。对此违法行为，允许百姓告发和协助捉捕。无论违法者携带铜钱多少，全部赏给告发人。其携带铜钱出境所经地区，沿路军人应该负责，严厉打击犯罪行为，携带多于10贯铜钱出境者，处以死刑。"】

挟钱10贯出境，罪至处死，此法可谓十分严厉。然而，不久之后，宋太祖开宝元年（公元968年），朝廷加大了对挟钱出境的打击力度，将挟钱10贯以上者处死改为挟钱5贯以上者处死。

九月壬午，诏曰："旧禁铜钱无出化外，乃闻沿边纵驰，不复检察。自今五贯以下者，抵罪有差；五贯以上，其罪死。"[2]

【开宝元年（公元968年）九月壬午日，宋太祖诏令："过去法律禁止铜钱出境，近期据报告延边地区执法松弛，对行人不加检查。自今以后，携带少于5贯铜钱出境者，按其携带数量治罪；携带超过5贯铜钱出境者，处以死刑。"】

宋仁宗康定元年（公元1040年），宋夏战争爆发，宋军大败于三川口。第二年，宋朝再次修订对挟钱出境者的刑罚律条。

---

① （宋）章如愚：《群书考索》卷六〇《财用铜钱》，广陵书社2008年版，第805页。

② （宋）李焘：《续资治通鉴长编》卷九《开宝元年》，中华书局1992年版，第207页。

乙卯，诏："以铜钱出外界，一贯以上，为首者处死；其为从、若不及一贯，河东、河北、京西、陕西人决配广南远恶州军本城，广南、两浙、福建人配陕西。其居停资给者，与同罪。"①

【庆历元年（公元1041年）乙卯日，宋仁宗诏令："携带铜钱1贯以上出境，为首者处死；为从者或携带铜钱1贯以下出境者，若为河东、河北、京西、陕西人，则发配到广南远恶州或军的本城；若为广南、两浙、福建人，则发配到陕西。为这些人提供居住、停留、路费者，同罪处罚。"】

此次修订刑罚律条，将挟钱5贯出境者处死，改为挟钱1贯以上出境者处死，法令愈加严酷。南宋时期相关法律有所宽松，绍兴二十八年（公元1158年），南宋朝廷颁布《铜钱出界罪赏》：

诸以铜钱与蕃商博易者，徒二年，千里编营；二贯流二千里，二十贯配广南，出中国界者，递加一等，三千贯配远恶州，许人捕。②

【凡以铜钱与番商交易者，处以徒刑两年，到千里之外服刑；交易金额达到两贯者，流放两千里；交易金额达到20贯者，发配到广南。交易铜钱出中国境者，罪加一等；交易金额达到三千贯者，发配远恶州。允许百姓协助捉捕。】

---

① （宋）李焘：《续资治通鉴长编》卷一三二《庆历元年》，中华书局1992年版，第3122页。

② （宋）李心传：《建炎以来系年要录》卷一八〇《绍兴二十八年》，中华书局1956年版，第2984页。

文中"三千贯配远恶州"应为"三十贯配远恶州"。与"一贯以上，为首者处死"的法条相比较，南宋法律对挟钱出境者的处罚明显减轻，其中缘由是南宋时期的货币需求量已经远不如北宋时期那样巨大和迫切了。

第三节
法律禁止百姓储藏铜钱

唐德宗实行两税法引发了钱荒，经久不息的钱荒再加上朝廷征收铜钱，使百姓不敢将铜钱花掉，蓄钱之风骤起。然而，人人蓄钱，钱荒更加严重，所以朝廷又出禁止蓄钱之令。唐宪宗颁布法令禁止百姓储藏铜钱。这一法律执行效果不佳，权贵们阳奉阴违，变着法子逃避法令的制约，百姓也偷藏铜钱，使得朝廷无计可施。唐宪宗颁布的禁止百姓储藏铜钱的法令便以失败告终。

一、唐律禁止百姓储藏铜钱

元和三年（公元 808 年），百姓蓄钱之势凸显，唐宪宗抛出颁布禁蓄钱令之前的告示：

泉货之法，义在通流。若钱有所壅，货当益贱。故藏钱者得乘人之急，居货者必损己之资。今欲著钱令以出滞藏，加鼓铸以资流布，使商旅知禁，农桑获安，义切救时，情非欲利。若革之无渐，恐人或相惊。应天下商贾先蓄见钱者，委所在长吏，令收市货物，官中不得辄有程限，逼迫商人，任其货易，以求便利。计周岁之后，此法遍行，朕当别立新规，设蓄钱之禁。所以先有告示，许有方圆，意在他时行法不贷。[①]

【法定货币的意义在于促进流通。如果钱币积滞不流通，货物就会更贱。因此，储藏钱币的人就会趁着别人家困难急迫的时候来获得利益，积存货物的人就一定会亏损资金。现在，一方面要申明关于钱币的禁令，使积藏的钱币拿出来用，另一方面要增加铸钱，以满足流通需要，使商人行旅知道禁令，农桑民户得以安心，其本意是出于补救当前局势的急需，动机不是想要谋利。如果改革不是逐步地进行，深恐百姓会互相惊扰。全国商人凡原先储藏现钱的，着由当地长官命令他们用钱币收购货物，官府不得任意规定期限以逼迫商人，听凭他们买卖，以求便利。预计一年之后，这种办法普遍施行，朕当另行制定新的禁止储藏钱币的法规。之所以先发布告示，允许酌情权益办理，用意在于它日实行法令时就不予宽贷了。】

二、禁止百姓储钱法令的颁布

皇帝诏示百姓，晓之以理，动之以情，要求蓄钱的人，将钱拿出来购买货物。元和十二年（公元817年），唐宪宗正式下令禁止蓄藏铜钱。

近日布帛转轻，见钱渐少，皆缘所在壅塞，不得通流。宜令京城内自文武官僚，不问品秩高下，并公郡县主、中使等，下至

---

① 《旧唐书》卷四八《食货上》中华书局1975年版，第2101—2102页。

士庶、商旅、寺观、坊市，所有私贮见钱，并不得过五千贯。如有过此，许从敕出后，限一月内任将市别物收贮。如钱数较多，处置未了，任于限内于地界州县陈状，更请限。纵有此色。亦不得过两箇月。若一家内别有宅舍店铺等，所贮钱并须计用在此数。其兄弟本来异居曾经分析者，不在此限。如限满后有违犯者，白身人等，宜付所司，决痛杖一顿处死。[①]

【近日来布帛价格转贱，现钱渐少，都因为当地钱币积滞，不能流通。应令京城内上自文武官员，不问爵禄高低，以及公郡县主、中使等，下至士人、平民、商旅、寺观、坊市，所有私藏现钱，一律不得超过 5000 贯。如有超过此数者，准于命令发出后，限一个月内随意购买其他物品收藏。如钱数较多，到一个月限期未能将钱币完全处理，允许其在限期内向当地州县报告，申请展期。但即使有此种情况，限期亦不得超过两个月。如一家内另有宅舍店铺等，所藏现钱，一律要算在这个数目内。至于兄弟曾经分产本来不在一处居住的，不在此限。限期届满后如有违犯规定的，平民应交所管部门，判处痛杖一顿后处死。】

三、禁止储钱法令遭到权贵们的抵制

唐宪宗禁止百姓蓄藏铜钱的法律十分清楚，其颁布实施过程可谓有理、有力、有节。唐宪宗先是发布告示，勿谓言之不预；然后才颁布命令。为了法令具备可操作性，唐宪宗规定对蓄钱处置给予宽期限，宽期限内可以用蓄钱购买任何货物，若时

---

① 《旧唐书》卷四八《食货上》，中华书局 1975 年版，第 2103—2104 页。

间不够，还可以申请再次宽限。对于顽固违法不遵者，予以处死，处死之前还要痛杖一顿。但是，法律虽然清楚，仍然有人不予遵守，有的人依靠权贵，想方设法不处置蓄钱，官府也无可奈何。

时京师里閭区肆所积，多方镇钱，王锷、韩弘、李惟简，少者不下五十万贯。于是競买第屋以变其钱，多者竟里巷傭僦以归其直。而高赀大买者，多依倚左右军官钱为名，府县不得穷验，法竟不行。[1]

【当时京城里里巷与市肆集藏的多是方镇的钱，如王锷、韩弘、李惟简等人，少的不下50万贯。此时便争着购买房屋，以便把钱变换掉，买的多的竟把全里巷都包了，用这些房产出租来收回本钱。而拥有大量资产的大商人，多托各左右神策军的官钱，府县不敢彻底检查，法令最终无法执行。】

四、禁止储钱法令最终宣告失败

这些大户依附权贵，官府没有办法查验。小户人家则将钱埋藏，官府查验起来也很困难。所以，禁止百姓蓄钱的法令，并没有得到预期的效果。大和四年（公元830年），唐文宗又一次下令禁止百姓蓄钱，其中增设了告发奖赏的办法。

四年十一月，敕："应私贮见钱家，除合贮数外，一万贯至十万贯，限一周年内处置毕；十万贯至二十万贯以下者，限二周年处置毕。如有不守期限，安然蓄积，过本限，即任人纠告，及

① 《旧唐书》卷四八《食货上》，中华书局1975年版，第2104页。

所由察觉。其所犯家钱，并準元和十二年敕纳官，据数五分取一分充赏。纠告人赏钱，数止于五千贯。应犯钱法人色目决断科贬，并準元和十二年敕处分。其所由觉察，亦量赏一半。"事竟不行。①

【唐文宗大和四年（公元 830 年）十一月，诏令说："凡私家贮藏现钱的，除符合规定的贮藏数额外，1 万贯至 10 万贯限 1 年内处理完毕；10 万贯至 20 万贯以下限 2 年处理完毕。如有不遵守这个期限，毫无顾忌地蓄积现钱的，超过本规定期限，就任凭他人检举告发，以及由经办吏役检查。所有违章蓄积的家钱，一律依照元和十二年（公元 817 年）命令上缴官府，按钱数五分之一作为赏金。检举人的赏金，最高额以 5 千贯为限，凡违犯钱法的人，各种名目的处罚和贬斥，一律依照元和十二年（公元 817 年）诏令办理。其有承办差使查获的，也酌量给一半的赏金。"此诏令最终并未实行。】

这次敕令重申要继续执行元和十二年的敕令：一户人家的铜钱不得超过 5000 贯，超过部分勒令限期处置，违犯者痛杖一顿后处死。元和十二年的敕令中并无奖赏告发者的条文。这一次敕书的规定具体详细，增设了对告发者奖赏的办法。但是，不知道为什么，这一敕令最终并没有被执行。

---

① 《旧唐书》卷四八《食货上》，中华书局 1975 年版，第 2105—2106 页。

第四节

补充货币流通总量的法令

　　唐朝实行禁止百姓储藏铜钱的法律，以失败告终。到了宋朝，铜钱短缺的问题仍然严重。于是，宋朝采取了垄断铸币所需铜材、增加铸造铜钱数量、提高铜钱的名义价值和实行货币多元化等方式，大量补充货币流通总量。

一、国家垄断铸币所需的铜材

　　国家垄断铸币权，当铜钱流通总量不能满足市场商品交易和国家财政收支的需求时，国家就应该增加铸造铜钱的数量。国家增加铸造铜钱的数量需要更多的铸币铜材，这就要通过扩大采矿冶炼来解决。因此，唐朝颁布法令：①国家垄断采矿冶铜，禁止百姓采矿冶铜；②国家占有全部铜材，禁止百姓占有铜材。

1. 禁止百姓采矿冶铜

　　开宝九年（公元 976 年），宋太祖赵匡胤去世，他的弟弟赵光义即位，是为宋太宗。此时，北方有北汉的政权，东方还有吴越的政权，国家还没有完全统一，兼并各地军事割据政权的战争还在继续。赵光义即位之后，很快就下达了禁止百姓采矿冶铜的诏令。

　　平广南、江南，亦听权用旧钱，如川蜀法。初，南唐李氏铸钱。一工为钱千五百，得三十万贯。太宗即位，诏昇州置监铸钱，令转运使按行所部，凡山川之出铜者悉禁民采，并以给官铸焉。①

【平定广南、江南以后，像川蜀地区的做法一样，也暂准使用旧钱。当初，南唐李氏铸钱，一个人工可以造钱1500枚，共铸钱3亿枚。宋太宗即位后，诏令升州设监铸钱，命令转运使巡行所辖地区，凡是山川出铜的地方一概禁止百姓采掘，并用所出铜料供官府铸钱。】

在关于北宋时期历史的文献中，我们没有见到更多关于禁止百姓采矿冶铜的诏令。然而，从各方面的记载来看，禁止百姓采矿冶铜的法律，直至南宋末期都没有放松。南宋庆元年间（公元1195—1201年），朝廷颁行《庆元条法事类》，继续强调禁止百姓采矿冶铜：

诸出产铜、铅、锡界内者长失觉察，私置炉烹炼而为他人告、捕获，并同保父保正长知而不纠者，并依界内停藏、货易、透漏榷货法。②

【各出产铜、铅、锡的地方，若当地耆长未能察觉，有人私自设炉冶炼并被他人告发而被捕获，连同当地保父、保正长知情不举报者，都要按照界内停藏法、贸易法、透露榷货法治罪。】

---

① 《宋史》卷一八〇《食货志下二·钱币》，中华书局1985年版，第4376—4377页。

② （清）薛允升等编：《唐明律合编·庆元条法事类·宋刑统》事类二十八《铜鍮石铅锡铜矿》，中华书局1990年版，第215页。

2. 禁止百姓占有铜材

宋朝法律禁止百姓采矿冶铜，同时又禁止百姓占有铜材或铜矿石。北宋徽宗大观四年（公元 1110 年）：

七月七日诏"勘会私有铜、鍮石等，在法自许人告。如系贩卖，即许人捕。若私铸造，亦有邻保不觉察断罪之法。况私有铜、鍮石昨虽曾降指挥立限首纳，而无知之人玩法无所畏惮。今已增立罪赏，尚虑民间将同常事，以不应存置之物依旧隐藏，不行首纳。可限今来指挥到日，于州县镇寨散出晓示，仍限一月内许人经所在官司首纳，依实直支还偿钱，过月不纳或收藏隐匿，听邻保诸色人纠告，勾收入官，知而不告，事发同罪。兼虑官司不切奉行，诸州仍委通判、县委知令，专切警察督责施行，无致灭裂弛慢。候限满，令本路转运司具诸州县首纳到名数申尚书省"。①

【大观四年（公元 1110 年）七月七日，宋徽宗诏令："官府审查私自占有铜材、鍮石者，允许百姓告发。若发现有人贩卖铜材、鍮石等，当即捉捕。若有人私自铸造铜器，而邻居联保人未能察觉，也有相关的惩罚条例。此前，朝廷曾降旨派任指挥宣告百姓，违法者限期自首交纳其私自占有的铜材、鍮石等。但是，有些无知的人玩忽法令无所畏惧。现在增设相关的罪赏法条。考虑到许多人认为占有铜材、鍮石为普通平常的事情，所以将不该存放的铜材、鍮石等依旧隐藏，不来自首交纳，现确定于

---

①　（清）徐松：《宋会要辑稿》一六五册《刑法二》，第 52 段，中华书局 1957 年版，第 6521—6522 页。

指挥到达之日，在州县镇集等地发出告示，限期1月之内，允许违法者在所在地官府自首，官府则按照交纳的铜材、鍮石等的价值对自首者偿付款项。如果过了1个月的限期，违法者仍不交纳或收藏隐匿，邻居联保人可以告发，将其捕入官府。邻居联保人知情不告，事发时则与违法者同罪。此外，考虑到官府不切实奉行上述旨令，各州要委派通判、各县要委派知令，专职督办此事，以避免执行失败。待到期限满时，命令本路转运司将各州县收缴到的铜材、鍮石等有关数据，报送尚书省。"】

禁止百姓占有铜和鍮石，其中"铜"指的是已经冶炼成材的原铜，"鍮石"指的是未经冶炼的天然铜矿石或黄铜矿石。"鍮"由"金"和"俞"二字组成，"俞"含有"直接"的意思，所以"鍮"应该是指天然金属矿石。在现代字典中，"鍮"是"黄铜"。黄铜是铜和锌的合金，明朝开始被人们广泛使用，北宋时期黄铜尚未被广泛使用。但是，唐宋时期，已经出现了从西域贩运来的"鍮石"。这些贩运来的"鍮石"是某种铜锌合金，制作铜器比铜铅锡合金更为美观，是当时人们使用的奢侈品。中原百姓可能也已经知道使用炉甘石与铜合炼，可以产生更为美观的黄色铜金属。但是，北宋法律中讲到的"鍮石"，应该是指未经冶炼的、成色较高的天然铜矿石。南宋时期，亦有禁止百姓占有铜材或铜矿石的法律，《庆元条法事类》载：

诸私有铜及鍮石者（原注：铜矿及夹杂铜并烹炼净铜计数其盗，人许存留之物者免，烹炼每两除耗三钱），一两杖八十，一斤加一等，十五斤不刺面配邻州本城。为人造作器物者，与物主同罪，配亦如之，作具没官。[①]

【凡私自占有铜材及鍮石者（原注：铜矿石及夹带杂铜，并冶炼铜汁，根据其所涉数量，按照盗窃的罪名处治。法律允许存留的数量不在处罚之列。冶炼1两可免除3钱），重达1两的杖刑80，重达1斤的罪加一等，重达15斤不刺面发配邻州本城。为他人制造铜器者，与物主同罪，处治量刑一样，将铸造工具没收入官。】

法律对于百姓占有铜材或铜矿石的打击力度是很大的，占有1两铜材便要打80杖，实在很严酷。并且，协助制造器物者，与物主同罪。主从不分，同等治罪，充分体现了相关法律的严厉。

二、增加铸造铜钱的数量

唐末至五代时期，商品经济衰败，钱币流通萎缩。北宋初期，战争频繁，自然经济特征依然明显。宋真宗咸平时期（公元998—1003年），经历了一段和平年代，商品经济逐步复苏，铜钱的铸造数量出现了大幅度的增加，达到每年十几亿枚甚至几十亿枚的水平（见表6-1）。

---

① （清）薛允升等编：《唐明律合编·庆元条法事类·宋刑统》事类二十八《铜鍮石铅锡铜矿》，中华书局1990年版，第214页。

表 6-1　北宋时期铜钱每年铸造数量

年份（公元）	每年铸造数量	人均铜钱数量	依据
太平兴国六年（981 年）	50 万贯		《宋史》
至道中（996 年）	80 万贯	40 文	《宋史》
咸平三年（1000 年）	125 万贯		《宋会要辑稿》
景德中（1006 年）	183 万贯	90 文	《宋史》
大中祥符九年（1016 年）	125 万贯	58 文	《玉海》
天禧末（1021 年）	105 万贯	53 文	《宋史》
天圣间（1030 年）	100 余万贯		《群书考索》
庆历间（1045 年）	300 万贯	131 文	《梦溪笔谈》
皇祐年间（1050 年）	146 万贯		《玉海》
治平年间（1066 年）	170 万贯	58 文	《宋史》
熙宁末年（1077 年）	373 万贯	121 文	《宋会要辑稿》
元丰间（1080 年）	506 万贯	203 文	《文献通考》
崇宁五年（1106 年）	289 万 4 千贯		《玉海》
大观（1107—1111 年）	290 万贯	66 文	《宋史》
二年（1120 年）	约 300 万贯		《宋史》

资料来源：彭信威：《中国货币史》，上海人民出版社 2007 年版，第 329 页。古人讨论铜钱流通总量时，经常采用万贯为单位。万贯即千万枚铜钱，或 0.1 亿枚铜钱。

　　宋朝铸造铜钱的数量远高于唐朝。唐朝商品经济发展的顶峰是唐玄宗天宝年间（公元 742—756 年），而天宝年间每年铸钱数量只有 3.27 亿枚铜钱（"天下岁铸三十二万七千缗"[1]），尚不及北宋初年最差时期的水平。北宋时期每年铸造铜钱数量大体上呈现递增的态势。宋仁宗庆历年间（公元 1041—1048 年），每年铜

————————

　　[1] 《新唐书》卷五四《食货四》，中华书局 1975 年版，第 1386 页。

钱铸造数量出现了激增，其原因是宋夏战争消耗了大量的铜钱。宋神宗时期（公元 1067—1085 年），每年铸造铜钱数量达到宋朝的最高峰，其原因是王安石实行了免役法，以钱代役，从民间收敛了许多铜钱用于军备，造成铜钱需求量大幅度上升。

唐朝实行两税法之后，唐文宗大和年间（公元 827—835 年），全国铜矿只有 50 处，年产铜量只有 26.6 万斤（"天下铜坑五十，岁采铜二十六万六千斤"[①]）。即使这些铜全部用来铸造铜钱，也只能铸造 0.4256 亿枚。唐朝当时每年铸造铜钱数量，尚不及宋朝元丰年间（公元 1078—1085 年）每年铸造铜钱数量的百分之一。

彭信威先生经过考证提出了一个问题：

北宋铸钱的数量，既然二十倍于唐，而丰稔的频数和程度，也不见得超过盛唐。至于垦田的面积，在仁宗时还远不如盛唐。唐开元时全国户数为八百多万，垦田一千四百三十多万顷。宋仁宗时全国户数为七百三十多万，垦田只有二百十五万顷。虽然在熙丰年间，垦田数大有增加，但无法证明总面积超过盛唐。那么为什么熙丰年间的物价，并不比盛唐的物价高几十倍呢？[②]

根据黄冕堂先生的考证，唐朝"粟米石价经常在 400—800 文之间"，[③] 而"整个两宋时期的粮价石米仅在 500—1000 文之间"，[④] 宋朝的量器比唐朝的量器大 17%。考虑到量器的差距，宋

---

① 《新唐书》卷五四《食货四》，中华书局 1975 年版，第 1390 页。

② 彭信威：《中国货币史》，上海人民出版社 2007 年版，第 332 页。

③ 黄冕堂：《中国历代物价问题考述》，齐鲁书社 2008 年版，第 40 页。

④ 黄冕堂：《中国历代物价问题考述》，齐鲁书社 2008 年版，第 46 页。

朝的粮食价格与唐朝的粮食价格十分接近。宋朝人手里的钱比唐朝人多了 20 倍，宋朝粮食价格却并不比唐朝高。宋朝人吃饱了饭，开始怀念大唐盛世的光荣与伟大，埋怨当朝国弱民穷，咒骂当朝君臣昏庸腐败。为什么会这样？宋朝不尚杀戮，又特别尊重读书人，由着某些读书人的性子信口胡说，就形成了宋朝国家积贫积弱的形象。

南宋铸钱数量比北宋大幅度减少。绍兴初年，铸钱 0.8 亿枚，价值 1000 钱，成本 2400 钱。绍兴六年（公元 1136 年），朝廷收敛民间铜器，铸造 4 亿枚铜钱。由于铜产量减少，南宋时期每年铸造铜钱一般不过 2 亿枚。

三、提高铜钱的名义价值

国家想要铸造更多的铜钱，但是铜材供应不足。于是，想到的一个办法就是提高铜钱的名义价值，让一枚铜钱当作两枚铜钱甚至多枚铜钱使用，也能达到扩大铜钱流通总量的目的。

《宋史·食货下二》开篇即说：

钱有铜、铁二等，而折二、折三、当五、折十，则随时立制。行之久者，唯小平钱。[1]

【钱有铜钱和铁钱两种，而把钱币铸成折二钱、折三钱、当五钱、折十钱等钱币，是根据当时的情况而制定的办法。通行较久的钱币，只有小平钱。】

---

[1] 《宋史》卷一八〇《食货下二》，中华书局 1985 年版，第 4375 页。

　　铜钱总量不足，铸铁钱以补充；平钱总量不足，铸虚钱以补充。这就是宋代钱币流通的基本状况。小平钱是基础货币，持久流通，虚币大钱作为补充，根据当时的需要确定其与小平钱的法定兑换比率，与小平钱并行流通。小平钱是实币，在商品交易中具有稳定商品价格的作用。折二、折三、当五、折十等虚币大钱代表一定数量的小平钱发挥货币职能，既扩大了铜钱流通总量，又节约了铸造铜钱使用的铜材。宋朝虚币大钱种类繁多，并不是特殊时期偶而为之，而是随时立制，经常铸造。虚币大钱与小平钱并行流通，成为宋代钱币流通的一种常态。

　　宋神宗熙宁二年（公元 1069 年），王安石开始实行变法，史称熙宁变法。宋神宗熙宁四年（公元 1071 年），北宋王朝大规模铸行折二钱。此后，国家铸造铜钱数量激增。到了宋神宗元丰年间（公元 1078—1085 年），每年铜钱产量 50 亿文，达到中国古代封建社会的最高峰。

　　王安石去世后，他的女婿蔡卞的哥哥蔡京成为改革派领袖，继续提高铜钱的名义价值，大量铸造当十钱，终于引发了严重的通货膨胀，米价涨到每石 400—1500 文，比北宋初期米价每石 100—300 文的价格上涨了 3 倍至 5 倍。绢价涨到每匹大约 2000 文，较北宋初期每匹 1000 文左右的价格上涨了约一倍。严重的通货膨胀，使百姓的生活日益艰难，朝野反对蔡京的呼声也就日益高涨。待到金兵进犯，围攻太原、近逼京师，宋徽宗禅位给宋钦宗时，太学生就奏请朝廷杀蔡京以谢天下。

　　宋钦宗即位之后，将蔡京一贬再贬，几个月之后就将蔡京贬至海南岛。但是，蔡京没有能够走到海南岛，行至长沙中途就生病死了。蔡京死后数月，金兵攻入开封，将宋徽宗、宋钦宗虏去金国。于是，北宋王朝灭亡，当十钱的流通终于宣告结束。

四、推动货币的多元化发展

即使以严刑峻法禁止百姓销毁铜钱、禁止百姓挟带货币出境、禁止百姓蓄藏铜钱、禁止百姓采矿冶铜和占有铜材，同时国家大幅度增加铸造铜钱的数量、提高铜钱的名义价值，但铜钱仍然不够使用。于是，宋朝开始推动货币的多元化发展。

宋朝货币种类的创新，多出自四川。乾德三年（公元965年），宋军攻入四川，后蜀帝孟昶上表投降，后蜀地区被纳入宋王朝版图。后蜀地区原已流通铁钱，宋灭后蜀之后，由于铜材及铜钱都很缺乏，就允许后蜀地区继续使用铁钱，并下令在雅州百丈县置监铸造铁钱。开宝七年（公元974年），宋军攻克江宁，消灭了南唐政权，宋王朝下令允许南唐地区比照后蜀地区的办法使用铁钱。此后，铁钱流通时盛时衰，流通区域亦常有变化。铁钱与铜钱同时流通，便成为宋朝货币流通中的一个特色。

宋朝的纸币流通，也兴起于四川，其早期的形式是交子。交子是中国古代官方最早发行的纸币。西汉的白鹿皮币，是贵族使用的礼品。唐朝的飞钱，是民间使用的商业汇票。只有交子系由官方发行，可以多次流转使用，是真正意义上的官方发行的纸币。

北宋时期，商品经济空前繁盛，成为继东汉、中唐之后中国古代商品经济发展的又一次高峰。在中国古代历史上，北宋是铸造铜钱最多的朝代，但相对于高速增长的商品经济而言，货币总量仍然严重不足。因此，北宋的货币立法摒弃了过去延续千年的基本方向，开始走向反面，即从千年以来各王朝限制百姓盗铸铜钱，以抑制铜钱过多引发的通货膨胀，转向限制百姓毁钱铸器、铜钱流出境外，以抑制铜钱过少引发的经济萧条。这一变化，标志着中国古代的商品经济，已经从初级阶段，步入前所未有的高级阶段。货币总量严重不足的另一个后果是出现了纸币的流通。北宋初期，四川民间出现了纸币——交子，用来代替铁钱流通。

当时，四川流通铁钱。铁钱沉重，不便携带，所以在北宋初期，四川百姓便创造了纸币交子，代替铁钱流通。四川的交子，经过益州知州张詠的整顿，官方指定由 16 户富民联合办理发行及兑付，逐步形成气候。后来，富民们产业渐败，无力偿付债务，出现了诉讼。宋真宗大中祥符末年（公元 1016 年），益州转运使薛田奏请设置交子务，将交子收归官营，但是未能获得朝廷的批准。朝廷论证许久，直到宋仁宗天圣元年（公元 1023 年），朝廷才正式设置益州交子务，统一经营和管理交子的发行和兑换。

自发行交子始，北宋朝廷便设置了类似于现代纸币管理的基本规则，规定有发行界兑制度、发行限额制度、发行准备制度和流通区域限定制度。交子的发行，每两年发行一界。每界交子流通使用满两年时，持币人可以用旧币换取下一界新币。界满的交子，有一年的兑换期，即自第二年界满后一年之内，可以兑换新币，满三年方才作废。交子每界发行限额 125.634 万缗，每缗 1000 文钱，一界总额 12.5634 亿文钱。针对该发行金额，官方设置发行准备 36 万缗，即 3.6 亿文铜钱，用于备付交子的兑现，发行准备率约为 28%。当时的制度规定，各界发行交子数额不变，发行准备也保持不变。这种制度维持了 80 多年，对北宋时期商品经济的发展，特别是四川地区商品经济的发展起到了积极的作用。初期，交子的流通区域被限制在四川，后来多次扩展到陕西，又多次被收缩回四川。宋徽宗时，交子的流通区域从四川扩展到陕西、京西北、淮南等路。

宋徽宗即位后，用兵西夏，军费开支庞大，交子发生了严重的通货膨胀。为了提高交子的信用，宋徽宗下令将交子改为钱引。此后，钱引在四川流通直至南宋灭亡。南宋初期，东南地区民间兴起纸币会子。宋高宗绍兴三十年（公元1160年），朝廷将会子收归官营。最初，会子由临安府印造发行，后来由户部印造发行，从此形成了南宋纸币会子法定流通的局面。

与此同时，白银也出现了明显的货币化趋势。朝廷征收税赋大量折输白银，使朝廷收支白银数量渐增，国际贸易中白银的使用也大幅度上升。白银日多，百姓便将白银作为财富储藏手段和大额支付手段，用来宝藏、购买田宅或贸易支付。宋代纸币制度中，代表白银流通的银会子也是纸币的一种，并长期在西北地区流通。

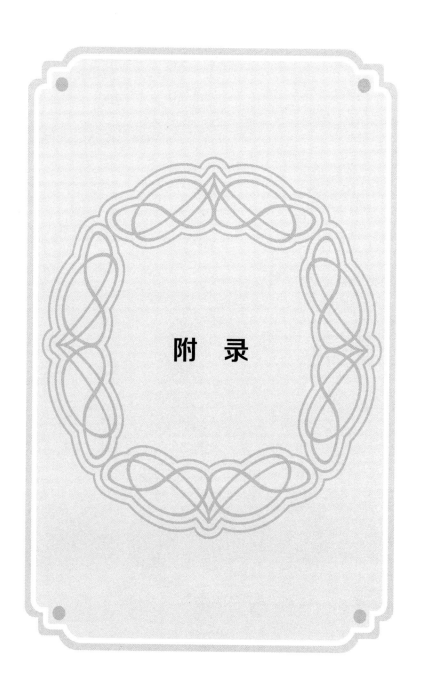

附　录

附录一　《乌尔纳姆法典》

【简介】

人类最早的文明是苏美尔文明，苏美尔文明的鼎盛时期在乌尔第三王朝。乌尔纳姆（公元前2113—前2096年在位）在公元前22世纪末期建立了乌尔第三王朝，并颁布了一部法典——《乌尔纳姆法典》。

《乌尔纳姆法典》是迄今所知的世界上最早的一部成文法典，比古巴比伦王国的《汉穆拉比法典》早大约300年。使我们感到惊奇的是，在这部世界上最早的成文法中，已经出现了关于使用货币的多条法规。《乌尔纳姆法典》中讲到的货币是白银称量货币，单位有"弥那"和"舍客勒"两种，主要用于处罚、离婚费、赔偿、奖赏等。

《乌尔纳姆法典》原为苏美尔楔形文字书写，被译为各种文字，我们从英文转译为中文，提供给研究世界货币史的专家、学者参考。

现出土的这部法典残留文字共有27条，使用白银的地方有16处，其中8处使用舍客勒单位，6处使用弥那单位，2处使用白银而没有提到具体单位。

本文摘自《当代金融家》2019年第9期《埃什嫩那王国的大麦货币》一文的附录：《乌尔纳姆法典》，石俊志译。

【正文】

1. 如果犯谋杀罪，应处以死刑。

2. 如果犯抢劫罪，要处以死刑。

3. 如果犯绑架罪，应处以监禁，并罚 15 舍客勒白银。

4. 如果一个奴隶和一个奴隶结婚，而那个奴隶被释放为自由民，这个奴隶仍是主人家的奴隶。

5. 如果一个奴隶与自由人结婚，他/她应将长子献给主人为奴。

6. 如果亵渎他人权利而奸淫其处女妻子，应处以死刑。

7. 如果人妻追求另一男子，该男子睡了她，那么应处死女人，男人无罪。

8. 如果以暴力强奸他人处女女奴，应罚其 5 舍客勒白银。

9. 如果与发妻离婚，应付发妻 1 弥那白银。

10. 如果与原为寡妇的妻子离婚，应付她半弥那白银。

11. 如果与寡妇无婚约而只是与她睡觉，不需付她任何白银。

12. 如果有人被告发实施巫术，他必须经受河水的验证；如果他被证明无辜，告发者应付 3 舍客勒白银。

13. 如果有人告发人妻通奸，而河水验证后证明她无辜，那么告发者应付 1/3 弥那白银。

14. 如果未来女婿进入他未来岳父的房子，但此后岳父将其女儿给了另外的男人，那么岳父应退还所弃女婿已纳聘礼两倍的价值。

15. 如果奴隶逃出城市界限，有人将其捕获送还，奴隶主人应付送还者 2 舍客勒白银。

16. 如果打坏他人眼睛，应付半弥那白银。

17. 如果斩断他人的脚，应付 10 舍客勒白银。

18. 如果在斗殴中用棒打断他人手臂或腿，应付 1 弥那白银。

19. 如果用铜刀割断他人鼻子，应付 2/3 弥那白银。

20. 如果打落他人牙齿，应付 2 舍客勒白银。

21. ……如果没有奴隶，应付 10 舍客勒白银。如果没有白银，应付其所拥有的其它物品。

22. 如果男人之女奴与女主人攀比，对女主人出言不逊，应该用 1 夸脱盐巴来擦洗她的嘴。

23. 如果出庭作证出具伪证，应付 15 舍客勒白银。

24. 如果出庭作证有违誓言，应付诉讼标的之金额。

25. 如果偷种他人土地，他的起诉应予拒绝，且他将损失他的耕种成本。

26. 如果用水淹他人的土地，那么每伊库土地付 3 古尔大麦。

27. 如果出租耕地给他人耕作，但其未能耕作而使耕地荒芜，那么每伊库耕地付 3 古尔大麦。

附录二　《埃什嫩那国王俾拉拉马的法典》

【简介】

埃什嫩那王国位于巴比伦城东北方的迪亚拉［原文译为"狄雅拉"］河谷，这地区是四通八达的商业要道，经济比较发达。公元前 2025 年，埃什嫩那王国脱离乌尔第三王朝独立。俾拉拉马是埃什嫩那王国的第四任国王。埃什嫩那国王俾拉拉马法典成文于公元前 20 世纪上半叶。此时，埃什嫩那王国的大麦货币与白银货币两币并行流通。

法典现存 59 个条文中，涉及大麦货币的地方有 14 处，货币单位采用容量单位古尔［原文译为"库鲁"］、帕尔希克图［原文译为"马西克图"］、苏图和卡共四种；涉及白银货币的地方有 47 处，其中使用弥那［原文译为"明那"］的地方有 12 处；使用舍客勒的地方有 28 处；使用色［原为译为"乌士图"或"塞"］的地方有 4 处；使用白银而没有具体单位的地方有 3 处。

为了本书用词的统一，我们采用迪亚拉（替代迪雅拉）、古尔（替代库鲁）、帕尔希克图（替代马西克图）、弥那（替代明那）、色（替代"乌士图"或"塞"）。

本文摘自《世界通史资料选辑》林志纯主编，商务印书馆 1962 年版，第 44—51 页。

【林志纯先生注】

这部法典保存在今特尔·哈尔马尔城发现的楔形文字的两块泥板上，古时此城为埃什嫩那的附属地区——而埃什嫩那则是巴比伦东北边迪亚拉［原文为"狄雅拉"］河谷的一个城市。序言为苏美尔文，法典本文为阿卡德语而带有若干地方特点。

译文据《古代史通报》1952，NO3，第213—219页。

【正文】

序　言

［某年］［某］月二十一日立，从此吉利吉利之子偃拉拉马承受埃什嫩那之王权，并在底格里斯河……苏普尔·沙马什城……其父之家……象——年号"献大兵器"①。

第1条② 大麦一古尔③　　　　　合银一舍客勒

　　　上等植物油三卡④　　　　合银一舍客勒

　　　胡麻油一苏图⑤二卡　　　合银一舍客勒

　　　猪油一苏图五卡　　　　　合银一舍客勒

---

① 两河流域在公元前3000年至公元前2000年所用年号常取前年所发生之大事。偃拉拉马之年号，全称当为"埃什嫩那王偃拉拉马献大兵器于某庙之某神"。

② 第一条及第二条皆为物价之法律。

③ 1古尔折合现代约121升。

④ 1卡为0.4—0.8升。

⑤ 1苏图约4升。

"河油"^①四苏图	合银一舍客勒
羊毛六弥那	合银一舍客勒
盐二古尔	合银一舍客勒
⋯⋯一古尔	合银一舍客勒
蜜三弥那	合银一舍客勒
净蜜二弥那	合银一舍客勒

第2条　精选胡麻油一卡，其价为大麦三苏图，

精选猪油一卡，其价为大麦二苏图五卡，

精选河油一卡，其价为大麦七卡。

第3条　有牛及御者之车，其租用之费为大麦一帕尔希克图^②四苏图；如以银计，则其租用之费为三分之一舍客勒，他可以用车终日。

第4条　船之租用之费，以每一古尔容积计，为二卡，而船夫雇用之费为⋯⋯帕尔希克图四苏图，他可以用船终日。

第5条　倘船夫不慎而致船沉没，则彼应照所沉没者赔偿之。

第6条　自由民倘取他人之船以⋯⋯则彼应付出银十舍客勒。

第7条　刈麦者雇用之费为大麦二苏图；倘以银计，则其雇用之费为十二色［原文译为"乌士图"］^③。

第8条　簸谷者雇用之费为大麦一苏图。

---

　①　"河油"之义不详。

　②　1帕尔希克图约24.2升。

　③　林志纯先生注："一乌士图不及百分之五公分。"林志纯先生所讲的"公分"是指"克"。林志纯先生所讲"乌士图"是指"色"。按照1舍客勒为8.33克计算，1色约为0.0463克。

第 9 条　倘自由民因收割而给雇工银一舍客勒，而雇工不助自由民，完全不为之刈割，则彼应付出银十舍客勒，彼应领取大麦一苏图五卡作为雇用之费而离开，并应退还已领之分给品，大麦、油及衣服^①。

第 10 条　驴子之雇用费为大麦一苏图，而赶驴者之雇用费亦为大麦一苏图，他可以用驴子终日。

第 11 条　一个雇工之用费为银一舍客勒，其吃饭费用为银一色［原文译为"塞"］，雇工应服务一个月。

第 12 条　自由民在穆什钦努^②田中于……而被捕者，当白日休息之时，应出银十舍客勒，倘在夜间于……而被捕，则应处死，他不应活下去。

第 13 条　自由民在穆什钦努之家——即在其家中当白日休息之时被捕者，应付出银十舍客勒，倘当夜间在家中被捕者，则应处死，他不应活下去。

第 14 条　雇佣之费……，倘彼获得银五舍客勒，则其雇佣之费为一舍客勒，倘彼获得银十舍客勒，则其雇佣之费为二舍客勒。

第 15 条　塔木卡^③或卖酒妇不得从奴、婢之手接受银、羊毛、胡麻油及其他物品。

---

①　此条规定三事：其一，雇工不作工，应赔偿十倍其已领之雇银；其二，他可以领取为雇主做工期中的小量食料；其三，但应退还已领的较多的分给品。

②　穆什钦努，B.B.斯特鲁威院士以为乃被征服之自由民，N.M.狄雅科诺夫则以为这是为国王服役而有份地之人。

③　塔木卡，国王之商业代理人，商人。

第16条　对于尚未分家的自由民之子①以及奴隶，均不得贷与〔财物〕。

第17条　倘自由民之子将聘礼送至岳父之家，遇双方（即未婚夫及未婚妻）之一死亡时，则仅将银退回其主人。

第18条　倘彼取她为妻，她已入居其夫之家，而不久此新妇死亡，则他〔岳父？〕不仅可以取回她所带往之财物，且可以取回更多财物；每一舍客勒的银，他可以加取六分之一〔舍客勒〕又六色〔原文译为"乌士图"〕；每一古尔大麦，他可以加取利息一帕尔希克图四苏图②。

第19条　自由民付出等量之物而收回等量之物者，必须在打谷时交还③。

第20条　倘自由民……以供……，而借者与之，并对之将大麦以银结价，则在收成时借者应取大麦并按每一古尔计一帕尔希克图四苏图取息。

第21条　倘自由民与以现银，则彼可取回银并按每一舍客勒计六分之一（舍客勒）又六色〔原文译为"乌士图"〕取息。

第22条　倘自由民并无他人所负任何之债，而拘留他人之婢为质，则婢之主人应对神宣誓云："我不负你任何债务"，而自由

---

①　此处指家长制下的无权利的儿子，但一般自由民亦可称此。

②　新娘未生子而死，此新娘在夫家应得之物，应归新娘之父，这说明一个已嫁的女子，在生子之前，其继承人仍为其父族。

③　此大抵言无利借贷，故在打谷时应即交还。

民应付出与一婢之身价相等之银①。

第 23 条　倘自由民并无他人所负任何之债，而拘留他人之婢为质，并扣留此质于其家直至于死，则自由民应赔偿婢之主人以两婢。

第 24 条　倘自由民并无他人所负任何之债，而拘留穆什钦努之妻以为质②，并扣留此质于其家直至于死，则此为生命攸关之法律问题，取人为质者应处死。

第 25 条　倘自由民请求于岳父之家，而岳父接受其请求，然竟以其女许配他人，则此女之父应加倍退还彼所接受之聘礼。

第 26 条　倘自由民致送聘礼以求他人之女，但另一人未向女之父母提出请求，竟偷窃此女并迫之同居，则此为生命攸关之问题，此人应处死。

第 27 条　倘自由民未向女之父母提出请求，且未与女之父母订立协议与契约，而径取自由民之女为妻，则此女住自由民之家即达一年之久，仍非其妻。

第 28 条　倘相反，自由民已与女之父母订立协议及契约，而后取女为妻，则她已为有夫之妇，倘再投入他人怀抱，则应处死，不得偷生。

第 29 条　倘自由民在远征中因受袭击或遭失败而消息不明，或被捕为俘，在……其居于外国之时，他人取其妻以为妻，她且

---

①　此自由民除付银之外，尚须退还所质之婢，观下条可以自明。

②　此处仅云穆什钦努之妻，可能当时全权的自由民大多数还没有必须以家族成员为质，故上两条皆云自由民之婢为质。

已生子，则当自由民归来时，仍可以取回其妻。

第30条　倘自由民憎恨其公社及主人①而逃走，而他人取其妻以为妻，则当自由民归来时，不能对其妻提出控诉。

第31条　倘自由民强迫他人之婢同居，则彼应付出银三分之二弥那，而婢仍属于其主人所有。

第32条　倘自由民以其子交人哺乳并抚育之，而应给之谷，应给之油及应给之羊毛已三年不付，则彼应付出银十舍客勒以为教养其子之费，而其子应归于彼。

第33条　倘有人诱惑女婢，而以女婢之子给予自由民之女，至此子长大，为其主人所见，则主人可以将此子取回，而此子应归于彼。

第34条　倘王宫之婢以其子或其女与穆什钦努教养，则王宫可以取回此子或此女。

第35条　而占有王宫女婢之儿童者，（除归还儿童外）应以儿童之价赔偿王宫。

第36条　倘自由民以其财产交人保管，而以日后取赎为条件，然而房屋未被打开，入口未被打破，窗户未被拆毁，而保管之财产遗失，则彼（即担负保管之人）应赔偿自由民之财产。

第37条　倘自由民②之屋倒塌，或除托交彼之财物外，屋主之财物亦有遗失，则屋主应在提什帕克③庙对神发誓："我之财产

①　"主人"盖即国王。

②　此自由民指保管人。

③　提什帕克：地方神，埃什嫩那之庇护神。

与你之财产一并遗失，我不欺人，亦不说谎。"——他应对彼如此发誓，而后可不负任何责任。

第 38 条　倘诸弟兄之一欲出售其所分得之产，而其兄弟欲购之，则彼［卖者］应先满足其兄弟之意。

第 39 条　倘自由民因穷困而出售其房屋，则在买者付款之日，以前之房主应即让出房屋。

第 40 条　倘自由民购买奴、婢、牛或任何其他物品，而不能确定卖者为谁，则彼当以盗窃论。

第 41 条　倘乌巴鲁、那普他鲁或木都①出售其西克鲁②，则卖酒妇应按时价付款。

第 42 条　倘自由民咬破自由民之鼻，应赔银一弥那，伤其一眼，应赔银一弥那，一齿，二分之一弥那，一耳，二分之一弥那，掴人之颊，银十舍客勒。

第 43 条　倘自由民砍断自由民之一指，则彼应赔银三分之二弥那。

第 44 条　倘自由民推倒自由民于……而挫伤其手，则彼应赔银二分之一弥那。

第 45 条　倘彼挫伤其足，则应赔银二分之一弥那。

第 46 条　倘自由民殴打自由民而挫伤其……则应赔银三分之二弥那。

第 47 条　倘自由民推撞自由民之……，则彼应赔银十舍客勒。

---

①　乌巴鲁当为公社成员，那普他鲁当为"解放者"，木都当为"有经验者""能手"，意义不甚明了。

②　西鲁克，一种酒名。

第 48 条　关于……从三分之二弥那至一弥那，应当给他解决诉讼案件，至于有关生命问题，则仅能由国王解决之[1]。

第 49 条　倘自由民在偷来的奴婢之旁被捕，则彼应以奴还奴，以婢还婢[2]。

第 50 条　倘职司治水之地方长官或任何公务人员捕到属于王宫或穆什钦努之亡奴、亡婢、亡牛或亡驴，不以之送至埃什嫩那，而留于自己之家，如过七日或一月，则王宫当按司法程序索取其赃物。

第 51 条　埃什嫩那之奴或婢，其身上有枷、铐并髡发[3]者，如未经其主人许可，不得走出埃什嫩那的大门。

第 52 条　在牒报人防备下进入埃什嫩那大门之奴与婢，应加以枷、铐并髡发，他应为奴婢主人戒备。

第 53 条　倘牛触牛而致之于死，则两牛之主人应当互相平分活牛之价与死牛之值。

第 54 条　倘牛有牴触之性，邻人以此告牛之主人，但主人未使牛不致为害，结果牛触人并致之于死，则牛之主人应赔银三分之二弥那。

第 55 条　倘牛触奴而致之于死，则牛之主人应赔银十五舍客勒。

第 56 条　倘狗发疯，邻人以此告狗之主人，但主人未杀狗，狗咬人，致人于死，则狗之主人应赔银三分之二弥那。

第 57 条　倘狗咬奴而致之于死，则狗之主人应赔银十五舍客勒。

---

[1]　这大约是地方公社长老的法庭和国王的法庭的法律限界。

[2]　应以奴或婢赔偿奴婢主人。

[3]　枷、铐及髡发皆奴隶身份之标志。

第 58 条　倘墙有崩塌危险，邻人以此告墙之主人，但主人未加固其墙，墙崩，致自由民之子于死，则此为有关人命问题，应由国王裁决之。

第 59 条　倘自由民于生有小孩后遗弃其妻而另娶，则彼应被驱逐出家，并丧失一切，而它应归于彼所遗弃之人。

（第 60 条及第 61 条原文毁坏）

附录三 《李必特·伊丝达法典》

【简介】

公元前 2020 年，伊什比·埃拉在伊新独立，脱离了乌尔第三王朝。李必特·伊丝达是伊新王国的第五任国王（公元前 1935 至公元前 1924 年在位）。所以，伊新国王李必特·伊丝达法典成文时间在公元前 20 世纪下半叶，晚于埃什嫩那国王俾拉拉马法典的成文时间。

伊新王国和埃什嫩那王国两者是同时代的王国，但两者在货币经济发展上有着明显的差距。虽然伊新王国军事比较强盛，一度称霸两河流域南部，但其商品经济比较落后，法律上很少采用民事赔偿、补赎的方式。

该法典现存 38 个条文中，没有涉及大麦货币；涉及白银货币的地方有 5 处，货币单位采用重量单位弥那和舍客勒两种。

本文摘自《世界通史资料选辑》林志纯主编，商务印书馆 1962 年版，第 51—57 页。

【林志纯先生注】

此为九个楔形文字泥板断片的复原，这些断片包含刻在石柱上的原文的各种抄本，文字为后期苏美尔文。

译文据《古代史通报》1952, NO3, 第 219—225 页。

【正文】

序　言

当众神之父伟大的安及万国之王，决定命运的主人恩利尔，看到安的女儿尼宁新娜[①]，看到她的光彩的容貌，为着她的……欢心，在伊新赐她以统治苏美尔与阿卡德的王国即安所创立的丰饶地区和善良统治的时候。

当安和恩利尔为了建立境内的法律，为了消除众人的怨言，为了防止敌意与暴力的武装，为了满足苏美尔及阿卡德的生灵，选择李必特·伊丝达即贤明的牧人而其名尝为嫩兰尼尔[②]所称的李必特·伊丝达来领导国家的时候。

我，李必特·伊丝达，尼普尔的恭顺牧人、乌尔的忠实的恩加尔[③]、埃里都的亲近之人、乌鲁克的善良僧侣、伊新的王、苏美尔和阿卡德的王、伊兰娜[④]所关怀的人，依照恩利尔的嘱咐，在苏美尔和阿卡德确立法律。

当这时候，我对于尼普尔的儿女、乌尔的儿女、伊新的儿女、苏美尔及阿卡德的儿女，这些曾被束缚和奴役的人，我真正为之……在我的……建立他们的自由。我真正的使父母抚养其子女，使子女抚持其父母，我真正的使父母与其子女共处，使子女与其

---

① 伊新之庇护女神。安及恩利尔为最高神。
② 恩利尔神之绰号。
③ 农民集团之首长，或王家及神庙领地之份地首长，此处则指乌尔之统治者。
④ 肥沃女神（阿卡德之伊丝达）。

父母共处。我已确立新创的父家族和兄弟家族①。我，李必特·伊丝达，恩利尔之子，在父家族与兄弟家族中规定七十②……在未婚之青年家族中……我规定十月……十一……人之妻……人之子……

（以下大部分阙文，约有原文之半，所保留者仅法典的五个断片）

（一）"……规定此……"

（二）"……由之而来的父家族的财产……"

（三）"……出自地方长官中者，出自宫廷大臣中者，出自管理人中者……"

（四）"……以船……以船他……。倘自由民雇船并以之用于……旅行……新旅行……"

（五）"……粮食之赠品……他赋予……。倘他以其果园给予园丁以培植果子……而园丁予园主……"〔在此断片后漏约三十五字至五十字。〕

第8条③　倘自由民以荒地给予自由民作为培植果园之用，而此人并未将此荒地全部培植，则应将尚未耕垦的荒地交此种园之人，为其应得之份④。

第9条　倘自由民入人之园而以盗窃行为被捕，则彼应偿银十舍客勒。

---

①　父家族与兄弟家族意指"氏族""家族公社"。所谓兄弟家族，当指大家族公社，其中已无氏族长。

②　"七十"之义不明，可能为一年服役七十日。

③　在此以前不止七条，至少有二三十条。

④　荒地出租为园，收成时，主人指定园中一部分土地上的收获物为己有，其余归租地人。如租地人不曾将园全部培植，则未垦部分归彼，彼将一无所得。

第 10 条　倘自由民砍伐他人园中之树木，则彼应偿银二分之一弥那。

第 11 条　倘自由民房屋之旁有一块他人之荒地，房屋主人告荒地主人云："因你地荒凉，将有人侵入我屋，请将你屋加固。"倘其事已经决定，而约字已立，则遇失物之时，荒地主人应对房屋主人赔偿其遗失之财产。

第 12 条　倘自由民之婢或奴逃往一个地方，在另一自由民之家住居一月，而被揭发，则此自由民应以一头还一头[①]。

第 13 条　倘自由民并无一头，则应偿银十五舍客勒。

第 14 条　倘此自由民之奴以其奴役归还其主人，且对其主人加倍履行其奴役，则此奴应解放[②]。

第 15 条　倘米克图[③]为国王所赐赠，则不得夺取之。

第 16 条　倘米克图自己来到自由民之处，则此自由民不应将彼强留，而应听彼去所欲往之处。

第 17 条　倘自由民责成其他自由民以其所不知之事，且无报酬，则其他自由民可以不履行义务，而此自由民应自行负担其所责成他人之事的义务。

第 18 条　倘房屋之主人或房屋之女主人不履行房屋纳税的义

---

① "头"即奴隶。

② 此条意义不明，可能所指之奴为债奴，所履行之奴役为债务奴役。

③ 米克图，为一种依附之人，在公元前 3000 年之公文书中常可见到。而在公元前 2000 年初之公文书中。则以此法典第 15 条及 16 条所提及者为其罕有之记载。显然，国王可以将此等人赐予私人，到了这时，米克图便不能离开自己的主人。而成为事实上之奴隶。

务，而其他自由民代为履行，且经过三年而主人或女主人并未赶走此人，则此负担房税之人可以占取房屋，房屋主人不得提出要求。

第 19 条　倘房屋之主人……（下阙文十至十五字）。

第 20 条　倘自由民从继承人夺去并……（下阙文在五十字以上）。

第 21 条　……或……父家族（阙文三至五字），他取之为妻，则她自父家所接受的礼物，他可以作为她的继承者，取为己有。

第 22 条　倘父犹存，则其女——不论其为恩图、纳第图或卡第什图[①]——可以居父之家，亦如一继承人。

第 23 条　倘居住父家之女……（下阙文约三十字）。

第 24 条　倘彼所取之第二妻曾为彼生子，则第二妻从其父家所带来之妆奁归于其子所有；而父之财产应由第一妻之子及第二妻之子平均分配之。

第 25 条　倘自由民取妻，妻生子，诸子皆在，而诸婢亦为其主人生子，且父使诸婢及其子皆获自由，诸婢之子仍不得与其主人之子分产。

第 26 条　倘其前妻已死，而彼取婢为妻，则其前妻之子为彼之继承人；而婢之子，因系婢为其主人而生，故亦彼之子，可以享有彼之家产。

第 27 条　倘自由民之妻未为之生子，而街头献神女奴为之生子，则彼应以谷、油及衣服抚养此献神女奴。献神女奴所生之子为彼之继承人，但在其妻在世之日，献神女奴不得与其妻同居于家。

第 28 条　倘自由民避而不与其妻晤面，但尚未立约解决，而

---

①　恩图、纳第图及卡第什图皆女性僧侣，前二种又译"神姊"及"神妻"。

妻亦尚未离家，他的另一个妻，即他所取之爱妻，则为第二妻，他应赡养其第一妻。

第29条　倘女婿至岳父家，并带来聘礼，而后来被逐，其妻又被转予其友，则岳家应退还彼所带来之聘礼，其友亦不得取其妻。

第30条　倘有妻之青年取街头献神女奴，而法官告彼，使彼勿与此献神女奴往来，但彼终于抛弃其妻，则彼应加倍付出离弃之银。

第31条　（阙文约五至八字）……给彼，则父死之后，诸继承人可以分父家之产，但他们不得分割家族之一份①，他们父亲之言……不得……

第32条　倘父于生前为其子——长兄——规定聘礼，而子在父生前取妻，则父死之后，继承人……（阙文二十至二十五字）

第33条　倘……自由民……并确定，彼不分家，则彼应偿银十舍客勒。

第34条　倘自由民租牛而伤鼻环之筋肉，则彼应赔偿买价之三分之一。

第35条　倘自由民租牛而伤其眼，则彼应赔偿买价的一半。

第36条　倘自由民租牛而折断其角，则彼应赔偿买价之四分之一。

第37条　倘自由民租牛而伤其尾，则彼应赔偿买价之四分之一。

第38条　（阙文五至十字）……应付出……买价。

---

①　家族之一份，可能指国王给予全家族之份地，或指家族公社财产之不可分的部分。

结　语

我依乌图①的诚实之言，使苏美尔与阿卡德保持可靠之正义；我，李必特·伊丝达，恩利尔之子，遵照恩利尔确立之意旨，消除敌意与暴力；哭泣、悲伤，而……乌图以此等法律，我不究既往；真理与正义，我使之光辉灿烂，我满足苏美尔及阿卡德之生灵（阙文五十至六十字）……当我为苏美尔与阿卡德创立财富之时，我立此石柱。

凡不加害此石柱之人，不破坏我之事业之人，不擦去我所写的名字，不写上彼自己名字之人，赐彼久长之寿命与呼吸；许彼高升于埃·库尔②，恩利尔光辉之仪容自天鉴之。

凡加害此石柱之人，破坏我之事业之人，进入宝库而移去石基石柱之人，擦去我所写的名字而写上自己的名字，或以此中诅咒之语加诸他人之人——纵彼为国王，纵彼为……（阙文十至二十字）……将剥夺之并使之入于……彼……将无有……；阿什南及苏木堪③，肥沃之主宰，将剥夺彼之财富；（阙文二十五至五十字，后为原文之残迹）……将废止；乌图，天地之裁判官……将以伟大的言语，剥夺彼……彼……石柱之基（以下原文毁坏）；令彼成为墓丘之居民；其国基将不永；其国之王，不论其为谁——尼努尔塔，强大之战士，恩利尔之子……（末后磨损）。

---

①　阿卡德之沙马什。日神与正义之神。
②　埃·库尔：尼普尔最高神恩利尔之庙，又名宇宙。
③　阿什南为谷物之女神，苏木堪为牲畜之神。

附录四　《汉穆拉比法典》

【简介】

公元前 1894 年，阿摩利人的一个首领名叫苏姆·阿布姆在两河流域两河之间距离较近地方的一个古老城市建立了一个王国。这个城市名叫巴比伦，苏姆·阿布姆建立的这个王国史称"古巴比伦王国"。

公元前 1792 年，汉穆拉比即位为古巴比伦王国的第 6 任国王。《汉穆拉比法典》的成文时间应在公元前 18 世纪初期。

古巴比伦王国实行大麦和白银两币并行的货币制度，大麦货币单位有两个：古尔和卡；白银货币单位有三个：弥那、舍客勒和乌得图。

在《汉穆拉比法典》总共 282 个条文中，使用大麦货币的地方有 38 处，其中以古尔计量的地方有 10 处，以卡计量的地方有 14 处；使用白银货币的地方有 109 处，其中以弥那计量的地方有 16 处；以舍客勒计量的地方有 17 处；以乌得图计量的地方有 17 处；只说白银而不说计量单位的地方有 59 处。

本文摘自《汉穆拉比法典》，杨炽译，高等教育出版社 1992 年版。

【正文】

略

附录五 《赫梯法典》

【简介】

公元前 19 世纪，赫梯王国在小亚细亚半岛（今土耳其地区）形成。公元前 16 世纪后半叶，赫梯王国的国王铁列平进行改革，对内整顿纲纪，对外发动战争，国力日渐强盛。公元前 15 世纪末至公元前 13 世纪中期是赫梯王国最强盛的时期。《赫梯法典》是古代赫梯王国的基本法，编撰于公元前 15 世纪。

赫梯王国使用白银货币，基本单位是"弥那"和"舍客勒"。《赫梯法典》第 1 表和第 2 表共 200 个条文中，使用大麦货币的地方有 14 处；使用白银货币的地方共有 167 处。其中白银货币单位为"弥那"的地方有 14 处；白银货币单位为"舍客勒"的地方有 153 处。"弥那"和"舍客勒"都是重量单位，也都是货币单位。"弥那"和"舍客勒"重量制度源于两河流域，逐步传入位于小亚细亚半岛的赫梯王国。根据两河流域"弥那"和"舍客勒"重量制度，1"弥那"折合 60"舍客勒"。到了赫梯王国，1"弥那"改为折合 40"舍客勒"。

本文摘自《古代文明》，2009 年 10 月第 3 卷第 4 期，为李政教授译注的文本。

李政，北京大学外国语学院东方语言文化系教授，北京大学东方文学研究中心兼职研究员，中国世界古代史研究会理事，中国传记文学研究会理事。

【正文】

《赫梯法典》译注 [①]

李　政

提　要：《赫梯法典》是赫梯历史上重要文献之一。它的编撰始于赫梯古王国时期，很可能先后在中王国和新王国时期进行了重新编撰和修订。《赫梯法典》的条款内容涉及社会经济生活、国家义务的履行和婚姻关系等各个方面，明确了各种买卖、租借和雇佣的价格、多项犯罪行为以及相应的量刑等内容。较之《赫梯法典》不同时期的版本，我们看到，量刑的轻重有了明显的变化，死刑的运用仅限个别情况，特别是在有的条款中，死刑后来可以被罚金取代，国王的裁决可以是死刑或者豁免死罪。《赫梯法典》是赫梯人所遵循的重要行为准则，是认识赫梯国家社会经济和法律文化的一篇重要文献。

《赫梯法典》书写在泥板上，是用印欧赫梯语写成的。它出土于赫梯国家都城内的第一神庙和王室档案库，部分残片的出土地点至今不详。《赫梯法典》最早编撰于赫梯古王国时期，一说很可能始于赫梯国王哈吐什里一世统治时期，在公元前1600年前后；一说很可能始于公元前1500年前后，即铁列平国王统治时期。

《赫梯法典》共计200条。现存的文本既有书写在单一一块泥

---

① 摘自李政译注：《古代文明》，2009年10月第3卷第4期。

板上的，也有书写在两块泥板上的。现存书写在单一一块泥板上第1条到第100条是赫梯古王国时期的文本，它的部分修订本很可能是赫梯中王国时期的，而书写在两块泥板上的是赫梯新王国时期的版本。现存书写在单一泥板上的第101条到第200条既有赫梯古王国时期的文本，也有赫梯新王国时期的版本，而书写在两块泥板上的法典条文都是赫梯新王国时期成文的。关于条款成文年代的断代问题，霍夫奈尔还提出了《赫梯法典》条款"后古王国"的说法。不管怎样，《赫梯法典》的部分条款很可能是在赫梯历史的不同阶段被重新编撰和修订了。所以，《赫梯法典》的部分条款内容有了变化。这让我们看到赫梯法典本身有着一个发展变化的特点。遗憾的是，至今仍有20多条款或是严重残缺不全，或者全然不存。

《赫梯法典》的译注工作在国外很早就受到重视。最早对赫梯法典进行翻译的是诺伊弗尔德（1951年）。德国学者弗里德里希于1959年出版了他的德译本。虽然美国学者格兹在1969年出版了他的英译本。但长期以来，弗里德里希的德译本被赫梯学界认为是最好的译本。直到1997年，美国学者霍夫奈尔倾力完成了《赫梯人的法典》一书。这部著作吸收了多年来赫梯学各个领域的研究成果，特别是在古文字学和语言学等领域，同时，对现存赫梯法典的所有残片都进行了拉丁化的撰写、断代、比较和详细的注解。此外，对法典的内容进行了概括和提炼。可以说，这是一部《赫梯法典》研究至今所见的大成之作。霍夫奈尔在2000年出版的《经典文集：圣经世界文献》（ed. by W. W. Hallo, The Context of Scripture : Monumental Inscriptions from the Biblical World, Leiden : Birll,

2000，pp. 106-119.）一书中，不仅明确提出了赫梯法典最早编撰的时间，即在公元前 1650—前 1500 年间（赫梯古王国时期），而且对部分条款进行了新的注解和研究。

《赫梯法典》的中文译注早在 20 世纪 50 年代已经问世了，也同样得到我国老一辈学者的高度重视。它最早是在 1957 年由刘文鹏、陈文明、李长林和周怡天教授合作完成的，并由刘家和、周怡天和涂厚善教授进行了校对（东北师范大学《科学集刊》1957 年第 6 期）。该译注又被收录在《世界通史资料选辑·上古部分》（周一良、吴于廑主编，上古部分，林志纯主编，北京：商务印书馆 1985 年，第 147—176 页）但是，这个中译本译自俄文译本，而非赫梯语楔形文字原文。20 世纪 50 年代以来，随着赫梯考古发掘和赫梯学研究的深入，赫梯法典的一些新的残片得以发现和识别，内容的理解和认识有了很大的变化，而且越来越准确。此外，借助赫梯语言和文字符号研究的成果，《赫梯法典》的断代有了明确的定位。然而，《赫梯法典》不同时期版本的变化内容、一些条款的重新理解以及残缺部分的复原等所有这些情况在这个译注中都没有反映出来。此外，某些词的理解得到了学术界的更正。因此，重新释读《赫梯法典》已经十分必要。

译文根据赫梯楔形文字原文，部分条款的翻译参阅和引用了霍夫奈尔的英译文。

第 1 条　［如果］任何人在争［吵］中杀死［一个男人］或一个女人，他将［安葬他］并交出四人[①]，或者一个男人或者一个女

[①]　字面的含义是"四个头"。

子，他将［为此以房屋担］保①。

第2条　如果任何人在争吵中杀死一个男奴或一个女奴②，他将安葬他并交出二人，男性或者女性，他将为此以房屋担保③。

第3条　［如果］任何人打了一位自由［男人］或女人并导致他死亡④，但是，这是一次事故⑤，他将（安葬）他并交出二人，他将为此以房屋担保。

第4条　如果任何人打了一位男奴或女奴并导致他死亡，但是，这是一次事故，他将（安葬）他并交出一人，他将为此以房屋担保⑥。

第5条　如果任何人杀死了一位商人⑦，他将支付一个麦米那

---

① 本译文修补部分基本上根据的是霍夫奈尔的成果。他的房屋盯着看 / 查看。这个动词的词根形式是"他将为此以房屋担保"一句在文献中的字面含义是"他将为此在 suwaya-。梯什乐：《赫梯语词源词典》（J.Tischler：Hethitisches Etymologisches Glossar），"因斯布鲁克语言学研究"，第 20 卷（IBS 20），2006 年，第 1223 页。

② 在赫梯法典中，男奴和女奴这两个词的使用都是借用了苏美尔词的形式，他们分别是 ARAD 和 GEME。这两个词在句中的句法作用是通过加上赫梯语形式的格的形式而体现出来的。

③ 第一条和第二条存在一个后期文本，但是，目前仅可见个别符号的残迹。

④ 赫梯法典中"自由"一词的使用大部分是借用了阿卡德语词汇，见于赫梯法典中的形式是 EL–LAM 或者 EL–LUM。

⑤ 原文中这一句字面的表述是："他的手做了恶。"

⑥ 第三和第四条的后期文本（KBo VI 4）：如果任何人［……］以至于她死了，但是它是一次事故，他将支付四（？）米那银。但是如果这位女人是一个奴隶，他将支付二米那银。

⑦ 赫梯法典中"商人"一词的使用有时是苏美尔语形式（LU DAM.GAR），有时是赫梯语词汇，如本条款出现的第一个商人是苏美尔语形式的，第二个是赫梯语词汇（unattalla-）。

的银①，他将为此以房屋担保。如果它发生在鲁维或者帕拉地区②，他将支付一个麦米那的银并赔偿他的财物。如果它发生在赫梯国，他自己将安葬那位商人③。

第6条　如果一个人，男性或者女性，在另一个城市被杀，受害方的后代将从死者被发现的那个人的地产上扣除一千个基派沙尔的土地，并占有它④。

第7条　如果任何人使一位自由人失明或者敲落了他的牙齿，他们过去要支付四十舍客勒银。但是，现在他将支付二十舍客勒银，他将为此以房屋担保⑤。

第8条　如果任何人使一位男奴或女奴失明或者敲落了他的

---

①　霍夫奈尔：1997年，第19页。一个麦米那的银等于四千舍客勒银。

②　鲁维地区很可能位于小亚半岛的西南部和南部的一部分地区，帕拉位于半岛的西北部。

③　第五条后期文本（KBo VI 4）：如果任何人杀死了一位运货的赫梯商人，他将支付［……］米那银，并赔偿他三倍的财物。但是，如果商人没有货物，某人在争吵中杀死了他，他将支付二百四十舍客勒银。如果仅仅是一次事故，他将支付八十舍客勒银。

④　第六条后期文本（KBo VI 4）：如果一个人被发现杀死在另一个人的地产上，如果他是一个自由人，财产的主人将交出他的财产：房屋和六十舍客勒银。但如果死者是一位女性，财产的主人将不交出财产，但是要支付一百二十舍客勒银。但如果死者被发现的地点不是在私人的地产上，而是在未开垦的空旷地，人们将在各个方向丈量三达那的距离，无论是哪一个城或村被判定在这个范围内，他将拥有那个城或村的居民。如果没有城或村，死者的后代将丧失他的要求。霍夫奈尔：1997年，第20页。一千个基派沙尔等于一万两千平方米土地。

⑤　第七条后期文本（KBo VI 4）：如果任何人在争吵中使一位自由男人失明，他将支付四十舍客勒银。如果这是一次事故，他将支付二十舍客勒银。

牙齿，他将支付二十舍客勒银，并以房屋担保①。

第9条 如果任何人伤害了一个人的头。他们过去要支付六舍客勒银：受害一方取三舍客勒银，他们要向宫殿缴纳三舍客勒银②。但是，现在，国王放弃了王宫的份额，只有受害方得到三舍客勒银③。

第10条 如果任何人伤害了一位自由人并且使他暂时失去自立能力④，他将为伤者提供医疗。他将为伤者提供一个人并在他的地产上劳动，直到伤者痊愈。当他痊愈后，（攻击者）要支付六舍客勒银并向医生付费⑤。

第11条 如果任何人打断了一个自由人的臂和腿，他将赔偿给他二十舍客勒银，并以他的房屋作抵押⑥。

第12条 如果任何人打断了一个男奴或者女奴的臂和腿，他

---

① 第八条后期文本（KBo VI 4）：如果任何人在争吵中使一位男奴或女奴失明，他将支付二十舍客勒银。如果这是一次事故，他将支付十舍客勒银。第七条和第八条的后期文本：如果任何人敲落了一个自由人的牙齿——如果他敲落二或三颗牙齿——他将支付十二舍客勒银。如果他是一个奴隶，他将支付六舍客勒银。

② 宫殿一词在这里是苏美尔语形式，即 E.GAL，它的字面含义是大房子。

③ 第九条后期文本（KBo VI 4）：如果任何人伤害了一个自由人的头，受害方将得到三舍客勒银。

④ 这里的自由人一词是苏美尔语形式的，即 LU.U19.LU。

⑤ 第十条后期文本（KBo VI 4）：如果任何人伤害了一位自由人的头，他将为伤者提供医疗。他将为伤者提供一个人在他的地产上劳动直到伤者痊愈。当他痊愈后，攻击者要支付十舍客勒银并向医生付费三舍客勒。如果他是一个奴隶，他将支付二舍客勒银。

⑥ 第十一条后期文本（KBo VI 4）：如果任何人打断了一个自由人的臂和腿，如果受到伤害的人变成了残废，他将赔偿给他二十舍客勒银。如果他没有残废，他将赔偿给他十舍客勒银。

将赔偿给他十舍客勒银，并以他的房屋作抵押①。

第 13 条　如果任何人咬掉了一个自由人的鼻子，他将支付四十舍客勒银，并以房屋作抵押②。

第 14 条　如果任何人咬掉一个男奴或者女奴的鼻子，他将支付三舍客勒银，并以房屋作抵押③。

第 15 条　如果任何人撕掉了一个自由人的耳朵，他将支付十二舍客勒银，并以房屋作抵押④。

第 16 条　如果任何人撕掉了一个男奴或者女奴的耳朵，他将支付三舍客勒银⑤。

第 17 条　如果任何人使一位自由女子怀孕，如果孕期在第十个月，他将支付十舍客勒银，如果在第五个月，他将支付五舍客勒银，并以房屋作担保⑥。

第 18 条　如果任何人使一位女奴怀孕，如果孕期在第十个月，

---

①　第十二条后期文本（KBo Ⅵ 4）：如果任何人打断了一个奴隶的臂和腿，如果他残废了，他将赔偿给他十舍客勒银。如果他没有残废，他将赔偿给他五舍客勒银。在另一块后期残片（KBo Ⅵ 5）中，赔偿金是六舍客勒银。

②　第十三条后期文本（KBo Ⅵ 4）：如果任何人咬掉了一个自由人的鼻子，他将支付三十米那银（霍夫奈尔认为这可能是书吏的一个书写错误，可能是三十舍客勒。我们赞同这个分析），并以房屋作抵押。

③　第十四条后期文本（KBo Ⅵ 4）：如果任何人咬掉了一个男奴或者女奴的鼻子，他将支付十五米那银，并以房屋作抵押。

④　第十五条后期文本（KBo Ⅵ 4）：如果任何人撕掉了一个自由人的耳朵，他将支付十二舍客勒银。

⑤　第十六条后期文本（KBo Ⅵ 4）：如果任何人撕掉了一个男奴或者女奴的耳朵，他将支付六舍客勒银。

⑥　第十七条后期文本（KBo Ⅵ 4）：如果任何人使一位自由女子怀孕，他将支付二十舍客勒银。

他将支付五舍客勒银①。

第19条　如果一个鲁维人从哈吐沙城绑架了一个自由男性或者女性②，把他带到鲁维国，后来，被绑架的人的主人认出了他，（提出要求者）将没收（绑架者）的财产。如果一个赫梯人恰恰在哈吐沙城绑架了一个鲁维人③，把他带到鲁维地区，先前他们要交出十二个人，但是，现在，他要交出六个人，并以房屋作担保。

第20条　如果一个赫梯人从鲁维国绑架了另一个赫梯人的男奴，并把他带到赫梯国④，后来，（被绑架者的）主人认出了他，他（绑架者）将支付十二舍客勒银，并以房屋作担保。

第21条　［如］果任何人从鲁维国绑架了一个鲁维人的男奴并把他带到赫梯国⑤，他的主人后来认出了他，主人将只能带走他的奴隶，没有赔偿。

第22条　［如］果一个男奴逃跑了，某人将他带回，如果他是在附近抓到的，他将给发现者一双鞋。如果他是在河的这边抓到的，他将支付二舍客勒银。如果是在河的那边，他将支付三舍

---

① 第十八条后期文本（KBo VI 4）：如果任何人使一位女奴怀孕，他将支付十舍客勒银。

② 霍夫奈尔：1997年，第30页。他将文献中的哈吐沙城理解并翻译成赫梯国。

③ 霍夫奈尔：1997年，第30页。他同样把哈吐沙城理解并翻译为赫梯国。霍夫奈尔将该条款区分为19a和19b。

④ 赫梯国在文献中的表述是 KUR URU Hatti。我们认为这里的确应该译为赫梯国。

⑤ "一个鲁维人"在文献中的字面含义是"鲁维城的一个人"。

客勒银[①]。

第23条 如果一个男奴逃跑了，并来到鲁维地区[②]，无论是谁把他带回，他的主人需支付六舍客勒银。如果一个男奴逃跑了并到了敌国，谁把他带回，谁就据为己有。

第24条 ［如］果一个男奴或者女奴逃跑了，他的主人不管在谁的炉灶发现了他／她，他将支付一个月的薪水：男人十二舍客勒银，女人六舍客勒银[③]。

第25条 如果一个人把污秽带进一个酒具或者一个大桶，先前人们要支付六舍客勒银：不洁净者需支付三舍客勒银，人们要向王宫支付三舍客勒银。但是，现在，国王放弃了王宫的份额[④]，不洁净者只需付三舍客勒银，并以房屋作抵押。

第26条 如果一位妇女与一位男人［离婚］[⑤]，［男人］将给［她……］，［那位女人将］为她的后代［领取］补偿。但是，那位男子［将占有土地］和孩子们。［……］

如果一个男人与一位女人离婚，［……］，他将［卖了她］，无

---

① 本条款前后不同时期的版本在内容上没有变化，不同的是一些词的拼读形式，如，hu-wa-a-i 与 hu-u-wa-a-i，a-ap-pa 与 EGIR-pa 以及 ke-e-et 与 ke-e-ez 等。

② 这里也可以理解为鲁维国。

③ 这里的译文依据的是文本 A（KBo VI 2）。文本 B（KBo VI 3）是赫梯新王国时期的，它有几处与前者不同。霍夫奈尔：1997 年，第 33 页。关于支付的薪水问题，新王国时期的版本是这样的男子一年二又二分之一米那银（等于一百舍客勒银），女子一年五十舍客勒银。

④ 关于王宫一词，文本 A 字面的含义是"国王的房子"；文本 B 是"大房子"。

⑤ 霍夫奈尔：1997 年，第 34—35 页。他根据版本 KUB XXVI 56，将离婚一词译为拒绝。版本 KBo XII 49 中该动词的含义是离婚。他将本条款区分为第 26abc 三部分。

论是谁买了她，将支［付］给他十二舍客勒银。

如果［一个男人与一个女人离婚，他将卖了她］，［买了她的］那个人将支［付］十二舍客勒银。

第27条　如果一个男人把他的妻子带到他的家中①，他将把她的嫁妆带到他的家②。如果那位女子死在那里，人们将烧毁那个男人的个人财产，那个男人将取得她的嫁妆。如果她死在她父亲的家里，并且她有了孩子，那个男人将不能［占有］她的嫁妆。

第28条　如果一个女孩被许诺嫁给一个男人，但是，另一个男人与她逃跑。一旦他与她逃跑，他要向前一个男子赔付他所给的东西③。女孩的父母可不赔偿④。

若她的父亲和母亲把她给了另一个人，父母要赔偿。

若父亲和母亲拒绝⑤，人们将使她与他分开。

第29条　若一个女子已许配给一个男子，并且他为她支付了聘礼，但是，父母后来为此争执，他们可以使她与他分开。但是，他们要双倍归还聘礼⑥。

———————

① 这里的"妻子"一词使用的是苏美尔语词汇，DAM。

② 霍夫奈尔认为，这句话只是表明他有保管和监护的权利，并不是法律上的占有。

③ 残片 C（KBo Ⅵ 5 ⅱ 13）这一句读作他们要赔偿。这里的他们指的是父母。

④ 残片 C 的内容是：他将不赔偿。霍夫奈尔1997年：他认为，这里的他指的是诱拐者。

⑤ 根据霍夫奈尔：1977年，第38页。残片 C 的内容是：如果它不是父亲和母亲的愿望。他将本条款区分为第28abc 三部分。

⑥ 后期文本严重残缺。这里的"他们"很可能指的是女子的父母。

第 30 条　若一个男子还没有娶女子，他拒绝了她，他将丧失他已支付的聘礼①。

第 31 条　若一个自由男子和一位女奴相爱而且走到一起，他娶她为妻，而且他们建了房子，生养了孩子。但是，后来他们彼此不合，或者他们彼此找到一个新的婚姻伴侣，他们将平分房子，男方将得到多个孩子，而女方领养一个孩子②。

第 32 条　若一个男奴与一位自由女子结婚，并且他们有了孩子。当他们分家产时，他们应平分财产，而且自由女子将养育大多数孩子，而男奴养育一个孩子③。

第 33 条　若一个男奴与与一位女奴结婚，他们有了孩子。当他们分家产时，他们应平分财产，而且女奴将养育大多数孩子，而男奴养育一个孩子④。

第 34 条　若一个男奴向一个女子支付了聘礼，并娶他为妻，没有人可改变她的社会地位⑤。

第 35 条　若一个牧人娶了一位自由女子，她将在三年内是一

---

①　后期文本（KBo Ⅵ 4）残缺不全。

②　霍夫奈尔：1997 年，第 41 页。后期文本（KBo Ⅵ 4）：若一个自由男子和一位女子结婚［走到一起］，而且［他们建］了房子，生养了［孩子］。但是，后来，他／她［发］怒了，或者他们彼此找到一个新的婚姻伴侣，男子［和女子将平分房子］，并且［……］那个男子的［……］。

③　霍夫奈尔：1997 年，第 41 页。文本 B 是这样的，如果一个男奴娶了一个自由女子，他们的情况是一样的。

④　霍夫奈尔：1997 年，第 42 页。文本（KBo Ⅵ 3）：如果一个男奴娶了一个女奴，他们的情况是一样的。

⑤　这一句话的含义很可能是那名女子的社会地位维持不变。

个奴隶[①]。

第 36 条　若一位奴隶为一个自由年轻男子支付了聘礼，并要求他作为女婿，没有人可改变他的社会地位[②]。

第 37 条　若任何人与一个女子逃跑了，支持者追随他们。若三位或者两位男子死了，将没有赔偿。"你变成了一匹狼。"[③]

第 38 条　若一些人提出诉讼，而且一些支持者投靠他们。若诉讼当事人被激怒了并且痛打了支持者，以至他死亡，没有赔偿[④]。

第 39 条　若一个人占有了另一个人的田地，他将履行他的萨含义务。如果他转手那块地，他将放弃那块土地，他将不许卖掉它[⑤]。

---

① 这是古王国时期的文本（KBo Ⅵ 2）。中王国时期的文本（KBo Ⅵ 3）是：若一个监工或一个牧人与一位自由女子私奔，并且没有为她支付聘礼，她将在三年内成为一个奴隶。霍夫奈尔：1997 年，第 161 页。他认为这个抄本（KBo Ⅵ 3）是赫梯新王国时期的，而不是中王国时期。

② 男子的自由身份很可能并不改变。

③ 这一句"你变成了一匹狼"在文献中是以引语的形式出现的。贝克迈认为这是赫梯人的一句谚语。贝克迈："谚语"和"其他智慧文献"（"Proverbs" and "Other Wisdom Literature"），见哈罗：《经典文集，圣经世界文献》（The Context of Scripture，Monumental Inscriptions from the Biblical World），1997 年，第 215 页。

④ 该条款的后期文本严重残缺。

⑤ 后期文本（KBo Ⅵ 4）：若［任何人拥有］空地，他劳作这块［空地］，并且不［……］。

第 40 条 若一个承担着吐库义务的男子消失了[①],一个承担伊尔库义务的男子得到安排[②]。这个承担伊尔库义务的男子将说道:这是我的吐库义务,而且这是我的萨含义务。他将获得一份加印文书,表明他拥有那个曾承担着吐库义务的男子的土地,他将承担吐库义务并履行萨含义务。但是,如果他拒绝吐库义务,人们将宣布拥有吐库义务的人的土地将是消失了的那个人的,而且村里的男子们将耕种土地。若国王给了一个阿尔努瓦拉男子,人们将把土

---

① "吐库"一词在文献中是一个苏美尔语词,GIS TUKUL,GIS 是一个限定词,表示与木制的东西有关。TUKUL 一词的含义是"工具"或者"武器"。参见吕斯特和诺伊:《赫梯人的符号词典》(Ch. Ruester und E.Neu : Hethitisches Zeichenlexikon, Studien zu den Bogazkoey-Texten, Beiheft 2, Wiesbaden, Germany, 1989), 1989 年,第 194 页。在这里我们看到"LU GIS TUKUL"这样的名称,字面含义是"吐库的男子"。根据霍夫奈尔:1997 年,第 322 页,他认为是 "承担着吐库义务的男子"。但是,这个解释没有指明何谓"吐库义务"? 诺伊和霍夫奈尔都没有给出一个确切的说法。美国赫梯学家比尔在他的《赫梯军队的组织》这部著作中提出,"LU GIS TUKUL"是指"持有武器的男子"(weapon-man),他们实际上就是有土地的男性士兵(Land Based troops)。他们获得的军饷形式不是现金,而是土地,并依靠土地上的收成来支持他们的生活。这种形式很可能在赫梯历史上后来扩展到政府官员。见 R. Beal : The Organization of the Hittite Military, THeth. 20, Heidelberg, 1992, p. 55。根据比尔的解释,所谓的吐库义务可能是指被分得土地的士兵或者官员需要履行耕种土地的义务并从中帮助他们自己生活。

② 霍夫奈尔:1997 年,第 187 页。伊尔库一词在赫梯法典中是阿卡德语词 ILKU/I。根据他的研究,伊尔库义务可能指的就是赫梯语词汇萨含所指的义务。参见第 41 条款的注释。

地给他，他将成为一个吐库人①。

第41条　但是，若他拒绝萨含义务，人们将把承担有萨含义务的人的土地交给宫廷。萨含义务将停止②。

第42条　若任何人雇佣一个人，那个人参加军事远征并且战死，若雇佣金已支付，将没有赔偿。但是，若雇佣金还没有支付，雇佣者将献出一头③。

第43条　若一个男子与他的牛过河，另一个男子把他推开，抓住了牛尾并且渡过了河。但是，河流夺取了牛的主人的生命，

---

① 后期文本（KBo Ⅵ 4）：如果一个自由男子［未履行义务］，一个承担萨含义务的男子［得到安排，这个承担萨含义务的男子将说道："这是我的……"，而且这是我的萨含义务，另一个是［我的］萨含义务。他将自己获得一份［关于拥有……义务的男子的土地的加印文书，他将……义务］并履行［萨含义务。但是，如果他拒绝……义务，人们将宣布土地］空出了，［村里的男子们将耕种它。］若国王［给了一个阿尔努瓦拉男子］，人们将把［土地］给［他］，［他将成为一个……人。]

② 霍夫奈尔，1997年，第295页。根据霍夫奈尔的研究，萨含义务可能是指"国家所要求缴纳的或者承担的义务"。普赫维尔：《赫梯语词源学词典》，第5卷，2001年，第130页。根据普赫维尔的研究，这个义务是指"socage"（农役租佃），"feudal ground rent"（分封土地租金）。该条款的后期文本严重残缺（KBo Ⅵ 4）。

③ 霍夫奈尔：1997年，第51页。霍夫奈尔将文献中的"一个头"理解为"一个奴隶"。我们认为，这里"一个头"的理解未必一定指的就是奴隶。这一条款现存三个残片，很可能属于不同时期的文本。文本（KBo Ⅵ 2）是赫梯古王国时期的，它与其他的文本在内容上有着明显的不同。在新王国时期的文本（KBo Ⅵ 3）和文本（KBo Ⅵ 5）中，我们在这一条款的最后看到这样一句："他要支付赔偿金十二舍客勒银，雇佣的是一位女子，他将支付六舍客勒［银］"，然而，这一句未见古王国时期的文本（KBo Ⅵ 2）。此外，我们看到，一些词汇的使用和拼读形式也有一些不同，如"一个人"这个词在古王国时期的文本中是苏美尔语形式的，而后期文本则使用的是赫梯语词汇 an-tu-uh-sa-an。

（他的）后代将抓住那个人①。

第44条　若任何人使一个男子落入火中，以至于他死了，他将把一个男孩给他②。若任何人对一个人履行净化仪式，他将清除燃烧堆的残余物。但是，若他清理它到某一个人的房子，这将是巫术并由国王来裁定③。

第45条　若任何人发现了工具并将他们还给他们的主人，他将对他进行奖励。但是，如果他没有把他们归还，他将被视为一

———————————

① 根据霍夫奈尔的理解，最后一句的含义是"死者的后代将抓住那个推开他的人"。所谓"推开他的人"作为定语从句未见文本（KBo Ⅵ 2）和文本（KBo Ⅵ 3），仅见文本（KBo Ⅵ 5），所以，该句含义是他（牛的主人的后代）将抓住那个推开牛的主人的人。在这三个残片中，我们看到一些词汇的使用和拼读形式也存在着若干不同点，如，zi-i-nu-us-ki-iz-zi（KBo Ⅵ 2）、zi-nu-us-ki-iz-zi（KBo Ⅵ 3）和 ze-e-nu-us-ki-iz-zi（KBo Ⅵ 5）。

② 这里指作恶一方将交出一个男孩。此外，这一条款的三个文本中的一些词汇的拼读形式存在差异，如 pa-ah-hu-e-ni 见于文本（KBo Ⅵ 2）和文本（KBo Ⅵ 3），而文本（KBo Ⅵ 5）中的形式是 IZI-ni。

③ 霍夫奈尔：1997年，第53页。霍夫奈尔认为这一条可能存在后期的版本（KBo Ⅵ 4）："他将再次通过仪式使它净化。如果房间里出了坏事情，他将像从前再次通过仪式使它净化，他将为丢失的其他东西进行赔偿。"本条款现存三个文本，个别相同含义的词在这三个文本中的书写形式却是不一样的，如"人"这个词，见于文本（KBo Ⅵ 2）的是苏美尔语词 LU.U19.LU，而见于文本（KBo Ⅵ 3）和文本（KBo Ⅵ 5）的分别是赫梯语形式的 an-tu-uh-sa-an 和苏美尔语形式的 UN。他将本条款分为44ab两部分。

个小偷①。

第46条 若一个人在村子里拥有一份继承的土地，若他／她得到一大片土地，他／她将履行鲁兹义务②。但是，他／她得到一小部分土地，他／她将不履行鲁兹义务，人们将从他父亲的房产中征收。若一个后代为他／她自己分到一块土地，或者村里的男人们给了他／她一块地，他／她将履行鲁兹义务③。

第47条 若任何人拥有一份王室赠地，他将不必履行萨含

---

① 霍夫奈尔：1997年，第54页。根据霍夫奈尔的研究成果，这一条的后期文本与法典的第71条整合在了一起（KBo VI 4）。译文如下：若任何人发现了工具或者一头牛、一只羊、一匹马、（或者）一头驴，他要把它驱赶到它的主人那里，他（主人）把它带走。但是，如果他未能找到它的主人，他要寻求证据。后来，它的主人发现了它，他将全部带回他丢失的。但是，如果他不寻求证据，并且后来，它的主人发现了它，他将被视为一个贼，他将三倍赔偿。本条款现存三个文本，个别相同含义的词在这三个文本中的书写形式不完全一致，如动词"发现"，它们分别是 u-e-mi-ez-zi（KBo VI 2）、u-e-mi-ia-az-zi（KBo VI 3）和 KAR-zi（KBo VI 5）。我们还看到，在第一篇文献中，"工具"一词是赫梯语形式的 a-as-su，这个词作为名词时的本意是物品、货物、东西；而在其他两个文本中，这个词的形式是阿卡德语的词汇 U-NU-TE-MES，这个词的本意则是工具，可见，法典中的用词在后期文本中不仅在形式上更加简化，重要的是更加准确了。

② 霍夫奈尔：1997年，第286页。根据霍夫奈尔的研究，鲁兹义务可能是指"强制的公共劳动""徭役"。普赫维尔：《赫梯语源学词典》，第5卷，2001年，第130页。根据普赫维尔的研究，这个义务是指"被迫的劳动""公共的义务""徭役"。

③ 霍夫奈尔：1997年，第56页。后期文本（KBo VI 4）：若村子里的一个人拥有一份继承的萨含义务的土地，若土地全部给了他，他将履行鲁兹义务。若土地没有全部给他，只是给了他一小部分，他将无须履行鲁兹义务。人们将从他父亲的地产中提供。若继承人的土地被让了出来，村里的男人们给了他一块地，他将履行鲁兹义务。我们看到，"萨含义务"在该条款古王国时期的文本中是没有的，而见于后期的文本。这是该条款不同时期文本间的最大差异。

和鲁兹义务。国王将从桌上取面包给他[①]。若任何人购买一个拥有吐库义务的人的土地，他将履行鲁兹义务。但是，若他购买的是土地中的大部分，他将不需履行鲁兹义务。但是，若他为自己开垦出一块空地，或者村子里的男人们给他土地，他将要履行鲁兹义务[②]。

第48条　一个黑帕拉男子履行鲁兹义务。让人们不要与一个哈帕拉人交易，让人们不要购买他的孩子、他的土地、他的葡萄园。无论谁与一个黑帕拉男子交易，他将丧失他付出的价钱，而且黑

---

①　这里的译文根据的是文本（KBo Ⅵ 2），很可能是赫梯古王国时期的版本。我们在版本（KBo Ⅵ 3）看到的内容已经有了一点变化："他将不必履行鲁兹义务。"该版本很可能成文于赫梯中王国时期。后期文本即赫梯新王国时期的文本变化更加显著。见霍夫奈尔：1997年，第57页。译文是：若任何人拥有一份王室赠地，他将履行鲁兹义务。但是，若国王免除他的义务，他可不履行鲁兹义务。

②　霍夫奈尔：1997年，第57—58页。还存在一个包括第47a和47b两个部分在一起的后期文本（KBo Ⅵ 4）：如果任何人购买了一个吐库男子的所有土地，土地的（前）主人死了，（新主人）将履行国王确立的萨含义务。但是，如果（前）主人还活着，或者（前）主人还有一块田产，无论是在这个地方还是在另一个地方，（新）主人将不履行萨含义务。第47条的ab两条还存在一个完整的条款，该条款也是后期的文本：若任何人拥有一份王室赠地，他将根据土地而履行鲁兹义务。但是，若他们免除他的宫廷义务，他将不履行鲁兹义务。如果任何人购买了一个吐库男子的所有土地，他们将请求国王，他将履行国王所说的鲁兹义务，如果他额外购买了其他某个人的土地，他将无须履行（任何附加的）鲁兹义务。如果是空地，或者村子里的男人们给了他（其他的土地），他将履行鲁兹义务。他将本条款分为47ab两部分。

帕拉男子将拿回他所卖的东西①。

第49条 ［如］果一个黑帕拉男子偷窃，没有赔偿。人们将 ［……］，只是他自己将要赔偿。如果黑帕拉男子们被要求为他们 的偷窃赔偿，他们都不忠实，或变为窃贼。这个人抓住那个人， 那个人抓住这个人。［他们］将对国王的［……］施压②。

第50条 那个在奈里克的［……］人③，在阿丽那（或在）兹 帕兰达的祭司——在每个城，他们的房子被免除义务。然而，他 们的同伴要履行鲁兹义务。在阿丽那，当第11个月到来时，一棵 埃亚树无论出现在哪个人的屋门口，同样如此④。

第51条 先前，谁在阿丽那成为一个织工，［……］他的后 代和他的亲属是自由的。［……］他的继承人和亲属将［履行］萨

---

① 霍夫奈尔：1997年，第59页。后期文本（KBo Ⅵ 4）：如果一个黑帕拉 男子履行鲁兹义务，让人们不要与一个黑帕拉人交易，让人们不要购买他的孩 子、他的土地或者他的葡萄园。无论谁与一个黑帕拉男子交易，他将丧失他付出的 价钱，而且黑帕拉男子将拿回他所卖的东西。黑帕拉一词这里是音译，它的具体含 义不详。霍夫奈尔认为是被俘者，受奴役的阶层。第277页。此外，黑帕拉人一词 在后期文本中三处是以阿卡德语词的形式书写的，即 LUA-SI-RUM。

② 霍夫奈尔：1997年，第60页。后期文本（KBo Ⅵ 4）：如果一个黑帕拉 男子偷窃，人们不要求他赔偿，或者赔偿［……］。霍夫奈尔将最后一句译为："他 们将对国王的权力施压。"

③ 这里究竟指代的是何人？由于文献残缺，不详。

④ 文本中这个地方的表述十分简略。奈里克城、阿丽那城和兹帕兰达城是赫 梯人的重要圣城，这里的祭司很可能享有某种特权。埃亚树一词是音译，具体所指 不详。

含和［鲁兹］义务。在兹帕兰达，与上面的情况一致 ①。

第 52 条　在吐库男子当中，一个石房子的奴隶 ②、一个王子的奴隶（或者）一个带有苇杆形状标记的人拥有土地 ③，将履行鲁兹义务。

第 53 条　若一个承担吐库义务的男子和他的伙伴生活在一起，若他们争吵并要分开他们的家产，若他的土地有十人的话，承担吐库义务的男子将得到七人，他的同伴得到三人。他们将以同样的比例分开他们土地上的牛羊。若任何人拥有王室土地赠与文书 ④，若他们分开过去的土地，承担吐库义务的男子将取二部分，他的同伴将得到一部分 ⑤。

---

①　这里的译文根据的是文本 A，KBo Ⅵ 2，而这一条的残片（KBo Ⅵ 6）和（KBo Ⅵ 9）保存相对完整，经过整合不同的残片，这一条的内容是：先前，谁在阿丽那成为一个织工，他的房屋是自由的，他的后代和他的亲属是自由的。现在，只有他自己的房屋是自由的，他的继承人和亲属将履行萨含和鲁兹义务。兹帕兰达的情况一致。

②　根据圭特博克和霍夫奈尔等学者的观点，"石房子"一词可能指陵墓。霍夫奈尔：1997 年，第 63 页。

③　霍夫奈尔：1997 年，第 192—193 页。所谓"一个带有苇杆形状标记的人"，我们至今并不清楚这个词的确切所指。根据赫梯法典，他是这样被提到的：BE-EL SU-UP-PA-TI 或者 EN SU-UP-PA-TI。根据霍夫奈尔的研究，这个表述在以往学术界是没有完全译出的，通常只是翻译为"Lord of ……"，即"……的主"，或者根本就不加翻译。主要原因是 SU-UP-PA-TI 一词的含义不详。现在的这个译文是霍夫奈尔提出的。

④　这一句的含义是指某人不仅拥有王室赠与的土地，他还持有证明他拥有土地的泥板文书。

⑤　这个条款现存多个文本，包括古王国、中王国和新王国时期的，但是，该条款的内容几乎没有什么变化。

货币法制的建立

第54条　先前，曼达士兵、沙拉士兵和塔玛尔基城的、哈特拉城的、查尔帕城的、塔什尼亚城和赫穆瓦城的士兵以及弓箭手们、木匠们、骑兵们和他们的卡鲁哈莱斯男人们不履行鲁兹义务，也不履行萨含义务[1]。

第55条　当"赫梯之子们"[2]，即承担萨含义务的男子们来了，他们向国王之父表示敬意，并说："没有人为我们支付薪水，他们拒绝我们"（说）"你们是履行萨含义务的男子"。国王之父走进议事会并在他的印下向他们教诲道："你们必须应如同你们的同伴一样，履行（萨含）义务。"

第56条　任何一个铜匠不能免除造冰、防御工事和王室道路修建或收获葡萄园的义务[3]。园艺工将履行所有的鲁兹义务。

第57条　若任何人偷窃一头公牛——若它是一头刚断了奶的幼畜，而不是一头公牛，若它是一岁的小牛，而不是一头公牛；若它是一头两岁的牛，那就是一头"公牛"。先前，他们要给三十头牛，但是，现在，他将给十五头牛：五头两岁的，五头一岁的和五头刚

---

[1]　曼达和沙拉都是音译，他们究竟指代何种士兵，我们至今不详。根据原文，其他的士兵来自各个城池。"卡鲁哈莱斯"一词也是音译，我们不知它说明的是怎样的一种男人们。

[2]　霍夫奈尔：1997年，第67页。他将文献中的"赫梯之子们"（DUMU.MES URUHatti）英译为"赫梯人"或者"赫梯人的一支代表队"。

[3]　根据原文，所谓"道路"字面含义是"国王的道路"。残片（KBo VI 6）提到的内容包括防御工事的修建、国王的远征或者收获葡萄园。残片（KBo XXII 62 + KBo VI 2）和属于古王国后期的残片（KBo VI 3）略去了造冰的义务。

断了奶的幼畜，而且他要以房屋作抵押①。

第58条　若任何人偷窃了一匹种马——若它是一头刚断了奶的幼畜，它不是一匹种马；若它是一岁的，它不是一匹种马；若它两岁，它是一匹"种马"，人们过去要交出三十头羊，但是，现在他要交十五匹马：五匹两岁的，五匹一岁的和五匹刚断了奶的幼畜，而且他要以房屋作抵押②。

第59条　任何人偷窃一头公羊，人们过去要交出三十头羊，现在，他将交出十五头羊：他要交出五头母羊，五头阉羊和五头羔羊，并且要以房屋作抵押③。

第60条　若任何人发现了一头公牛并且阉割了它，它的主人要求偿还，他交出七头牛④：二头两岁的，三头一岁的和二头刚断了奶的幼畜，并以房屋作抵押。

第61条　若任何人发现了一匹种马并且阉割了它，它的主人要求偿还，他（发现者）要交出七匹马：两匹两岁的，三匹一岁的

---

① 该条款现存赫梯历史上古王国、中王国和新王国三个时期的文本，内容没有变化。一些词的拼读形式存在着差异，如"刚断了奶的幼畜"一词，它的书写形式分别是 sa-u-di-is-za（KBo Ⅵ 2）、sa-u-i-ti-is-za（KBo Ⅵ 3）和 sa-a-u-i-te-es-za（KBo Ⅵ 6）。

② 除了中王国和新王国时期的版本，该条款现存赫梯古王国时期的两个文本。它的内容没有变化。

③ 赫梯人将这里提到的公羊、羊、母羊、阉羊和羔羊用不同的词汇表示出来，这些词都是苏美尔语的形式。关于这一条的文本情况，现存五块残片，其中，两块残缺严重，其他三块保存比较完好，古王国时期的和后期的文本在内容上没有变化。

④ 霍夫奈尔：1997年，第72页。"他"这里指发现者。

和两匹刚断了奶的幼畜，并以房屋作抵押①。

第 62 条　若任何人发现了一头羊，并且阉割了它，它的主人辨认出来，他（发现者）要交出七头羊：二头母羊，三头阉羊和二头未成年的羊，并以房屋作抵押②。

第 63 条　若任何人偷窃了一头耕牛，先前，人们要交出十五头牛③。但是，现在，他要交出十头羊：三头两岁的，三头一岁的和四头刚断了奶的幼羊，并以房屋作抵押。

第 64 条　若任何人偷窃了一匹挽马，它的处理方式是一样的④。

第 65 条　若任何人偷窃了一头驯养的山羊或者一头驯鹿或者一头驯养的山羊，他们的赔偿与一头耕牛的偷窃是一样的⑤。

第 66 条　若一头耕牛、一匹挽马，一头母牛，或者一匹母马走失到另一个畜栏，若一头驯养山羊，一头母羊或者一头阉羊走

---

①　该条款现存赫梯历史上古王国、中王国和新王国三个时期的文本，内容没有变化。

②　这一条款现存四块残片，其中残片 KBo XIX 3 中的 par-na-as-se-e-ia 一词的拼读形式很可能略微有所不同。在本条款的其他残片和其他条款残片中，这个词通常最后附着的连词形式是 -a，而不是 -ia。

③　在"人们要交出十五头牛"一句中，动词人称词尾是第三人称复数，与前一句主语的单数形式不一致。

④　该条款同样现存不同时期的文本。在古王国时期的文本中，ut-tar-se-da（转写整合后的形式：uttar=sed=a）部分由三个词组成，见括号内的形式，其中 -da 的使用与其他残片不同（-et），这一点反映出古王国时期赫梯语的一个特点。霍夫奈尔将本条款的结局译为"它的赔偿是一样的"。所谓赔偿一词，这里的形式是赫梯语词汇"ut-tar"，这个词的含义是"事情""事件"。

⑤　文本 B：它的赔偿与一头雄山羊是一样的。

失到（另一个）畜栏，它的主人发现了它，他将全部把它带走，他不可抓小偷①。

第67条　若任何人偷窃了一头奶牛，他们过去通常要交出十二头公牛。现在，他要交出六头公牛：他要交出二头二岁的、二头一岁的和二头刚断奶的，并以他的房屋作抵押②。

第68条　若任何人偷窃了一匹母马，它的赔偿是一样的③。

第69条　若任何人偷窃了或者一头母羊或者一头阉羊，人们通常要交出十二头羊④。但是，现在，他要交出六头羊：他要交出两头母羊，两头阉羊和两头幼羊，并且他要以房屋作抵押。

第70条　若任何人偷窃一头牛、一匹马、一头骡或者一头驴，它的主人辨认出它，他将全部带走。此外，他要两倍地赔偿⑤，并且他要以房屋作抵押。

第71条　若任何人发现了一头牛、或一匹马、或一头骡、或一头驴，他应驱赶至国王之门。若他在乡间发现了，他们应把它

---

① 这里很可能是指他不可以把畜栏的主人当作小偷来抓。

② 在"他们过去通常要交出十二头公牛"一句中，动词人称词尾是第三人称复数，与前后句主语的单数形式不一致。

③ 这一条款中赔偿一词使用的是阿卡德语词汇"A-WA-SU"。根据霍夫奈尔，这个词的含义是"事情""诉讼案件""赔偿"。这与第64条不同。这个词的使用很可能更确切一些。霍夫奈尔：1997年，第330页。

④ 在"人们通常要交出十二头羊"一句中，动词人称词尾是第三人称复数，与前后句主语的单数形式不一致。

⑤ 这里的"他"指代偷窃者。

向长老们展示①。他应套上它。当它的主人发现了它，他将完好地把它带回。但是，他不应将他作为贼扣留。但若［他不］把它向年长者展示②，他将变成一个贼。

第 72 条　若一头牛被发现死在某人的地产上，地产主人应交出二头牛，并以他的房屋作抵押。

第 73 条　若任何人将一头活着的牛支解③，他同样是一个窃贼。

第 74 条　若任何人击碎了一头牛角或腿，他应得到那头（牛）并将一头完好的牛还给牛的拥有者。若那头牛的主人说："我要我自己的牛"，他将得到他的牛，他将支付二舍客勒银④。

第 75 条　若任何人套住一头牛、或一匹马、或一头骡、或一头驴，而且它死了，或者一匹狼吞食了它，或者它失踪了，他应赔偿相当的一头。如果他说："它死于神灵之手"⑤，他为此要发誓⑥。

---

①　长老们实际上指的就是年长的男人们。这里的"他们"与前后句中的主语不一致。此外，本条款具有着赫梯人的人证思想，长老们实际上起着作证者的作用。

②　这里的"他"很可能指的就是发现者。对此，我们同意霍夫奈尔的观点。

③　霍夫奈尔没有解释这一句的动词。根据弗里德里希：《精编赫梯语词典》，海德堡，1991 年，第 30 页。该动词 ark- 的含义是"支解""分尸"。

④　最后一句的他指的是击碎牛角的人。

⑤　该条款中王国时期的文本是这样书写的："但是，如果他说……"此外，"神灵之手"的表述仅见本条款的古王国时期的文本。在后期的文本中，仅仅是"它由于神灵而死"。

⑥　在赫梯人的思想观念中，假誓是一种罪恶。所以，任何人借用神灵之言，他必须向神灵宣誓。

第 76 条　若任何人征用了一头牛、或一匹马、或一头骡、或一头驴①，而且它死在了他的地方，他应把它带来并且支付租金。

第 77 条　若任何人击打了一头怀胎的牛，造成它流产，他要支付二舍客勒银。若任何人击打了一匹怀胎的母马，并造成它流产，他应支付三舍客勒银。若任何人使一头牛或一头驴的眼瞎了，他将支付五舍客勒银，并以他的房屋作抵押②。

第 78 条　若任何人租用一头牛并给它盖上一个"胡沙"皮件，或一件"塔鲁什"皮件③，它的主人发现了它，他应交出五十升大麦。

第 79 条　若牛群进入一个人的田地，田地的主人发现了，他可以扣留它们一个白天。但是，当星星出来时，他应把他们赶向它们的主人④。

第 80 条　若任何人把一头羊丢弃给了一匹狼，它的主人将取走肉，但是，他将得到羊皮⑤。

第 81 条　若任何人偷了一头肥猪，他们过去要支付四十舍客

---

①　霍夫奈尔：1997 年，第 82 页。霍夫奈尔将第一句译为如果任何人为了公用而抓住了……事实上"公用"这个含义的理解在文献中没有相对应的词汇，动词 appatari- 的本意是"强征""征用"。

②　该条款包括了两种情况，因此，我们看到，霍夫奈尔将其视为 77a 和 77b 两条。

③　这两个词"胡沙"和"塔鲁什"都是音译。根据文献他们是皮制品，具体到它的形式和象征含义，我们并不清楚。

④　该条款后期的文本在成文的表达格式上较之古王国时期的文本略微有所不同。后期文本是：［……］直到星星出来时［……］。

⑤　霍夫奈尔：1997 年，第 85 页。他认为最后一句的主语指的是羊倌。

勒银^①。但是，他现在将支付十二舍客勒银，他要以房屋作抵押。

第82条　若任何人偷窃了一头院子里的猪，他要支付六舍客勒银，并以他的房屋作抵押^②。

第83条　若任何人偷窃了一头怀孕的母猪，他要支付六舍客勒银，人们要计算猪仔^③，他要为每两个猪仔交出五十升大麦，并以他的房屋作抵押。

第84条　若任何人猛力击打一头怀孕的母猪，以至于它死了，它的赔偿是一样的^④。

第85条　若任何人使小猪分离并偷走它，他要交出 100 升大麦^⑤。

第86条　若一头猪走进一个谷堆、一片田地或者一个花园，谷堆、田地或花园的主人猛力击打它，以至于它死了，他应把它还给它的主人。若他但不归还^⑥，他将变成一个贼。

第87条　若任何人猛力击打一个牧人的狗，以至于它死了，

---

① 在"他们过去要支付四十舍客勒银"一句中，动词人称词尾是第三人称复数，与前后句主语的单数形式不一致。

② 本条款现存不同时期的文本，但是，根据现存文本的情况，条款规定没有任何变化。

③ 这里的人们究竟所指何人？我们并不清楚。

④ 我们看到该条款古王国时期与可能是中王国时期的版本只有一处不同，后者在最后一句添加了一个强调小品词，即 –pat。所以，整句的翻译是它的赔偿恰恰是一样的。

⑤ "百"这个数在这里是用阿卡德语的词汇表示的。

⑥ 在本条款中，赫梯人将转折连词"–ma"（但是）附着在否定词上，以起到强调的作用。这种用法在赫梯文献中的使用是比较常见的。

他要支付二十舍客勒银，并以他的房屋作抵押①。

第88条　若任何人猛力击打驯狗师的狗，以至于它死了，他将支付十二舍客勒银，并以他的房屋作抵押②。

第89条　若任何人猛力击打圈地的一支狗，以至于它死了，他要支付一舍客勒银③。

第90条　若一支狗吞吃了猪油，猪油的主人发现了（狗）④，杀死了它。尔后，他从它的胃里取出猪油，没有赔偿。

第91条　若任何人从蜂群偷窃蜜蜂，先前，他们要支付［……］米那银⑤。现在，他要支付五舍客勒银，并以房屋作抵押。

第92条　若任何人偷窃了二个或三个蜂箱，先前，他要受到蜂群的刺伤。但是，现在，他要支付六舍客勒银。若任何人偷窃了一个蜂箱，如果蜂箱里没有蜂，他要支付三舍客勒银⑥。

第93条　［若］他们在［开］始时抓住一个［自由］男子，［他还没有］进入［房间］，他将支付［十二舍客］勒银。［若］他们在开始时抓住一个奴隶，他还没有进入房间，他将支付六舍客勒银⑦。

---

①　该条款不存在于赫梯古王国时期的文本中。

②　该条款同样不存在于赫梯古王国时期的文本中。

③　该条款同样不存在于赫梯古王国时期的文本中。

④　这一句没有宾语，根据上下文，我们在这里做了添加。

⑤　在"他们要支付［……］米那银"一句中，动词人称词尾是第三人称复数，与前后句主语的单数形式不一致。

⑥　该条款目前仅见赫梯古王国和中王国时期的文本，内容上毫无二致。词汇的书写除了可见中王国时期的元音重叠现象外，其他几乎完全相同。

⑦　这里的"他们"源于文献中的动词人称词尾，即第三人称复数，但是，它的指代不明。

第94条　若一个自由男子入室夜盗，他要完好无损地归还偷窃的东西。先前，他们要为偷窃支付四十舍客勒银[①]。但是，现在，他要支付十二舍客勒银。若他偷窃的较多，人们要加大对他的惩罚。若他偷窃的较少，人们从轻惩罚他。他要以他的房屋作抵押。

第95条　若一个奴隶闯进一间房屋盗窃，他要如数归还，他要为盗窃行为支付六舍客勒银。他要割去奴隶的鼻子和耳朵，并且人们要把他交给他的主人[②]。若他偷窃的很多，人们向他惩罚的就多；若他偷窃的少，人们向他惩罚的就少。[若]他的主人说："我为他赔偿"，那么，他要为此赔偿。但是，[若]他拒绝，他将失去那个奴隶。

第96条　若一个自由男子盗窃了一个谷物储存罐[③]，并且找到了储存罐中的谷物，他要用谷物填满储存罐，支付十二舍客勒银，并以他的房屋作抵押。

第97条　若一个男奴在夜晚盗窃了一个谷物储存罐[④]，并且找到了储存罐中的谷物，他要用谷物填满储存罐，支付六舍客勒银，并以他的房屋作抵押。

第98条　若一个自由男子放火烧毁了一间房屋，他要重建房屋。房屋里无论毁灭了什么，或者是人、牛或者羊，遭到严重损失，

---

① 在"他们要为偷窃支付四十舍客勒银"一句中，动词人称词尾是第三人称复数，与前后句主语的单数形式不一致。

② 我们不清楚这里和以下各句提到的"人们"这个群体的具体所指。

③ 该条款的后期文本没有再提到男子的自由人身份。

④ 文献中提到的仅仅是男奴。

他将为此赔偿①。

第 99 条 若一个奴隶放火烧毁了一间房屋，他的主人要为他赔偿，他们要割掉奴隶的鼻子和耳朵，并将他归还给他的主人。但是，若他不赔偿②，他将失去那个奴隶。

第 100 条 若任何人放火烧毁了一个畜棚，他要喂养他的牛③，并喂养到来年春天。他应归还给畜棚。若畜棚里没有麦杆，他将重建畜棚。

第 101 条 ［若任］何人偷窃［一棵葡萄树］、一根葡萄树枝，一棵卡尔皮那树、［或一头大蒜］④，先前，［他们要为一棵葡萄树赔偿一舍］客勒银、一根葡萄树枝一舍客勒银、［一个卡尔皮那一舍］客勒银、一头大蒜一舍客勒银。他们要击打一个矛［……］。［先前］他们这样做了。现在，若他是一个自由人，他要支［付六舍客勒银］。如果他是一个奴隶，他要支付三舍客勒银⑤。

第 102 条 若任何人从一个［……］池塘偷窃了木材，［若是一塔兰特木材］，他将交出三舍客勒银；若是二塔兰特木材，

---

① 这里的译文根据的是古王国时期的文本。本条款中王国时期的文本（KBo VI 3）结句不同：他将不需作出赔偿。新王国时期的文本也是如此。

② 这里的"他"指的是奴隶的主人。

③ 放火者喂养的很可能是畜棚主人的牛，所以，这里的"他的"指的是畜棚的主人。

④ "卡尔皮那"一词是音译，可能是果树，具体所指不详。转引自霍夫奈尔：1997 年，第 99 页。赫罗兹尼认为它是梨树。

⑤ 该文本仅存两个抄本，然而，抄本 KUB XXIX 21 只是部分保存下来。

[他将支付] 六舍客勒银；若是 [三] 塔兰特木材，由国王裁决 ①。

第 103 条 [若] 任何人偷窃植物，如果它有一个基派沙尔 ②，他要重新栽种植物并 [支付] 一舍客勒银，[若有二个] 基派沙尔，他要重新栽种植物，并支付二舍客勒银 ③。

第 104 条 [若] 任何人砍倒 [一棵苹果树]、一棵梨树或一棵李子树 ④，他要支付 [……舍客勒] 银，并且他要以房屋作抵押 ⑤。

第 105 条 [若] 任何人放火烧毁了 [一块田地]，烧毁了结有果实的葡萄园，若一棵葡萄树、一棵苹果树、一棵梨树或者一棵李子树燃烧了，他要为一棵树支付六舍客勒银 ⑥。他要重新栽种 [植物]，并以房屋作抵押。若他是一个奴隶，他要支付三舍客勒银 ⑦。

第 106 条 若任何人把火带到他的田地，并且烧毁了一块结有谷物的田地 ⑧，烧毁田地的人自己将占有烧毁的田地。他要给被毁

---

① 这个条款很可能仅存后期抄本。霍夫奈尔：1997 年，第 100 页。他将最后一句译为 "它将成为国王法庭的案件"。

② 在赫梯文献中，一个基派沙尔等于四分之一个平方米。

③ 这个条款先仅存两个抄本，很可能都是后期的文本。

④ 转引自霍夫奈尔：1997 年，第 101 页。舒勒认为这里提到的李子树可能是杏树。

⑤ 这个条款很可能不存在于古王国时期的文本中，而且后期文本大多残缺不全。

⑥ 霍夫奈尔：1997 年，第 102 页。他译为 "为每一棵树"。

⑦ 这个条款很可能不存在于古王国时期的文本中。

⑧ 这是根据抄本 KBo VI 12 的译文，它与抄本 KBo VI 17 和 KUB XXIX 23 + KUB XXIX 21 + KUB XXIX 22 的合成本中的书写略有不同，具体表述是 "他烧毁了另一个人的田地"。抄本 KBo VI 11 则在这一句前增加了一个短句，大意是 "让火离开进入"。

田地的主人一块好的田地，他将得到它①。

第 107 条　若任何人把羊放进一个葡萄园并毁坏了它，若它结有果实，他将支付每一个伊库十舍客勒银②。但是，若它没有果实，他将支付三舍客勒银③。

第 108 条　若任何人从一个围起来的葡萄园偷窃了葡萄枝，如果是一百枝，他将支付六舍客勒银，并以他的房屋作抵押。但是，如果它没有被围起来，他偷窃了葡萄枝，他将支付三舍客勒银④。

第 109 条　若任何人把果树与浇灌沟渠切断⑤，如果有一百棵树，他将支付六舍客勒银。

第 110 条　若任何人从坑里偷泥土⑥，［无论］他偷了［多少］，他要交出相同数量的泥。

第 111 条　［若］任何人为做［雕像］而使用泥土，它是巫术

---

① 该条款在古王国时期的文本中几乎不存在。

② 霍夫奈尔：1997 年，第 319 页。一个伊库等于三千六百平方米。

③ 这个条款现存多块残片，但是，古王国时期的抄本几乎不存。后期抄本 KBo VI 11 保存完好。在后期抄本中，个别词的拼读形式略有不同。

④ 该残片同样现存多个残片，但是，古王国时期的文本几乎不存，后期文本仅一块抄本基本完好。

⑤ 该条款未见赫梯古王国时期的文本。残片 KUB XXIX 23 中的"沟渠"一词的书写形式是苏美尔语词 PA5-az。残片 KBo VI 11 中的是赫梯语形式 a-mi-ia-ra-za。

⑥ 转引自霍夫奈尔：1997 年，第 107 页，注解 345。圭特博克认为，这里提到的泥土是有专门用处的。这一条款很可能至今不存在于古王国时期的文本中。

并由国王裁定[①]。

第 112 条　若他们把一个失踪了的拥有吐库义务的男子的土地给了［俘虏］[②],他［在三年内］没有［萨含义务］,但是,在第四年,［他要开始履行萨含义务］,并且加入到承担吐库义务的男人中间。

第 113 条　［若］任何人砍倒一棵［长了果实的］葡萄树,他要自己拥有那棵砍倒了的［葡萄树］,并把一棵好的葡萄树给葡萄树的主人[③]。他将收获果实[④],［直到］他自己的葡萄树长好。

第 114、116 和 118 条严重残缺。

第 115 条和第 117 条不存。

第 119 条　若任何人［偷窃］一支受过训练的水鸟,或者一支受过训练的斑鸠,先前,他要支付一米那银。现在,他要支付十二舍客勒银并以房屋作抵押[⑤]。

第 120 条　若任何人偷窃乌米阳特鸟[⑥],［……］,如果有十只

---

①　霍夫奈尔:1997 年,第 107 页。他对本条款进行了补充说明,认为,某人使用泥土制作雕像是出于巫术的目的。此外,关于最后一句,霍夫奈尔译为,国王法庭裁定。该条款很可能仅存后期文本。

②　霍夫奈尔:1997 年,第 107—108 页。赫梯文献中提到的所谓的俘虏一词是NAM.RA,该词通常指代的是战俘,一些学者也将其翻译为平民俘虏。霍夫奈尔在本书中译为 arnuwala 人,这个词的具体含义至今并不明了。

③　霍夫奈尔:1997 年,第 108—109 页。他认为,这一句的理解完整意义是一棵好的葡萄树给了被砍倒的葡萄树的主人。

④　同样,他将这一句译为被砍倒的葡萄树的主人将收获果实。

⑤　该条款古王国时期的文本残缺不全。从现存部分来看,这一则规定不同时期的文本在内容上没有变化。

⑥　"乌米阳特"一词是音译,具体指代何种鸟不详。霍夫奈尔根据前人的研究成果,认为这里提到的鸟是一种被驯化了的鸟。该条款古王国时期的文本严重残缺。

鸟，他将支付一舍客勒［银］。

第 121 条　若某一自由男子偷窃了一把犁，它的主人发现了它，他将把他的颈放在阿帕拉沙上面①，被牛［……］②，他们先前是这样做的。现在，他要支付六舍客勒银，并以他的房屋作抵押。若他是一个奴隶，他将支付三舍客勒银。

第 122 条　若任何人偷窃了装有货物的马车，最初，他们支付一舍客勒银③。他要支付［……］舍客勒银④，并以他的房屋作抵押。

第 123 条　若［任何人……他要支付］三舍客勒银，并以他的房屋作抵押⑤。

第 124 条　若任何人偷窃了一个什什亚马木质工具⑥，他将支付三舍客勒银，并以他的房屋作抵押。

第 125 条　若任何人偷窃了一个木质水盆，他将支付［……］

----

① 霍夫奈尔：1997 年，第 111 页。他认为，这里的主语"他"指的是主人。阿帕拉沙是一种木质或者部分是木质的工具，具体所指不详。该条款古王国时期的抄本残缺不全。

② 霍夫奈尔将这一句理解为被牛处死。

③ 动词"支付"是过去时，所以译文增加了"最初"二字。此外，主语是复数，这样的指代不明。

④ 霍夫奈尔：1997 年，第 112 页。这一句动词"支付"的时态是现在时。根据这两句动词时态的变化，霍夫奈尔使用"开始……，现在……"的表达方式。事实上，这一句并不像其他条款中存在的表示时间的赫梯语副词的使用情况。

⑤ 该条款虽然简短，但残缺不全。

⑥ "什什亚马"一词含义不确切。霍夫奈尔：1997 年，第 113 页。他认为这个词可能是指一种树，可能是一种工具。

一舍客勒银①。若任何人偷窃了一个皮胡沙，或者一个皮塔鲁什哈②，他要支付一舍客勒银。

第 126 条　若任何人在宫殿的大门里偷窃了一把木椅，他要支付六舍客勒银。若某人在宫殿的大门里偷窃了一把青铜矛，他将被处死。若某人偷窃了一根铜针，他要交出二十五升大麦。若某人偷窃了一匹布的羊毛线，他要交出一匹布③。

第 127 条　若某人由于争吵偷窃了一扇门，他要赔付房间里丢失的一切东西，要支付一米那银，并且以房屋作抵押④。

第 128 条　若某人偷窃砖，他偷了多少，他要交出同等数量的砖。若［某人］从一个地基偷窃石头，他偷窃二块石头要赔付十块。若任何人偷窃了一个呼瓦什石碑或一块哈尔米亚里石头⑤，他要支付二舍客勒银。

第 129 条　若某人偷窃了一根皮缰绳（？）、一个皮质卡兹木爱尔⑥、一个［……］或者一匹马或者一头骡的一个青铜铃，先前，他们要支付一米那银，现在，［他要支付］十二舍客勒银，并以他的房屋作抵押。

----

① 霍夫奈尔：1997 年，第 114 页。他认为这里支付的罚金可能更多一些。由于泥板残缺，我们至今只能看到数字一这个符号。

② 胡沙和皮塔鲁什哈都是皮制品，它们具体指代何种物品，不详。

③ 该条款现存多块残片，其中，后期的一块残片（KBo Ⅵ 10）保存完好。古王国时期的文本残缺的比较严重。条款中的各项规定没有变化，但是，个别词的拼读形式略有不同。

④ 该条款现存古王国时期的抄本，而后期残片存在个别词缺漏现象。

⑤ "呼瓦什"和"哈尔米亚里"是音译，它们的确切含义不详。该条款古王国时期的文本在个别词的书写形式上与后期的有所不同。

⑥ "卡兹木爱尔"一词是音译，含义不详。

第 130 条　若某人偷窃了一头牛或者一匹马的［……］，［他要支付…舍客勒银］，并以他的房屋作抵押^①。

第 131 条　若［某人偷窃了］一个皮马具，他将支［付］六舍客勒银，［并以他的房屋作抵押］^②。

第 132 条　若一个自由男子［偷窃……］，［他要支付］六舍客勒银，［并以他的房屋作抵押］。但是，如果他是奴隶，［他将支付三舍客勒银］^③。

第 133 条　若一个自由男子［偷窃……］，他要支付［……］舍客勒［银］^④。

（第 134 条到第 141 条残缺）

第 142 条　若某人驾驶［一辆马车］，［某人盗窃］了它的轮子，他要为［一个］轮子支付二十五升（？）大麦。如果他是一个奴隶，他要为一个轮子支付［……大麦］^⑤。

第 143 条　若一个自由男子［偷窃］了一把铜剪、一个铜［……］，或者一个铜指甲搓^⑥，他要交出六舍客勒银，并以他的房屋作［抵押］。如果他是一个奴隶，他将支付三舍客勒银。

---

①　该条款是霍夫奈尔根据两块残片修补的，尽管如此，仍是不完整的。

②　该条款仅存一块残片，很可能是后期的文本。

③　霍夫奈尔：1997 年，第 118 页。修补部分根据霍夫奈尔的成果。

④　该条款亦存在于古王国时期的文本中，但严重残缺。以下部分是霍夫奈尔的修补，"并以他的房屋作抵押。但是，若他是一个奴隶，他将支付［……］舍客勒银"。霍夫奈尔：1997 年，第 118 页。

⑤　这一条款现仅存于赫梯新王国时期的文本中。

⑥　动词"偷窃"是根据残片 11/p 修补的。该条款古王国时期的版本几乎不存。

第 144 条　若一个理发师把铜［剪］给了他的助手，并弄坏了它们，他要把［它们］完好地归还。若任何人用一把汉查裁剪上等的布匹①，他要支付十舍客勒银。如果某人裁剪［……］，他要支付五舍客勒银。

第 145 条　若某人建造了一个牛棚，他要为他支付六舍客勒银②。如果他走了，他将失去他的薪水。

第 146 条　若某人在卖一间房子、一个村庄、一个花园、或者一个牧场的时候，但是，另一个人来了并且打击了前一个人，并取而代之，为自己进行买卖，这是罪过，他要支付一米那银，并要以原价购买［……］③。若某人出售一个［……］，但是，另一个人打了前一个人，这是罪过，他要支付十舍客勒银，并以前一个人的原价购买。

第 147 条　若某人在出售一位没有技能的人，另一个人打了前一个人，这是罪过，他要支付五舍客勒银④。

第 148 条　［若］某人［在出售］一头牛、一匹马、一头骡或者一头驴，另一个人打了前一个人，这是罪过，他要支付［……］

---

①　"汉查"指代何种工具不详，这个词的限定符号表明它是一个与木头有关的东西。

②　这里作主语的他很可能指的是雇主。

③　霍夫奈尔：1997 年，第 120—121 页。译者将该条款分为 a 和 b 两部分。该条款涉及两种情况，前一部分现存古王国和新王国时期的文本，后一部分仅见古王国时期的文本。

④　该条款现亦存于古王国时期的文本中。

舍客勒银^①。

第 149 条　若某人出售一位受过训练的人，并说"他死了"^②，但是，他的主人跟踪他^③，他将自己拥有他。除了他，他要交出二个头^④，并以他的房屋作抵押。

第 150 条　若一个男子接受雇佣，他要每个月支付一舍客勒银。若一位妇女受雇，他每月要支付二分之一舍客勒银^⑤。

第 151 条　若某人租用一头耕牛，他每月支付一舍客勒银。若某人租用母牛，他要每月支付二分之一舍客勒银^⑥。

第 152 条　若某人租用一匹马、一头骡或一头驴，他要每月支付一舍客勒银^⑦。

第 153 条到第 156 条残缺

第 157 条　若一把青铜斧重三个米那^⑧，它的租金每月一舍客勒银。若一把青铜斧重一点二个米那，它的租金是每月二分

---

①　在该条款的古王国时期的文本中，"犯罪"或者"罪过"一词的拼写形式是 us-tu-la-as，而在他的新王国时期的文本中则是常见的 wa-as-tul-as，这一点在第 147 条中也可得到证实。

②　霍夫奈尔：1997 年，第 122 页。他认为这句话是在"后来在交付之前"说的。

③　霍夫奈尔认为是"他的新主人"。第 123 页。

④　"除了他"一句中的"他"可能是指受过训练的人。这里提到的第二个他指的是卖者，他要交出二个头。

⑤　该条款中的他指的是雇主。

⑥　该条款现存于赫梯古王国和新王国时期的文本中，但是，其规定没有变化。不同的是，个别词的拼读形式有些差异。

⑦　这一条款亦现存于古王国时期的文本中。不同时期的文本没有任何变化。

⑧　霍夫奈尔：1997 年，第 125 页。三个米那等于一点五四公斤。在两篇后期文本中（KBo Ⅵ 17 和 KBo Ⅵ 26），提到的青铜斧重一个米那。

之一舍客勒银①。若一把青铜塔普里工具重一个米那②，它的租金每月二分之一舍客勒银。

第158条　若一个男子在收获的季节受雇捆稻、装车③，把（谷子）存放到谷仓并清扫打谷场，他的薪水三个月为三十个帕大麦。若一位妇女在收获的季节受雇，她的薪水三个月是十二个帕大麦④。

第159条　若某人一天套用一对牛，它的租金是二分之一个帕大麦⑤。

第160条　若一位铁匠制造了一个重约一百米那的铜盒，他的薪水是一个麦帕大麦⑥。如果他造了一把重约二米那的青铜斧，他的薪水是一个帕大麦⑦。

_____

① 同样根据霍夫奈尔，一点二个米那等于零点七七公斤。

② 塔普里一词这里是音译，它的具体含义不详。霍夫奈尔在这里给出的是一个米那等于零点五四公斤。

③ 霍夫奈尔:1997年，第127页。他认为该男子的身份是自由民。文献本身没有明确指出。三十个帕大麦等于一千五百升。根据霍夫奈尔，一个帕是五十升。

④ 该条款现存于赫梯古王国和新王国时期的文本中，规定的个别地方显著不同。在新王国时期的文本中，她的薪水二个月是六百升大麦，而不是三个月。十二个帕大麦等于六百升。

⑤ 该条款新王国时期的文本（KBo VI 26）和文本（KUB XXIX 31）没有提到"一天"。二分之一个帕等于二十五升大麦。

⑥ 一个麦帕等于五千升。

⑦ 该条款现存于赫梯古王国和新王国时期的文本中，规定的个别地方显著不同。在新王国时期的文本中，没有明确指出是青铜斧，而是铜斧。此外，该条款包括两个部分，古王国时期的文本将前后两部分都使用如果句，区分开来。霍夫奈尔因此将这一条分为160a和160b。在新王国时期的文本中，第二部分是用一个关系代词来开头的。

第161条 如果他造了一把重约一米那的铜斧，他的薪水是一个帕大麦①。

第162条 若任何人把一条灌溉的渠改道，他要支付一舍客勒银。若某人使一条灌溉的沟渠倒流，他［……］，如果他（把沟渠水流）向下引流，沟渠正应如此②。若某人开挖一条沟渠［……］，他无论是在谁的土地上［……］，如果某人从一个牧场驱赶羊只，并且羊死了，［……］要赔偿。但是，他将取得它的皮和肉③。

第163条 若某人的动物因为神灵受到打击，他要为它们履行净化仪式，并将它们驱赶出去。他把仪式中使用过的泥放到泥堆上。但是，他没有告诉他的伙伴，以至于伙伴——不知道的情况下——把他的动物带到那里，它们死了，这需要赔偿④。

第164—5条 若某人去抵押，并发生了争吵，或者掰碎了献祭面包，或者打开了酒坛，他要交出一头羊、十片面包、一个容器的……啤酒，并要为他的房屋重新净秽，直到经过一年后，他要保持他房间里的东西不受亵渎⑤。

第166条 若某人把种子播种在种子上，他们将把他的脖子

---

① 该条款现存于赫梯古王国和新王国时期的文本中，内容上没有变化。

② 霍夫奈尔：1997年，第129页。他认为最后一句的主语是沟渠，因为，在赫梯文献中，代表该主语的附着代词是通性形式。

③ 该条款残缺的比较严重，很可能仅存赫梯新王国时期的抄本。霍夫奈尔将该条款分为162ab两条。

④ 该条款的古王国时期的文本残缺的几乎不存。但是，现存多个新王国时期的抄本。

⑤ 霍夫奈尔：1997年，第164页。根据他的断代，该条款的残片KBo XXV 5是赫梯古王国时期的文本。它与后期文本的不同在于个别词的拼读和使用的形式等方面。

放在犁上①。他们要套住两头牛，他们将把一头牛面向一方，另一头面向另一方。那个男子将被处死，牛将被杀掉。先前播种田地的一方将使自己获得收入。这是他们先前采用的方法。

第 167 条　但是，现在，他们将用一头羊来代替那名男子，二头羊代替牛。他将交出三十片面包和三罐啤酒，并且他要进行净化，先前播种田地的那个人首先收割庄稼②。

第 168 条　若某人破坏了一块田地的界限并且移动一个阿卡拉③，田地的主人将截去一个吉帕沙尔土地并占为己有④。破坏边界的他要交出一头羊，十片面包和一罐啤酒并要净化田地。

第 169 条　若某人购买了一块田地并破坏了地界，他将取一块厚面包并向太阳神掰碎，说道："你把我的秤［……］地面上。"他将这样说："太阳神、雷雨神，没有争议。⑤"

第 170 条　若一个自由男子杀死了一条蛇⑥，并说了另一个人的名字，他将支付一米那银。若他是一个奴隶，他自己将被处死。

第 171 条　若一位母亲挪走她儿子的衣物，她剥夺了她儿

---

①　霍夫奈尔：1997 年，第 133 页。他解释为把自己的种子放到另一个人的种子上。"他们将把他的脖子放在犁上"一句中的主语在另一个版本中动词人称是第三人称单数。

②　这一条款现存于古王国和新王国时期的文本中，他们之间在个别词的拼读形式上略有区别。早期文本中突出的一个现象是元音重叠现象的存在。

③　阿卡拉一词是音译，具体所指不详。

④　一个吉帕沙尔大约等于四分之一个平方米。

⑤　该条款现存的赫梯古王国时期的文本部分残缺，它与新王国时期的文本在内容上没有变化，只是一些词的使用形式不同。

⑥　蛇在赫梯人的思想观念中是罪恶的一个象征，所以，这里量刑的轻重可能与此有一定关系。

子的继承权。若她的儿子回来，她／他取下她的门板并移走它，她／他取了她的［……］并把它们移走，并把他们带了回来，她将再次把她的儿子作为她的儿子①。

第 172 条　若某人在荒年拯救了一位自由男子的性命，他要进行补偿。若他是一位奴隶，他要支付十舍客勒银②。

第 173 条　若某人对抗国王的裁决，他的房子将变成一堆废墟。若某人反对一个地方行政官的判决，他们将砍下他的头③。若一个奴隶宣称他从主人那里自由了，他将走进一个泥罐④。

第 174 条　若男子们互相殴打，一人死了，他要交出一头⑤。

第 175 条　若一个牧羊人娶了一位自由身份的女子，她将在二年或四年内是一个奴隶，他们将要［……］他／她的孩子们，但是，没有人抓住腰带⑥。

第 176 条　若某人把一头公牛挡在一个畜栏外，它将由国王仲裁。他们将卖掉。公牛在第三年可以繁殖后代。一头耕牛、公羊和一头山羊在第三年可以繁殖后代。若某人买了一位受过训练

---

①　该条款现存于赫梯古王国和新王国时期的文本中，但是，前者严重残缺不全。后者存有两个抄本，在词的书写顺序以及词汇的拼读形式和单复数的变化上有一些不同。

②　该条款现存于赫梯古王国和新王国时期的文本中，内容上没有变化，词汇的运用有所不同。如"年"一词，在赫梯古王国时期的文本中是赫梯语形式的 u-i-it-ti，而在新王国时期的文本中是苏美尔语词 MU-ti 或者 MU.KAM-ti。

③　这一条款中的动词"砍下"不是赫梯语词汇，而是阿卡德语词汇。

④　这个比喻很可能说明奴隶的宣称是不可能实现的。霍夫奈尔区分为 173ab 两条。

⑤　一头很可能指一个奴隶，也可能指一个自由身份的男子。

⑥　"没有人抓住腰带"一句的含义不详。

���⣿鿫

蔡 ç

的艺工①，或是一位陶工、铁匠、木匠、皮革工、漂洗工、织工或者是一个做绑腿的人，他将支付十舍客勒银。

第177条　若某人购买了一位受过训练的男性占卜者，他要支付二十五舍客勒银。若某人购买一位没有受过训练的男子或女子，他将支付二十舍客勒银②。

第178条　一头耕牛的价格是十二舍客勒银，一头公牛的价格是十舍客勒银，一头奶牛的价格是七舍客勒银，一头一岁的耕牛或奶牛的价格是五舍客勒银，一头小牛的价格是四舍客勒银。一头怀孕的母牛的价格是八舍客勒银③，一头小牛的价格是三舍客勒银④。一匹种马一匹母马、一头公驴和一头母驴的价格相同。

第179条　若它是一头羊⑤，它的价格是一舍客勒银，三头雏山羊的价格是二舍客勒银，小羊的价格是一舍客勒银，二头小山羊的价格是二分之一舍客勒银⑥。

---

①　"艺工"或者"手工艺人"在这里被赫梯人称为"受过训练的儿子"（DUMU UN–MI–A–AN）。

②　这个条款的古王国时期的文本残缺不全，从目前仅存的部分来看，与后期的文本在内容上没有区别。

③　该条款现存于古王国和新王国时期的文本中。前者严重残缺。对比两个新王国时期的文本，我们看到，在残片 KBo VI 26 中，"一头怀孕的母牛的价格是八舍客勒银"这一句是由"如果"句型来引导的，而残片 KUB XXIX 22 则不是这样的。

④　存疑。我们看到，在残片 KBo VI 26 中，一头小牛的价格是三舍客勒银，而残片 KUB XXIX 22 是二舍客勒银。

⑤　该条款仅存于赫梯新王国时期的文本中。残片 KBo VI 26 的开篇是法典惯用的格式，以"如果……"开篇。然而，残片 KBo IX 71 + KUB XXIX 33 是以表示所属关系的阿卡德语词 SA 开篇的。

⑥　"二头小山羊的价格是二分之一舍客勒银"这一句在残片 KBo IX 71 + KUB XXIX 33 不存。

第 180 条　若它是一匹挽马，它的价格是二十舍客勒银，一头驴的价格是四十舍客勒银，一匹马的价格是十四舍客勒银，一匹一岁马驹的价格是十舍客勒银，一匹一岁小牝马的价格是十五舍客勒银[①]。

第 181 条　一匹断了奶的小马或者雌马是四舍客勒银，四米那铜的价格是一舍客勒银，一瓶上等油的价格是二舍客勒银，一瓶猪油的价格是一舍客勒银，一瓶酥油的价格是一舍客勒银，一瓶蜂蜜的价格是一舍客勒银，二块奶酪的价格是一舍客勒银，三个苹果的价格是一舍客勒银[②]。

第 182 条　一件哈普商达服装的价格是十二舍客勒银，一件上等服装的价格是三十舍客勒银，一件蓝色羊毛服装的价格是二十舍客勒银，一件阿都颇里服装的价格是十舍客勒银，一件塔特服装的价格是三舍客勒银，一件［……］服装的价格是四舍客勒银，一件丧服的价格是一舍客勒银，一件薄长短袖束腰外衣的价格是三舍客勒银，一件普通的束腰外衣的价格是［……］舍客勒银，一件重达七米那的服装的价格是［……］舍客勒银，一大块亚麻布

---

① 霍夫奈尔：1977 年，第 163—164 页。该条款可见多块残片，但是，根据他的断代，很可能仅存于赫梯新王国时期的文本中。残片 KBo IX 71 + KUB XXIX 33 与残片 KBo VI 26 多出不同，最突出的是，凡是有数字一的地方，前者都没有写出。此外，还存在着价格上的不一致。

② 该条款仅存于赫梯新王国时期的文本中。对比现存的两块残片，他们之间还是有一些不同。残片 KBo VI 26 在开始部分提到断奶的小马，而残片 KBo IX 71 + KUB XIII 14 却没有提到。后者的书写显然较之前者粗糙，例如，后者在条款的开始部分省去了动物名称前的数量词，名词之间的连词也省略了。

的价格是五舍客勒银^①。

第183条 一百五十升小麦的价格是一舍客勒银，二百升［大麦的］价格［是二分之一舍客勒银］，五十升酒的价格是二分之一舍客勒银，五十升的［……］是［……］舍客勒银，一个伊库的灌溉田地的［价格］是三［舍客勒银］，一个伊库田地的［价格］是二舍客勒银。毗邻田地的［价格］是一舍客勒银^②。

第184条 这就是在城里制定的价目表^③。

第185条 一个伊库葡萄园的价格是四十舍客勒银。一个成年牛皮的价格是一舍客勒银。五张断奶了的牛的皮是一舍客勒银，十张小牛皮的价格是一米那银^④，有粗毛的羊皮是一舍客勒银，十张小羊皮的价格是一舍客勒银，四张山羊皮是一舍客勒银，十五张断裂的山羊皮是一舍客勒银，二十张羔羊皮的价格是一舍客勒银，二十张小山羊皮是是一舍客勒银。无论谁购买了二头成年羊的肉将交出一头羊。

第186条 无论谁购买了二头小牛的肉，他要拿出一头羊。无论谁购买了五头断了奶的牛的肉，他要拿出一头羊。十头牛犊

---

① 条款中提到的这些服装的名称哈普商达、阿都颇里和塔特究竟是指何种款式的服装，我们并不清楚。残片 KBo Ⅵ 26 绝大部分保存完整，而残片 KUB ⅩⅢ 14 只可见开始的部分，后者同样省去了一些服装的具体数目。

② 该条款目前仅存一块残片，是赫梯新王国时期的文本。这一条款不是由"如果……"来引导的，而是把表示所属关系的一个阿卡德语词放在了句首。第181—186条也是同样的情况。

③ 这一条款仅见一块残片。

④ 霍夫奈尔：1997年，第147页。他认为这里是一舍客勒银。文献中书写的是米那，一米那银等于四十舍客勒银。

的肉要交出一头羊，十头羊的肉要交出一头羊。二十头山羊的肉要交出一头羊。[若]任何人购买了[二十]头山羊的肉，他要交出一头羊①。

第187条　若一个男子与一头奶牛[作]恶，这是不允许的，他将死去。他将把他带到国王[之门]②。国王或者杀死他，或者使他活下去，他将不能接近国王。

第188条　若一个男子与一头羊作恶，这是不允许的，他将死去。人们将把他带到国王之门，国王或者把他处以死刑，或者使他活下去，但是，他不能接近国王。

第189条　若一个男子与自己的母亲作恶③，这是不允许的。若一个男子与（他的）女儿作恶，这是不允许的。若一个男子与（他）儿子作恶④，这是不允许的。

第190条　若他与一位死者发生性关系——或者是一个男子或者是一个女子——这并不是罪。若一个男子与他的继母作恶，这

---

①　霍夫奈尔：1997年，第147页。根据他的修补，该条款的最后一句是由"如果……"来引导的。

②　本译文依据的是残片KBo VI 26，在残片KUB XXIX 34中，"他将把他带到国王之门"一句的主语是他们。当然，我们并不确切知道他们指的是何人。霍夫奈尔认为所谓的国王之门就是国王的法庭。霍夫奈尔：1997年，第148页。

③　该条款的残片KBo VI 26和残片KUB XXIX 33之间在词汇的书写形式上略有区别。前者是LÚ-iš，而后者是LÚ-aš。

④　同样，后置词"与……"在前者中是kat-ta，后者是kat-ta-an，事实上，他们的语法作用是一样的。

不是罪。但是，若他的父亲仍健在，这是不允许的 [①]。

第 191 条　若一个自由男子与同一个母亲的自由姐妹们和他们的母亲发生性关系——一个人在这个地方，另一个人在他处，这不构成犯罪。但是，若它发生在同一个地点，而且他知道，这是不允许的 [②]。

第 192 条　若一个男子的妻子死了，他可以娶她的姐妹作为他的妻子，这不构成犯罪 [③]。

第 193 条　若一个男子有了一个妻子，这位男子死了，他的兄弟将可娶他的寡妇作为妻子。（如果兄弟死了，）他的父亲将娶她。但是他的父亲后来死了，他的（父亲的）兄弟将可以娶该女人，这不构成犯罪。

第 194 条　若一个自由男子与女奴隶、同一个母亲的姐妹以及他们的母亲发生性关系，这不构成犯罪。若兄弟们与自由女子睡觉，这不构成犯罪。若父亲和儿子与同一个女奴或妓女睡觉，这不构成犯罪。

第 195 条　若一个男子与他的兄弟的妻子睡觉，当他的兄弟

---

①　该条款现存的残片都是赫梯新王国时期的。残片 KBo Ⅵ 26 和 KUB XXIX 34 保存的相对完好。他们在内容上几乎没有区别，不同的是，前者使用的几个苏美尔语词汇在后者都改写成了赫梯语词汇，如"活着的"一词，如 TI-anza（KBo Ⅵ 26）变成 hu-is-wa-an-za（KUB XXIX 34）。

②　该文本的另一块残片 KBo Ⅵ 26 的结尾还有一句"这不是犯罪"。这个情况显然不同于文本 KUB XXIX 34。不过，在泥板上（残片 KBo Ⅵ 26），这一句"这不是犯罪"的几个文字符号上都有划去的痕迹。

③　残片 KBo Ⅵ 26 是这样记载的：若一个男子先于他的妻子而死，他的同伴将可以娶他的妻子。

健在时，这是不允许的。若一个男子与一个自由女子结婚，并试图与她的女儿发生关系，这不允许。若他与年轻女子结婚，并试图与她的母亲或姐妹发生关系，这是不允许的。

第 196 条　若任何人的男奴和女奴发展为一对不许可的性伙伴，人们要使他们移居它处，并把一个人安置在这个城，另一个人在其它的城市，他们将以一头羊代替此人，另一头羊代替另一个人。

第 197 条　若一个男子在山中抓到一个女子，他犯了罪，他应死去。但是，如果他在她的房间里，这是女子的过错，女子将死去。如果一个男子抓住他们，并杀害了他们，他没有罪。

第 198 条　若他把他们带到宫廷之门并说道："让我的妻子不要被处死"，并要拯救他的妻子，他也必须拯救那个情人。这样，他可以庇护她。但是，若他说，让他们都被处以死刑，而且他们滚动轮子，国王可以处死他们或拯救他们。

第 199 条　若任何人与一头猪或一只狗有性行为，他应死去。他把他带到宫廷之门，国王可以处死他或者挽救他。但是，他将不能接近国王。若一头发了情的牛冲向一个男子，那头牛将死去，那个男子不应处死。人们将在那个男子所在的城用一头羊代替，并把它置于一死。若一头猪跃向一个男子，这不构成犯罪。

第 200 条　若一个男子与一匹马或一头驴作恶，这不构成犯罪。但是，他将不能接近国王，也不能成为一个祭司。若任何人通常与阿尔努瓦拉什女人私通，并与她的母亲和她的姐妹发生性关系，这不构成犯罪。若任何人把他的儿子训练成一个木匠、或是一个铁匠、一个织工或者皮革工、或者漂洗工，他将支付六舍客勒培养费。若老师使他成为一个技师，他要向他提供一个人。

附录六　《秦律·金布律》

【简介】

关于中国古代的货币立法，我们可以看到的最直接的资料是1975年在湖北孝感市云梦县睡虎地秦墓中发现的秦律竹简，其中有《金布律》15条，是现存我国最早的货币立法文献。《金布律》不知其订立的确切年代，但可以断定其行用时间在秦始皇统一六国之前的战国晚期，是战国晚期秦国的立法，秦灭六国后被推广到全国使用。

云梦睡虎地秦墓竹简被整理出1155支，内容大部分是法律、文书，不仅有秦律，而且有解释律文的问答和有关治狱的文书程式。据学者考证，云梦睡虎地秦墓的墓主是墓中发现竹简所载《编年记》中所提到的喜。简中记载，喜生于秦昭襄王四十五年（公元前262年），秦始皇元年（公元前246年）傅籍，秦始皇三年（公元前244年）进用为史，即从事文书事务的小吏，秦始皇四年（公元前243年）为安陆狱史，秦始皇六年（公元前241年）为安陆令史，秦始皇七年（公元前240年）为鄢令史，秦始皇十二年治狱鄢，即为鄢地狱掾，审理法律案件。简文终于秦始皇三十年（公元前217年），即秦统一全国后第4年。这年，喜去世，终年46岁，与墓中人骨鉴定年龄相符。喜一生在秦始皇治下历任各种与司法有关的职务，经历了秦始皇建立全国统一政权和实现全国法律统一的过程。因此，可以相信，云梦睡虎地秦墓竹简所载的秦代货币立法文献，是考证秦代货币铸造、发行和流通规则最直接、最可靠的资料。《金布律》共 15 条，其中有关钱币法律 2 条、布币法律 3 条、债务法律 4 条和财务管理法律 6 条。

【正文】①

律文　第 1 条

官府受钱者，千钱一畚，以丞、令印印。不盈千者，亦封印之。钱善不善，杂实之。出钱，献封丞、令，乃发用之。百姓市用钱，美恶杂之，勿敢异。

注释：

1. 畚：音本（běn），一种用蒲草编织的容器。
2. 实杂之：装在一起。

译文　第 1 条

官府收入铜钱，以 1000 枚铜钱装为一畚，用其丞、令官员的印封缄。铜钱数量不满 1000 枚的，也应封缄。铜钱质好的和不好的，应装在一起。支出铜钱时，要把印封呈献丞、令验视，然后启封使用。百姓在使用铜钱交易商品时，铜钱质量好坏，要一起通用，不准对好坏铜钱进行选择。

---

① 睡虎地秦墓竹简整理小组：《睡虎地秦墓竹简·金布律》，文物出版社 1978 年版，第 55—68 页。

律文 第2条

布袤八尺,福(幅)广二尺五寸。布恶,其广袤不如式者,不行。

注释:

1. 布:战国晚期秦国用麻织造的法定货币。

2. 袤:音茂(mào),长度。

译文 第2条

布长8尺,幅宽2尺5寸。布的质量不好,长宽不合标准的,不得作为货币流通。

律文 第3条

钱十一当一布。其出入钱以当金、布,以律。

注释:

1. 当:折合。

2. 金:黄金,战国晚期秦国的法定货币。

译文 第3条

11枚铜钱折合1布。如果官府收支铜钱来折合黄金或布,其折合比率,应按法律的规定。

律文 第4条

贾市居列者及官府之吏,毋敢择行钱、布;择行钱、布者,列伍长弗告,吏循之不谨,皆有罪。

注释:

1. 列:坐列贩卖者。

2. 行钱、布:法定流通的铜钱和法定流通的麻布。

译文 第4条

市肆中的商贾和官家府库的吏,都不准对铜钱和布两种货币有所选择；有选择使用的，列伍长不告发，吏检察不严，都有罪。

律文　第5条

有买及买殹，各婴其贾。小物不能各一钱者，勿婴。

注释：

1. 殹：也。

2. 婴：系。

译文　第5条

有所买卖，应分别系籤标明价格。小件物品每件价值不足1钱的，不必系籤标明价格。

律文　第6条

官相输者，以书告其出计之年，受者以入计之。八月、九月中其有输，计其输所远近，不能逮其输所之计，□□□□□□□移计其后年，计勿相谬。工献输官者，皆深以其年计之。

注释：

1. 逮：及。

2. 深：音审（shěn），固定。

译文　第6条

官府输送物品，应以文书通知其出账的年份，接受者接收到的时间记账。如在八月、九月中输送，估计所运处所的距离，不能赶上所运处所的结账……改计入下一年账内，双方账目不要矛盾。工匠向官府上缴产品，都应固定按其产年记账。

律文　第7条

都官有秩吏及离官啬夫，养各一人，其佐、史与共养；十人，车牛一两（辆），见牛者一人。都官之佐、史冗者，十人，养一人；十五人，牛车一两（辆），见牛者一人；不盈十人者，各与其官长共养、车牛，都官佐、史不盈十五人者，七人以上鼠（予）车牛、仆，不盈七人者，三人以上鼠（予）养一人；小官毋（无）啬夫者，以此鼠（予）仆、车牛。（艰）生者，食其母日粟一斗，旬五日而止之，别（奉）以叚（假）之。

注释：

1. 离官：附属机构。

2. 啬夫：乡级行政区划负责税赋与司法的官员。秦代地方政府为郡县制。县令为一县最高行政长官，负责一县的政务和司法。县令之下设丞，协助县令从事政务活动。县之下有乡，"有秩"为一乡的主管官吏，其下有"三老"负责教化；"啬夫"负责税赋与司法；"游徼"负责社会治安。

3. 见牛者：看牛的人。

4. 仆：赶车的人。

译文　第7条

都官的有秩吏及其分支机构的啬夫，每人分配做饭的一人，他们的佐、史和他们一起使用；每十人，分配牛车一辆，看牛的一人。都官的佐、史人数多的，每十人分配做饭的一人；每十五人，分配牛车一辆，看牛的一人；不满十人的，各自与他们的官长共用做饭的和车牛。都官的佐、史不满十五人的，七人以上分配车牛和赶车的仆，不满七人的，三人以上分配做饭的一人；不设啬夫的小机构，按此标准分配赶车的人和车牛。牛产仔困难，每天饲给母牛粮谷一斗，至十五天截止，分开喂养以备借出使用。

律文 第 8 条

有责（债）于公及赀、赎者居他县，辄移居县责之。公有责（债）百姓未赏（偿），亦移其县，县赏（偿）。"

注释：

1. 赀：音资（zī），有罪而被罚令缴纳财物。

2. 赎：缴纳财物去赎死刑或肉刑等罪。

译文 第 8 条

欠官府债和被判处赀、赎者住在另一县，应即发文给所住的县，由该县负责索缴。官府欠百姓的债而未偿还，也应发文书给百姓所在的县，由该县偿还。

律文 第 9 条

百姓假公器及有责（债）未赏（偿），其日践（足）以收责之，而弗收责，其人死亡；及隶臣妾有亡公器，畜生者，以其日月减其衣食，毋过三分取一，其所亡众，计之，终岁衣食不（足）以稍赏（偿），令居之，其弗令居之，其人〔死〕亡，令其官啬夫及吏主者代赏（偿）之。

注释：

1. 践：足。

2. 令居之：勒令居作，即以劳役抵偿。

译文 第 9 条

百姓借用官府器物或欠债未还，时间足够收回，而未收回，该债务人死亡，令该官府啬夫和主管其事的吏代为赔偿。隶臣妾有丢失官府器物或牲畜的，应从丢失之日起按月扣除隶臣妾的衣食，但不能超过衣食的三分之一，若所丢失过多，算起来隶臣妾整年衣食都不够全部赔偿，应令隶臣妾居作，如果不令隶臣妾居作，该人死亡，令该官府啬夫和主管其事的吏要代为赔偿。

律文 第10条

县、都官坐效、计以负赏（偿）者，已论，啬夫即以其直（值）钱分负其官长及冗吏，而人与参辩券，以效少内，少内以收责之。其入赢者，亦官与辩券，入之。其责（债）毋敢逾岁，逾岁而弗入及不如令者，皆以律论之。

注释：

1.坐：因……而犯罪。

2.参辩券：可以分为3份的木券，由啬夫、内和赔偿者各执1份，作为缴纳赔偿的凭证。

3.少内：财政机构。

译文 第10条

县、都官在点验或会计中有罪而应赔偿者，经判处后，有关官府啬夫即将其应偿钱数分摊其官长和群吏，发给每人一份木制三联券，以便向少内缴纳，少内凭券收取。如有盈余应上缴的，也由官府发给木制三联券，以便上缴。欠债不得超过当年，如超过当年仍不缴纳，以及不按法令规定缴纳的，均依法论处。

律文 第11条

官啬夫免，复为啬夫，而坐其故官以赀赏（偿）及有它责（债），贫窭毋（无）以赏（偿）者，稍减其秩、月食以赏（偿）之，弗得居；其免殹（也），令以律居之。官啬夫免，效其官而有不备者，令与其稗官分，如其事。吏坐官以负赏（偿），未而死，及有罪以收，抉出其分。其已分而死，及恒作官府以负责（债），牧将公畜生而杀、亡之，未赏（偿）及居之未备而死，皆出之，毋责妻、同居。

注释：

1. 窭：音据（jù），贫困拮据。

2. 稗：音败（bài），草本植物，形象如稻，不长粮食。

3. 稗官：收入低下的小官。

4. 如其事：按照各人所负的责任。

5. 恒作：为官府经营手工业。

6. 同居：父母、子之外的，在一起生活的兄弟、弟之子等。

译文　第 11 条

机构的啬夫免职，以后又任啬夫，由于前任时有罪应缴钱财赔偿，以及有其他债务，而贫困无力偿还的，应分期扣除其俸禄和口粮作为赔偿，不得令他服劳役以抵偿损失；如已免职，则应依法令他服劳役以抵偿损失。机构的啬夫免职，点验其所管物资而有不足数的情形，应令他和他属下的小官按各自所负责任分担。吏由于官的罪责而负欠，尚未分担而死去，以及有罪而被捕，应免去其所分担的一份。如已分担而死去，以及为官府经营手工业而负债，或放牧官有牲畜而将牲畜杀死、丢失，尚未偿还及服劳役以抵偿损失未能完成而死去，都可免除，不必责令其妻和同居者赔偿。

律文　第 12 条

县、都官以七月粪公器不可缮者，有久识者靡蚩之。其金及铁器入以为铜。都官输大内，内受买（卖）之，尽七月而觱（毕）。都官远大内者输县，县受买（卖）之。粪其有物不可以须时，求先买（卖），以书时谒其状内史。凡粪其不可买（卖）而可以为薪及盖翳者，用之；毋（无）用，乃燔之。

注释：

1. 粪：处理。

2. 靡蜚：磨铲。

3. 觱：音毕（bì），古代的一种管乐器。

4. 须：等待。

5. 时谒：及时报请。

6. 翳：音医（yì），遮障。

译文　第12条

各县、都官在七月处理已经无法修理的官有器物，器物上有标识的应加以磨除。铜器和铁器要上缴作为金属原料。都官所处理的器物应运交大内，由大内收取变卖，至七月底完毕。都官距大内路远的运交给县，由县收取变卖。处理时如有物品不能拖延时间，要求先卖，应以文书将其情况及时报告内史。所处理物品如无法变卖而可以作薪柴和盖障用的，仍应使用，无用的，始得烧毁。

律文　第13条

传车、大车轮，葆修缮参邪，可殹（也）。书革、红器相补缮。取不可葆缮者，乃粪之。

注释：

1. 书革：生熟皮革。

2. 红：此处指织物。

译文　第13条

传车或大车的车轮，可修理其歪斜不正处。皮革或织物制造的物品，坏了可以互相修补。已经不能修理的，始得加以处理。

律文　第 14 条

受（授）衣者，夏衣以四月尽六月稟之，冬衣以九月尽十一月稟之，过时者勿稟。后计冬衣来年。囚有寒者为褐衣。为幏布一，用枲三斤。为褐以稟衣：大褐一，用枲十八斤。直（值）六十钱；中褐一，用枲十四斤，直（值）卅六钱；小褐一，用枲十一斤，直（值）卅六钱。已稟衣，有余褐十以上，输大内，与计偕。都官有用□□□□其官，隶臣妾、舂城旦毋用。在咸阳者致其衣大内，在它县者致衣从事之县。县、大内皆听其官致，以律稟衣。

注释：

1. 枲：音喜（xǐ），不结果实的大麻，茎皮纤维可以用来织布。
2. 褐：用枲编制的衣服。

译文　第 14 条

发放衣服的，夏衣从 4 月到 6 月底发给，冬衣从 9 月到 11 月底发给，过期不领的不再发给。冬衣应计在下一年账上。囚犯寒冷无衣可做褐衣。做幏布 1 条，用粗麻 3 斤。做发放用的褐衣：大褐衣 1 件，用粗麻 18 斤，值 60 钱；中褐衣 1 件，用粗麻 14 斤，值 46 钱；小褐衣 1 件，用粗麻 11 斤，值 36 钱。发放过衣服以后，剩余褐衣 10 件以上，应送交大内，与每年的账簿同时缴送。都官有用其官，隶臣妾、舂城旦不得用。在咸阳服役的，凭券向大内领衣；在其他县服役的，凭券向所在县领衣。县或大内都按照其所属机构所发的券，依法律规定发给衣服。

律文　第 15 条

稟衣者，隶臣、府隶之毋妻者及城旦，冬人百一十钱，夏五十五钱，其小者冬七十七钱，夏册四钱；春冬人五十五钱，夏册四钱，其小者冬册四钱，夏卅三钱；隶臣妾之老及小不能自衣者，如春衣。亡，不仁其主及官者，衣如隶臣妾。

注释:

1. 禀: 承受。

2. 不仁其主: 不忠实对待主人。

译文　第 15 条

领取衣服的，隶臣、府隶中没有妻子的以及城旦，冬季每人缴 110 钱，夏季 55 钱；其中属于小的，冬季 77 钱，夏季 44 钱。春,冬季每人缴 55 钱,夏季 44 钱；其中小的,冬季 44 钱,夏季 33 钱。隶臣妾中的老、小，不能自备衣服的，按春的标准给衣。逃亡或冒犯主人，官长的臣妾，按隶臣妾的标准给衣。

附录七 《汉律·二年律令·钱律》

【简介】

　　1983 年底至 1984 年初，湖北荆州市江陵县张家山 247 号汉墓出土 1236 支竹简，其中有久佚的汉律。律令简文中，有一支简的背面，铭文载有"二年律令"四字。《二年律令》是高皇后（吕太后）二年（公元前 186 年）朝廷颁布的成文法，其中有《钱律》8 条。

　　比较《秦律·金布律》,《汉律·二年律令·钱律》突出以下几个特点：

　　（一）继承了秦律中保护朝廷铸行的不足值劣等铜钱按照名义价值流通的规定。

　　（二）打击毁销铜钱的行为。

　　（三）加大了对百姓盗铸铜钱行为的打击力度，对盗铸者和协助盗铸者都要处以死刑。

　　（四）协助官府捕捉盗铸钱者，免罪。

　　（五）继承秦律中自首从轻的刑法原则。

【正文】①

律文　第1条

钱径十分寸八以上，虽缺铢，文章颇可智（知），而非殊折及铅钱也，皆为行钱。金不青赤者，为行金。敢择不取行钱、金者，罚金四两。

注释：

1. 十分寸八：十分之八寸。

2. 行：法定流通。

译文　第1条

铜钱直径达到0.8寸以上者，虽有磨损，铭文可辨，而不是断碎或铅钱，就是法定流通的铜钱；金不是伪金，就是法定流通的黄金。拒绝接受法定流通的铜钱或法定流通的黄金者，罚金四两。

律文　第2条

故毁销行钱以为铜、它物者，坐臧（赃）为盗。

注释：

1. 铜：铜材。

2. 它物：不是铜材，而是铜制的其他物品，即铜器。

译文　第2条

故意销毁法定流通的铜钱，将其熔为铜材料或制造成其它铜器物者，要按"盗"的罪名处罚。

---

① 张家山二四七号汉墓竹简整理小组：《张家山汉墓竹简》文物出版社2006年版，第35—36页。

律文　第3条

为伪金者，黥为城旦舂。

注释：

1. 黥：脸上刺字的刑罚。

2. 城旦舂：城旦指男犯，做筑城墙的劳役；舂指女犯，做舂米的劳役。

译文　第3条

对伪造黄金者，处罚为脸上刺字并罚做城旦舂的劳役。

律文　第4条

盗铸钱及佐者，弃市。同居不告，赎耐。正典、田典、伍人不告，罚金四两。或颇告，皆相除。尉、尉史、乡部、官、啬夫、士吏、部主者弗得，罚金四两。

注释：

1. 赎：罚款。

2. 耐：剃去鬓须的耻辱刑。

3. 同居：父母、子之外的，在一起生活的兄弟、弟之子等。

译文　第4条

盗铸钱者及协助盗铸者，处以死刑。同居不向官府告发，罚款并剃去鬓须。主管官员正典和田典，或伍人连坐者不向官府告发，罚金4两。上述人员若向官府告发，便免除对他们的处罚。上级相关官员，尉、尉史、乡部、官、啬夫、士吏、部主等未能及时察觉，罚金四两。

律文　第5条

智（知）人盗铸钱，为买铜、炭，及为行其新钱，若为通之，与同罪。

注释：

1. 行：发行流通。

2. 通：通钱，使用钱。

译文　第 5 条

知道某人盗铸钱，却帮助他买铜材料、炭，或将盗铸的铜钱投入市场流通者，与盗铸的人同罪，也是判处死刑。

律文　第 6 条

捕盗铸钱及佐者死罪一人，予爵一级。其欲以免除罪人者，许之。捕一人，免除死罪一人，若城旦舂、鬼薪白粲二人，隶臣妾、收入、司空三人以为庶人。

注释：

1. 鬼薪：男犯为鬼薪，去山中砍柴以供宗庙祭祀。

2. 白粲：女犯为白粲，择米以供宗庙祭祀。

译文　第 6 条

捕获盗铸钱者 1 人或捕获协助盗铸钱者 1 人，爵位提升 1 级。如果他要求免除罪人，也可以。捕获盗铸钱者 1 人或捕获协助盗铸钱者 1 人，可免除死罪 1 人；或免除城旦舂、鬼薪白粲 2 人；或免除隶臣妾、收入司空 3 人。

律文　第 7 条

盗铸钱及佐者，智（知）人盗铸钱，为买铜、炭、及为行其新钱，若为通之，而颇能行捕，若先自告，告其与，吏捕颇得之，除捕者罪。

注释：

1. 自告：自首。

2. 除：免除。

译文　第 7 条

盗铸钱者，协助盗铸钱者，知道有人盗铸钱而为其购买铜材、炭者，将盗铸的钱投入市场流通者，若能协助官府去捕捉其他盗铸者或协助盗铸者，若能自首并告发同伙，并捉到同伙犯法者，即能除罪。

律文　第 8 条

诸谋盗铸钱，颇有其器具未铸者，皆黥以为城旦舂，智（知）为买铸钱具者，与同罪。

注释：

1. 谋：计划，准备。

2. 智：知道。

译文　第 8 条

计划盗铸铜钱，已经准备了器具，但并没有铸造者，处罚为脸上刺字并罚做城旦舂的劳役。知道某人准备盗铸铜钱，帮助该人购买铸钱器具者，同罪处罚。

附录八 石俊志货币史著述及主编译丛书目

一、石俊志货币史著作书目

1.《半两钱制度研究》，中国金融出版社 2009 年版。

2.《五铢钱制度研究》，中国金融出版社 2011 年版。

3.《中国货币法制史概论》，中国金融出版社 2012 年版。

4.《中国货币法制史话》，中国金融出版社 2014 年版。

5.《中国铜钱法制史纲要》，中国金融出版社 2015 年版。

6.《夺富于民——中国历史上的八大聚敛之臣》，中信出版集团 2017 年版。

7.《中国古代货币法二十讲》，法律出版社 2018 年版。

8.《中国货币的起源》，法律出版社 2020 年版。

9.《尤利亚·克劳狄王朝货币简史》，中国金融出版社 2020 年版。

10.《货币的起源》，法律出版社 2020 年版。

11.《世界古国货币漫谈》，经济管理出版社 2020 年版。

12.《钱币的起源》，法律出版社 2021 年版。

13.《称量货币时代》，中国金融出版社 2021 年版。

14.《金属货币信用化》，经济管理出版社 2022 年版。

二、石俊志货币史论文发表

1.《秦始皇与半两钱》,《中国金币》2013年第4期，总30期。

2.《刘邦与榆荚钱》,《中国金币》2013年第5期，总31期。

3.《吕后和"钱律"》,《中国金币》2013年第6期，总32期。

4.《曹操恢复五铢钱》,《中国金币》2014年第2期，总34期。

5.《唐高祖始铸开元通宝》,《当代金融家》2014年第4期。

6.《褚遂良与捉钱令史》,《当代金融家》2014年第5期。

7.《唐高宗治理恶钱流通》,《当代金融家》2014年第6期。

8.《第五琦与虚钱》,《当代金融家》2014年第7期。

9.《杨炎与钱荒》,《当代金融家》2014年第8期。

10.《王安石废除钱禁》,《当代金融家》2014年第9期。

11.《蔡京铸行当十钱》,《当代金融家》2014年第10期。

12.《唐僖宗整顿钱币保管业》,《当代金融家》2014年第11期。

13.《宋徽宗改交子为钱引》,《当代金融家》2014年第12期。

14.《张浚与四川钱引》,《当代金融家》2015年第1期。

15.《忽必烈发行宝钞》,《当代金融家》2015年第2期。

16.《脱脱与钱钞兼行》,《当代金融家》2015年第3期。

17.《张汤与五铢钱》,《当代金融家》2015年第4期。

18.《颜异反对发行白鹿皮币》,《当代金融家》2015年第5期。

19.《王莽的货币改制》,《当代金融家》2015年第6期。

20.《董卓败坏五铢钱》,《当代金融家》2015 年第 7 期。

21.《刘备与虚币大钱》,《当代金融家》2015 年第 8 期。

22.《刘义恭与四铢钱》,《当代金融家》2015 年第 9 期。

23.《中国古代八大敛臣·杨炎（上）》,《当代金融家》2015 年第 10 期。

24.《中国古代八大敛臣·杨炎（下）》,《当代金融家》2015 年第 11 期。

25.《中国古代八大敛臣·张汤（上）》,《当代金融家》2015 年第 12 期。

26.《中国古代八大敛臣·张汤（下）》,《当代金融家》2016 年第 1 期。

27.《中国古代八大敛臣·第五琦（上）》,《当代金融家》2016 年第 2 期、第 3 期。

28.《中国古代八大敛臣·第五琦（下）》,《当代金融家》2016 年第 4 期。

29.《中国古代八大敛臣·阿合马（上）》,《当代金融家》2016 年第 5 期。

30.《中国古代八大敛臣·阿合马（下）》,《当代金融家》2016 年第 6 期。

31.《中国古代八大敛臣·刘晏（上）》,《当代金融家》2016 年第 7 期。

32.《中国古代八大敛臣·刘晏（下）》,《当代金融家》2016 年第 8 期。

33.《中国古代八大敛臣·贾似道（上）》,《当代金融家》2016

年第 9 期。

34.《中国古代八大敛臣·贾似道（下）》,《当代金融家》2016年第 10 期。

35.《中国古代八大敛臣·蔡京（上）》,《当代金融家》2016年第 11 期。

36.《中国古代八大敛臣·蔡京（下）》,《当代金融家》2016年第 12 期。

37.《中国古代八大敛臣·脱脱（上）》,《当代金融家》2017年第 1 期。

38.《中国古代八大敛臣·脱脱（下）》,《当代金融家》2017年第 2 期。

39.《百姓市用钱,美恶杂之,勿敢异》,《当代金融家》2017年第 3 期。

40.《布恶,其广袤不如式者,不行》,《当代金融家》2017 年第 4 期。

41.《黄金以溢名,为上币》,《当代金融家》2017 年第 5 期。

42.《盗铸钱与佐者,弃市》,《当代金融家》2017 年第 6 期。

43.《故毁销行钱以为铜、它物者,坐臧为盗》,《当代金融家》2017 年第 7 期。

44.《敢择不取行钱、金者,罚金四两》,《当代金融家》2017年第 8 期。

45.《各以其二千石官治所县金平贾予钱》,《当代金融家》2017 年第 9 期。

46.《禁天下铸铜器》,《当代金融家》2017 年第 10 期。

47.《私贮见钱，并不得过五千贯》，《当代金融家》2017 年第 11 期。

48.《禁铜钱无出化外》，《当代金融家》2017 年第 12 期。

49.《私有铜、鍮石等，在法自许人告》，《当代金融家》2018 年第 1 期。

50.《贯钞兼行，无他物以相杂》，《当代金融家》2018 年第 2 期、第 3 期。

51.《金银之属谓之宝，钱帛之属谓之货》，《当代金融家》2018 年第 4 期。

52.《西汉赐予悉用黄金，而近代为难得之货》，《当代金融家》2018 年第 5 期。

53.《兵丁之领钞者难于易钱市物》，《当代金融家》2018 年第 6 期。

54.《取息过律，会赦，免》，《当代金融家》2018 年第 7 期。

55.《百姓有责，勿敢擅强质》，《当代金融家》2018 年第 8 期。

56.《制钱者，国朝钱也》，《当代金融家》2018 年第 9 期。

57.《驰用银之禁》，《当代金融家》2018 年第 10 期。

58.《思划一币制，与东西洋各国相抗衡》，《当代金融家》2018 年第 11 期。

59.《由是钱有虚实之名》，《当代金融家》2018 年第 12 期。

60.《罢五铢钱，使百姓以谷帛为市》，《当代金融家》2019 年第 1 期。

61.《复置公廨本钱，以诸司令史主之》，《当代金融家》2019 年第 2 期、第 3 期。

62.《大钱当两，以防剪凿》,《当代金融家》2019 年第 4 期。

63.《哈斯蒙尼王朝的普鲁塔》,《当代金融家》2019 年第 5 期。

64.《波斯帝国的重量制度》,《当代金融家》2019 年第 6 期。

65.《乌尔第三王朝的白银货币》,《当代金融家》2019 年第 7 期。

66.《古巴比伦王国的乌得图》,《当代金融家》2019 年第 8 期。

67.《埃什嫩那王国的大麦货币》,《当代金融家》2019 年第 9 期。

68.《赫梯法典中的玻鲁舍客勒》,《当代金融家》2019 年第 10 期。

69.《古代亚述的黑铅货币》,《当代金融家》2019 年第 11 期。

70.《吕底亚王国的琥珀金币》,《当代金融家》2019 年第 12 期。

71.《克里特岛上的斯塔特银币》,《当代金融家》2020 年第 1 期。

72.《尼禄的货币改制》,《当代金融家》2020 年第 2 期、第 3 期。

73.《罗马元老院批准制造的铜币》,《当代金融家》2020 年第 4 期。

74.《安东尼发行的蛇篮币》,《当代金融家》2020 年第 5 期。

75.《帕提亚王国的希腊化钱币》,《当代金融家》2020 年第 6 期。

76.《塞琉古王国银币的减重》,《当代金融家》2020 年第 7 期。

77.《古希腊的德拉克马银币》,《当代金融家》2020 年第 8 期。

78.《提比略钱币上的戳记》,《当代金融家》2020 年第 9 期。

79.《凯撒时代的货币状况》,《当代金融家》2020 年第 10 期。

80.《古埃及的重量单位和钱币流通》,《当代金融家》2020 年第 11 期。

81.《古印度的重量制度和早期钱币》,《当代金融家》2020 年第 12 期。

82.《卡拉卡拉发行的安敦尼币》,《金融博览》2020 年第 12 期。

83.《叙拉古城邦发行的各类钱币》,《当代金融家》2021 年第 1 期。

84.《戴克里先的货币改革》,《金融博览》2021 年第 1 期。

85.《华夏民族最早的钱币空首布》,《当代金融家》2021 年第 2 期。

86.《君士坦丁发行的索利多金币》,《金融博览》2021 年第 2 期。

87.《白狄民族发明的鲜虞刀》,《当代金融家》2021 年第 3 期。

88.《君士坦丁二世发行的合金铜币》,《金融博览》2021 年第 3 期。

89.《南蛮楚国铸行的铜贝》,《当代金融家》2021 年第 4 期。

90.《钱币法令与提洛同盟的瓦解》,《金融博览》2021 年第 4 期。

91.《西戎秦国创造的半两钱》,《当代金融家》2021 年第 5 期。

92.《克洛伊索斯的金银分离术》,《金融博览》2021 年第 5 期。

93.《百姓依法织造的麻布货币》,《当代金融家》2021 年第 6 期。

94.《牧人摩塞雇佣女奴支付的银环》,《金融博览》2021 年第 6 期。

95.《大禹的"石"与俾拉拉马的"帕尔希克图"》,《当代金融家》2021 年第 7 期。

96.《犍陀罗王国的萨塔马纳银币》,《金融博览》2021 年第 7 期。

97.《秦始皇的"半两"与阿育王的"卡夏帕那"》,《当代金融家》2021 年第 8 期。

98.《那失维的遗产养老信托文书》,《金融博览》2021 年第 8 期。

99.《唐朝的"开元通宝"与日本的"和同开珎"》,《当代金融家》2021 年第 9 期。

100.《日本德川幕府实行的货币改制——元禄改铸》,《金融博览》2021 年第 9 期。

101.《唐朝的"乾元重宝"与日本的"皇朝十二钱"》,《当代金融家》2021 年第 10 期。

102.《君士坦丁发行的西力克银币》,《金融博览》2021 年第 10 期。

103.《大流士的"弥那"与楚平王的"两益"》,《当代金融家》2021 年第 11 期。

104.《吕底亚王国的法涅斯钱币》,《金融博览》2021 年第

11 期。

105.《罗马的"安敦尼币"与中国的"大钱当两"》,《当代金融家》2021 年第 12 期。

106.《舍客勒·斯塔特·第纳尔》,《金融博览》2021 年第 12 期。

107.《王莽的"大泉五十"与戴克里先的"阿根图币"》,《当代金融家》2022 年第 1 期。

108.《基辅罗斯公国的格里夫纳》,《金融博览》2022 年第 1 期。

109.《吕底亚王国的"纯银币"于波斯帝国的"西格罗斯"》,《当代金融家》2022 年第 2 期。

110.《古罗马的狄纳里银币》,《金融博览》2022 年第 2 期。

111.《隋炀帝的"五铢白钱"与村上天皇的"乾元大宝"》,《当代金融家》2022 年第 3 期。

112.《古罗马的奥里斯金币》,《金融博览》2022 年第 3 期。

113.《古罗马的银币与拜占庭帝国的金币》,《当代金融家》2022 年第 4 期。

114.《拜占庭帝国的索利多金币》,《金融博览》2022 年第 4 期。

115.《中国古代的"益"与西方古代的"弥那"》,《当代金融家》2022 年第 5 期。

116.《拜占庭帝国金币制度的演变》,《金融博览》2022 年第 5 期。

117.《中日俄三国古代的"无铸币时代"》,《当代金融家》

2022 年第 6 期。

118.《最早的货币和最早的法律》,《金融博览》2022 年第 6 期。

119.《阿纳斯塔修斯的"努姆斯"与唐肃宗的"开元通宝"》,《当代金融家》2022 年第 7 期。

120.《拜占庭帝国的米拉瑞逊银币》,《金融博览》2022 年第 7 期。

121.《倭马亚王朝的"狄尔汗"与加洛林王朝的"便士"》,《当代金融家》2022 年第 8 期。

122.《代表若干努姆斯价值的弗里斯铜币》,《金融博览》2022 年第 8 期。

123.《古罗马的"狄纳里"与贵霜王朝的"第纳尔"》,《当代金融家》2022 年第 9 期。

124.《萨珊帝国的第纳尔金币》,《金融博览》2022 年第 9 期。

125.《亚历山大的金银比价与君士坦丁的金银比价》,《当代金融家》2022 年第 10 期。

126.《莫卧儿王朝的卢比银币》,《金融博览》2022 年第 10 期。

127.《倭马亚王朝的狄尔汗银币》,《金融博览》2022 年第 11 期。

128.《笈多王朝的第纳尔金币》,《金融博览》2022 年第 12 期。

三、石俊志主编《外国货币史译丛》书目

1.［英］伊恩·卡拉代斯:《古希腊货币史》,黄希韦译,法律出版社 2017 年版。

2. ［印］P. L. 笈多：《印度货币史》，石俊志译，法律出版社 2018 年版。

3. ［斯里兰卡］P. 普什巴哈特纳姆：《斯里兰卡泰米尔人货币史》，张生、付瑶译，法律出版社 2018 年版。

4. ［英］R. A. G. 卡森：《罗马帝国货币史》，田圆译，法律出版社 2018 年版。

5. ［丹］艾瑞克·克里斯蒂安森：《罗马统治时期埃及货币史》，汤素娜译，法律出版社 2018 年版。

6. ［英］菲利普·格里尔森：《拜占庭货币史》，武宝成译，法律出版社 2018 年版。

7. ［英］迈克尔·H. 克劳福德：《罗马共和国货币史》，张林译，法律出版社 2019 年版。

8. ［俄］B. 杜利耶夫：《俄罗斯货币史》，从凤玲译，法律出版社 2019 年版。

9. ［美］鲁迪·马特、威廉·富勒、帕特里克·克劳森：《伊朗货币史》，武宝成译，法律出版社 2019 年版。

10. ［英］德里克·冯·艾伦：《古凯尔特人货币史》，张玲玉译，法律出版社 2020 年版。

11. ［英］大卫·赛尔伍德：《帕提亚货币史》，武宝成译，法律出版社 2020 年版。

12. ［美］阿尔伯特·普拉迪奥：《墨西哥货币史》，康以同译，法律出版社 2020 年版。

13. ［韩］韩国银行：《韩国货币史》，李思萌、马达译，中国金融出版社 2018 年版。

14.〔英〕大卫·赛尔伍德、飞利浦·惠廷、理查德·威廉姆斯:《萨珊王朝货币史》,付瑶译,中国金融出版社2019年版。

15.〔意〕米歇勒·弗拉迪阿尼、弗兰克·斯宾里尼:《意大利货币史》,康以同译,中国金融出版社2019年版。

16.〔英〕A.W.汉兹牧师:《希腊统治时期南意大利货币史》,黄希韦译,中国金融出版社2019年版。

17.〔以〕雅可夫·梅塞尔:《古犹太货币史》,张红地译,中国金融出版社2019年版。

18.〔西〕奥克塔维奥·吉尔·法雷斯:《西班牙货币史》,宋海译,中国金融出版社2019年版。

19.〔印〕P.L.笈多、S.库拉什雷什塔:《贵霜王朝货币史》,张子扬译,张雪峰校,中国金融出版社2020年版。

20.〔土〕瑟夫科特·帕慕克:《奥斯曼帝国货币史》,张红地译,中国金融出版社2021年版。

21.〔英〕约翰·M.F.梅:《阿布德拉货币史》,康以同译,法律出版社2022年版。

四、石俊志主编《外国信托法经典译丛》书目

1.〔英〕劳伦斯:《遗嘱、信托与继承法的社会史》,沈朝晖译,法律出版社2017年版。

2.〔英〕成文法汇编:《历史的经典与现代的典范》,葛伟军译,法律出版社2017年版。

3.〔英〕爱德华·哈尔巴赫:《吉尔伯特信托法》,张雪楳译,法律出版社2017年版。

4. ［日］樋口范雄：《信托与信托法》，朱大明译，法律出版社2017年版。

5. ［英］大卫·约翰斯顿：《罗马法中的信托法》，张淞纶译，法律出版社2017年版。

6. ［英］格雷厄姆·弗戈：《衡平法与信托的原理》，葛伟军译，法律出版社2018年版。

7. ［英］西蒙·加德纳：《信托法导论》，付然译，法律出版社2018年版。

8. ［英］伊恩·斯特里特：《衡平法与信托法精义》，李晓龙译，法律出版社2018年版。

9. ［英］查尔斯·米契尔：《推定信托与归复信托》，张淞纶译，法律出版社2018年版。

10. ［日］商事信托研究会：《日本商事信托立法研究》，朱大明译，法律出版社2019年版。

11. ［英］威廉·斯威林：《特殊目的信托》，季奎明译，法律出版社2019年版。

12. ［英］莎拉·威尔逊：《托德与威尔逊信托法》，孙林、田磊译，法律出版社2020年版。

13. ［英］菲利普·佩蒂特：《佩蒂特衡平法与信托法》，石俊志译，法律出版社2020年版。

14. ［英］阿拉斯泰尔：《衡平法与信托的重大争论》，沈朝晖译，法律出版社2020年版。

15. ［英］保罗·戴维斯：《衡平法、信托与商业》，葛伟军译，法律出版社2020年版。

16.［英］吉尔伯特:《加勒比国家的离岸信托》,朱宝明译,法律出版社 2020 年版。

17.［英］马克·哈伯德、约翰·尼迪诺:《信托保护人》,彭晓娟译,法律出版社 2021 年版。

18.［加］莱昂纳尔·史密斯:《重塑信托:大陆法系中的信托法》,李文华译,法律出版社 2021 年版。

19.［英］里亚斯·班特卡斯:《国际法体系下的信托基金》,伏军译,法律出版社 2021 年版。

参考文献

［1］（战国）商鞅：《商君书》，严万里校，商务印书馆 1937 年版。

［2］（西汉）司马迁：《史记》，中华书局 1959 年版。

［3］（东汉）班固：《汉书》，中华书局 1962 年版。

［4］（后晋）刘昫等：《旧唐书》，中华书局 1975 年版。

［5］（宋）欧阳修、宋祁：《新唐书》，中华书局 1975 年版。

［6］（宋）窦仪等：《宋刑统》中华书局 1984 年版。

［7］（宋）李心传：《建炎以来系年要录》，中华书局 1956 年版。

［8］（宋）李心传：《建炎以来朝野杂记》，中华书局 2000 年版。

［9］（宋）司马光：《资治通鉴》，中华书局 1956 年版。

［10］（宋）章如愚：《群书考索》，广陵书社，2008 年版。

［11］（宋）李焘：《续资治通鉴长编》，中华书局 1992 年版。

［12］（元）脱脱：《宋史》，中华书局 1985 年版。

［13］（清）薛允升等编：《唐明律合编·庆元条法事类·宋刑统》，中华书局 1990 年版。

［14］（清）徐松：《宋会要辑稿》，中华书局 1957 年版。

［15］张家山二四七号汉墓竹简整理小组：《张家山汉墓竹简》，文物出版社 2006 年版。

［16］朱红林：《张家山汉简〈二年律令〉集释》，社会科学文献出版社 2005 年版。

［17］睡虎地秦墓竹简整理小组：《睡虎地秦墓竹简》，文物出版社 1978 年版。

［18］中国社会科学院考古研究所：《居延汉简》（甲乙编），中华书局 1980 年版。

［19］郭书春译注：《九章算术》，辽宁教育出版社 1998 年版。

［20］林志纯：《世界通史资料选辑》，商务印书馆 1962 年版。

［21］杨炽译：《汉穆拉比法典》，高等教育出版社 1992 年版。

［22］李政译注：《赫梯法典》，《古代文明》，2009 年第 3 卷第 4 期。

［23］石俊志译注：《乌尔纳姆法典》，《当代金融家》，2019 年第 9 期。

［24］《世界著名法典汉译丛书·十二铜表法》，法律出版社 2000 年版。

［25］［古罗马］李维：《自建城以来》，王焕生译，中国政法大学出版社 2009 年版。

［26］［苏联］科瓦略夫：《古代罗马史》，王以铸译，生活·读书·新知三联书店 1957 年版。

［27］［英］迈克尔·H.克劳福德：《罗马共和国货币史》，张林译，法律出版社2019年版。

［28］［英］R.A.G.卡森：《罗马帝国货币史》，田圆译，法律出版社2018年版。

［29］［日］久光重平：《日本货币史概说》，孟郁聪译，法律出版社2023年版。

［30］杜维善：《半两考》，上海书画出版社2000年版。

［31］黄冕堂：《中国历代物价问题考述》，齐鲁书社2008年版。

［32］李铁生：《古希腊罗马币鉴赏》，北京出版社2001年版。

［33］李铁生：《拜占庭币》，北京出版社2004年版。

［34］李铁生：《古波斯币》，北京出版社2006年版。

［35］李铁生：《古中亚币》，北京出版社2008年版。

［36］李铁生：《印度币》，北京出版社2011年版。

［37］李铁生：《古希腊币》，北京出版社2013年版。

［38］李铁生：《古罗马币》，北京出版社2013年版。

［39］彭信威：《中国货币史》，上海人民出版社2007年版。

［40］千家驹、郭彦岗：《中国货币史纲要》，上海人民出版社1985年版。

［41］钱剑夫：《秦汉货币史稿》，湖北人民出版社1986年版。

［42］石俊志：《半两钱制度研究》，中国金融出版社2009年版。

［43］石俊志：《五铢钱制度研究》，中国金融出版社2011年版。

［44］石俊志：《中国货币法制史概论》，中国金融出版社2012年版。

［45］石俊志：《中国铜钱法制史纲要》，中国金融出版社2014年版。

［46］石俊志：《中国古代货币法二十讲》，法律出版社2018年版。

［47］石俊志：《中国货币的起源》，法律出版社2020年版。

［48］石俊志：《尤利亚·克劳狄王朝货币简史》，中国金融出版社2020年版。

［49］石俊志：《货币的起源》，法律出版社2020年版。

［50］石俊志：《钱币的起源》，法律出版社2021年版。

［51］石俊志：《称量货币时代》，中国金融出版社2021年版。

［52］石俊志：《金属货币信用化》，经济管理出版社2022年版。

［53］王献唐：《中国古代货币通考》，青岛出版社2005年版。

［54］王雪农、刘建民：《半两钱研究与发现》，中华书局2005年版。

［55］昭明、马利清：《古代货币》，中国书店1999年版。

［56］陈尊祥、路远：《首帕张堡窖藏秦钱清理报告》，《中国钱币》，1987年第3期。

［57］曾晨宇：《"钱币法令"与雅典的经济霸权》，《古代文明》，2017年7月第3期。

［58］沈仲常、王家祐：《记四川巴县冬笋坝出土的古印及古货币》，《考古通讯》，1955 年第 6 期。

［59］四川省博物馆、青川县文化馆：《青川县出土秦更修田律木牍》，《文物》，1982 年第 1 期。